Bolz · Am Ende de

Karin Litten

Norbert Bolz

Am Ende
der Gutenberg-Galaxis

Die neuen Kommunikationsverhältnisse

Wilhelm Fink Verlag

Die Deutsche Bibliothek - CIP-Einheitsaufnahme

Bolz, Norbert:
Am Ende der Gutenberg Galaxis : die neuen
Kommunikationsverhältnisse / Norbert Bolz. -
München: Fink, 1993
    ISBN 3-7705-2871-9

2. Auflage 1995
ISBN 3-7705-2871-9
© 1993 Wilhelm Fink Verlag, München
Herstellung: Hofmann-Druck Augsburg GmbH

Inhaltsverzeichnis

Vorwort

Ralf Dahrendorf hat einmal von der ärgerlichen Tatsache der Gesellschaft gesprochen. Um ihr heute gerecht zu werden, genügen soziologische Reflexionen längst nicht mehr. Wir leben in neuen Kommunikationsverhältnissen, die mit dem Leitmedium der Neuzeit, dem Buch, gebrochen haben. Computer und elektronische Medien befördern das Ende einer Welt, die Marshall McLuhan Gutenberg-Galaxis genannt hat. Um das Funktionieren unserer sozialen Systeme zu verstehen, sind Software-Kenntnisse dienlicher als die Lektüre der Klassiker politischer Ökonomie. Im folgenden skizzieren wir deshalb Grundlinien einer integrierten Kommunikationstheorie.

Im Blick auf den Selbstvollzug der Informationsgesellschaft können wir die Emergenz einer neuen Einheit von Fernmelden und Rechnen beobachten: Die Technologien von Computer und Telekommunikation verschmelzen. Die wichtigste intellektuelle Gestaltungsaufgabe der Zukunft ist deshalb das Design integrierter Datenprozesse. Gesellschaft erweist sich immer nachdrücklicher als autonome Kommunikationsmaschine, die zwar auf Menschen und ihre Bewußtseine angewiesen ist, aber nicht auf sie zurückgeführt werden kann. Sprache ist nicht mehr das Haus unseres Seins — es ist aus Algorithmen erbaut.

Es wäre deshalb ein romantisches Mißverständnis, die Codes und Relais der neuen Kommunikationsverhältnisse als Behelfe zwischenmenschlicher Mitteilung zu deuten. Und nur traumwandelnde Philosophen versuchen es noch, gegen diese Extension der Telerelationen die alten Mächte der Liebe, des Besonderen und — der Schrift zu beschwören. Doch man muß die Rhetorik der Gegenwart an ihren Technologien ablesen, nicht an ihren Diskursen. Europa, was immer einmal damit gemeint gewesen sei, wird heute als Breitband-Kommunikation technische Wirklichkeit. Massenmedien leisten eine instantane kommunikative Integration der Weltgesellschaft. Und längst haben die Diffusion elektronischer Gadgets, die alles durchdringenden Vibrationen der Pop-Musik

und der kultische Konsum von Marken-Artikeln eine Weltkommunikation etabliert, die Sprache kaum mehr braucht.

  Die folgenden Überlegungen schließen vielfach an die avan-
cierteste Kommunikationstheorie der Gegenwart an — die
Niklas Luhmanns. Ihr fehlt allerdings ein angemessener Begriff von technischen Medien. Um hier voranzukommen,
darf man den Eklektizismus so wenig scheuen wie die historische Vertiefung. Der I. Abschnitt exponiert die Vorgeschichte
des Problems im begriffsgeschichtlichen Schattenriß — von
Leibnizens Monadologie bis zu Theodor Adornos ästhetischer Theorie. Dann werden, im Anschluß an die Systemtheorie, Grundbegriffe einer integrierten Kommunikationstheorie entwickelt. Die dabei unvermeidliche Auseinandersetzung mit Jürgen Habermas' Theorie des kommunikativen
Handelns steht im Zentrum des II. Abschnitts. Es folgen Reflexionen über das kälteste und deshalb erfolgreichste Medium: Geld.

  Die moderne Welt ist medienpflichtig. Deshalb treffen Menschen allerorten auf Benutzeroberflächen: vom Panorama über
den Bildschirm bis zum Cyberspace. Der III. Abschnitt zeigt,
wie die Evolution des Interface-Designs die Weltwahrnehmung prägt. Die Lehre von der Wahrnehmung, aisthesis,
wurde lange Zeit in jenen Ästhetiken ignoriert, die sich als
Theorie des schönen Scheins verstanden. Seit Malewitsch öffnet sich Kunst den neuen Kommunikationstechnologien und
muß sich seither fragen lassen, ob sie es denn noch sei. Wir
schlagen im IV. Abschnitt einen Bogen von der befreiten Leinwand des Suprematismus bis zur cineastischen Computermalerei. Vom neuzeitlichen Leitmedium Buch haben wir uns
damit natürlich weit entfernt. Doch was tritt an seine Stelle?
Der V. Abschnitt trägt Bausteine zu einer Theorie der Hypermedien zusammen. Diese völlig neue Form des Wissensdesigns markiert das definitive Ende der Gutenberg-Galaxis.

  Auch ein Buch über das Ende der Buchkultur ist natürlich
ein Buch. Es hat einen Autor, der Autorschaft in Schaltkreisen verschwinden sieht. Der aufmerksame Leser — auch eine
aussterbende Spezies — wird Paradoxien dieser Art vielfach
bemerken. Sie sind nicht zu vermeiden, allenfalls in eine ope-

rative Form zu bringen. Die theoretische Reflexion kann sich aufs Medium Buch nicht mehr verlassen — doch ein neues ist nicht in Sicht. Darstellung muß einstweilen als Entparadoxierung verfahren. Die einzige Alternative wäre, die Theorie zu eliminieren und rein mit Fakten zu konstruieren — eine Art Konkretion ohne Denken. Unsere Gesellschaft scheint auf diesem Weg zu sein. Ihre Theorie kann das nur beobachten.

I. Grundrisse

Zur Vorgeschichte des Problems

Begriffsgeschichtliche Untersuchungen versenken sich meist so tief in den ›Brunnen der Vergangenheit‹, daß die erstaunlichen Fundstücke, die sie zutage fördern, die Skepsis betäuben, ob derartige Gelehrsamkeit überhaupt dazu beitragen kann, das theoretische Problem zu encadrieren. Wenn wir nach dem Strukturwandel der Kommunikationsverhältnisse unter neuen Medienbedingungen fragen, stecken einige technik- und sozialgeschichtliche Daten den historischen Horizont unserer Forschungen ab — er reicht nicht tiefer als zum Ende des 17. Jahrhunderts zurück.

Die »communication des substances« ist Thema eines neuen Systems der Natur, das Leibniz 1695 erscheinen läßt. Die Regeln dieser Kommunikation sind die Prinzipien seiner Monadologie. »Les Monades n'ont point de fenêtres, par lesquelles quelque chose y puisse entrer ou sortir.«[1] Man kann also nichts in sie übertragen. Sie sind isoliert, und nur Gott tritt mit ihnen in Kommunikation. D.h. aber: Die voneinander unabhängigen Monaden kommunizieren miteinander allein durchs Medium ihrer radikalen Gottesabhängigkeit — sie entstehen von Augenblick zu Augenblick in kontinuierlichen ›Fulgurationen‹ der Gottheit. Jede Monade steht allein und isoliert, ist aber zugleich jeder und allem anderen akkomodiert: »cette communication va à quelque distance que ce soit.«[2] Diese kommunikative Einheit der Welt stützt Leibniz

---

[1] Leibniz, Monadologie § 7
[2] A.a.O. § 61; vgl. Discours de métaphysique § 32. — Die Romantiker haben hier eine elegante Möglichkeit gesehen, Individuation und Kommunikation dialektisch zu verknüpfen. Am prägnantesten J. W. Ritter, Fragmente Bd. I, S. 54: »Das Individualisiren ist also das Begründende aller Communication des Außereinander.« Siehe zu einer kommunikationstheoretischen Deutung der Monadologie auch M. Serres, Hermès I, S. 154ff. Schon Hegel, Werke

einmal auf eine binäre Arithmetik als Schematismus der Schöpfung. Zum anderen entwirft er, gleichsam als Remedium gegen Kommunikationszusammenbrüche, eine *characteristica universalis*. Beide Konzepte werden unter Computerbedingungen wieder aktuell. Wir kommen darauf zurück.

Nun stehen die isolierten Monaden der anbrechenden Moderne ja tatsächlich erstmals in einer Art Dauerkommunikation. Und man muß nicht Gott bemühen, um ihre Möglichkeit und Notwendigkeit zu begreifen; es genügt der Hinweis auf die neuen Waren- und Verkehrsverhältnisse. Gegen Ende des 17. Jahrhunderts prägen Börse, Post und Presse als »dem Publikum allgemein zugängliche« Institutionen die neue Kommunikationsstruktur im Sinne einer »publizistisch bestimmten Öffentlichkeit«[3]. Das heißt vor allem auch: Die Beobachtung von Kommunikation wird in diese selbst eingebaut; seither gelten Geheimnisse nicht mehr als schützenswerte Arkana, sondern als verdächtig. Es beginnt die Zeit des Demaskierens und Decouvrierens, des Ideologieverdachts und der nackten Wahrheit.

Rückblickend wird man sagen müssen: Nur in dieser neuen Sphäre der Publizität konnten sich die Monaden der Moderne als ›Volk‹ erfahren. Nur in dieser publizistisch bestimmten Öffentlichkeit konnte sich Politik in Verhältnissen der ›Repräsentation‹ ordnen und im Stil ›parlamentarischer Diskussion‹ — nach der liberalen Idee eines *government by discussion* (H. Laski) — prozedieren. Und der Sonnenaufgang der Aufklärung ist das morgendliche Erscheinen der Tageszeitung,

---

Bd. 6, S. 416, charakterisiert die Monadologie durch einen — allerdings kritischen — Begriff der Mitteilung. Kritisch, denn Mitteilung ist eben noch nicht Vermittlung. Gerade die zentrale Stellung des Vermittlungsbegriffs schließt ja aus, daß Hegel einen Begriff von Kommunikation entwickelt. Mitteilung ist demnach die ungetrübte, übergangslose Kontinuierung der Bestimmungen vom einen zum anderen — »wie ein Duft in der widerstandslosen Atmosphäre sich frei verbreitet. [...] Die Gesetze, Sitten, vernünftige Vorstellungen überhaupt sind im Geistigen solche Mitteilbare, welche die Individuen auf eine bewußtlose Weise durchdringen«.

[3] J. Habermas, Strukturwandel der Öffentlichkeit, S. 72

die das Licht der Öffentlichkeit verbreitet. Formelhaft gesagt: In der Zeit der Aufklärung tritt der Glaube an Diskussion und Öffentlichkeit an die Stelle des Gottesglaubens; sie garantieren jetzt die Weltkommunikation. Die öffentliche Diskussion ist das Medium der Aufklärung, die sich vernünftige Gesetze gibt, indem sie Meinungen zu einem Kampf antreten läßt, in dem jeder bereit ist, sich von seinem Gegner durch rationale Argumente überzeugen zu lassen.

Diese aufgeklärte Welt verdunkelt sich schon im 19. Jahrhundert, der Liberalismus zerbricht an der Herausforderung des Sozialismus und den Notwendigkeiten der Massendemokratie. Das Argument erweist sich als ohnmächtig vor der Propaganda-Maschine, die Diskussion verstummt vor der Diktatur, die Öffentlichkeit erstarrt zum Ornament der Masse. Ein zynisch genauer Beobachter bemerkt 1926: »Manche Normen des heutigen Parlamentsrechtes, vor allem die Vorschriften über die Unabhängigkeit der Abgeordneten und über die Öffentlichkeit der Sitzungen, wirken [...] wie eine überflüssige Dekoration, unnütz und sogar peinlich, als hätte jemand die Heizkörper einer modernen Zentralheizung mit roten Flammen angemalt, um die Illusion eines lodernden Feuers hervorzurufen.«[4]

Bleibt die Frage, ob sich aus den Ruinen der Aufklärungsutopie einer diskutierenden Öffentlichkeit Bausteine zu einer aktuellen Kommunikationstheorie retten lassen. Hierzu sind genuin philosophische Gedanken, also solche über das Denken selbst, hilfreich. Ende des 17. Jahrhunderts notiert Christian Thomasius die unverächtliche Trivialität, daß Denken die Kommunikation mit anderen voraussetzt: »Diese innerliche Rede präsupponiert eine äußerliche.«[5] Doch erst Kant zieht aus dieser Erfahrung erkenntnistheoretische Konsequenzen. Zur Unterscheidung einer Überzeugung von einer bloßen Überredung qualifiziert er Mitteilbarkeit zum »Probierstein des Fürwahrhaltens«. Urteile, deren Grund nur im Subjekt liegt, haben »nur Privatgültigkeit« und sind schein-

---

[4] C. Schmitt, Die geistesgeschichtliche Lage, S. 10
[5] Chr. Thomasius, Von der Kunst, S. 89

haft; der einzelne mag sie für wahr halten – aber er kann eben dies »nicht mitteilen«[6]. Mitteilbarkeit ist für Kant der Index der Allgemeingültigkeit.

Bedeutsam wird diese Überlegung aber erst für seine Theorie des Geschmacksurteils. Wiederum geht es um die Ausschaltung von Urteilen, die »nur Privatgültigkeit« haben – doch ergibt sich nun eine entscheidende Komplikation. In Erkenntniszusammenhängen ist ja die begriffsbestimmte Objektbeziehung ein Prüfkriterium der Unterscheidung von privater und allgemeiner Gültigkeit. Das kann beim Geschmacksurteil aber nicht in Anschlag gebracht werden, denn das hieße: Abhängigkeit des Urteils von der Lust am Objekt – und das hieße eben: von einer nur privat gültigen angenehmen Sinnenempfindung. Das Geschmacksurteil stellt demnach das Problem, allgemeine Gültigkeit in allgemeiner Mitteilbarkeit zu erweisen, ohne dabei auf Begriffe von seinem Gegenstand rekurrieren zu können.

Kants Lösung ist bekannt: Wenn es keinen »allgemeinen Beziehungspunkt« im Objekt geben kann, muß der »Bestimmungsgrund« des Urteils im allen Subjekten gemeinsamen »Gemütszustand« gesucht werden; es ist der »Zustand des freien Spiels der Erkenntnisvermögen«. Frei heißt hier v.a.: kein Begriff gibt eine Regel vor. Es geht um Reflexionslust, nicht um Erkenntnis. Das Subjekt genießt deren Möglichkeitsbedingungen. Und die müssen jedem Subjekt unterstellt werden können. Insofern ist die Reflexionslust »allgemein mitteilbar, und zwar ohne Vermittlung der Begriffe«[7].

---

[6] Kant, Kritik der reinen Vernunft, B 848. – Das gilt auch politisch. Kant, Über den Gemeinspruch, A 267, fordert einen Obrigkeitsstaat im »Geist der Freiheit«, der gerade liberal und kommunikativ genug wäre, seine »Zwangsgesetze« durch »allgemeine Menschenpflichten« zu begründen. Der Untertan darf, ja muß um seiner Identität willen verlangen, »durch Vernunft überzeugt« zu werden – sonst bildet er, kompensatorisch und für den Staat bedrohlich, ›geheime Gesellschaften‹. Das ist Kants Variante des zoon logon echon: der »Naturberuf der Menschheit, sich, vornehmlich in dem, was den Menschen überhaupt angeht, einander mitzuteilen«.

[7] Kant, Kritik der Urteilskraft, B 28, 155f

Gemeinsinn nennt Kant das Emergenzprodukt jenes freien Spiels. Den muß er — parallel zum common sense — unterstellen, um plausibel zu machen, daß Menschen ästhetisch kommunizieren können, nämlich Vorstellungen nicht als Gedanken, sondern als Gefühle prozessieren. Das ist zunächst einmal die Domäne des Genies. Es spielt mit der vom Verstandeszwang befreiten Einbildungskraft, deren Produkte sich nicht auf bestimmte Begriffe bringen lassen. M.a.W.: Der belebende »Geist« des Genies spielt mit »Unnennbarem«, das er gleichwohl allgemein mitteilbar zu machen versteht. Den rechten *Ausdruck* für die *Gestimmtheit* des frei spielenden Gemüts zu treffen, für die es keine *bestimmten Begriffe* gibt — das ist die eigentliche Leistung des Genies. Damit erweist es sich aber nicht als Ausnahmezustand des Zivilisationsprozesses, sondern gerade als sein Exponent.

Kant knüpft die Humanität der Gesellschaft an eine »Geselligkeit«, die sich im Medium der allgemeinen Mitteilbarkeit von Gefühlen konstituiert. Der Prozeß der Zivilisation entfalte sich in gemeinschaftlichem Fühlen; dazu muß Lust den Aggregatzustand von Kommunikation annehmen. Unter Bedingungen fortgeschrittener Kommunikation gilt: Mitteilbarkeit ist der Wertmaßstab der Empfindungen. Bei der Mitteilung von Lust und dem Fühlen in Gemeinschaft liegt der Akzent also auf Kommunikation und Geselligkeit, nicht auf Genuß und Empfindung. Allein in der Kommunikation versöhnt sich die Humanität mit dem Genießen, das immer wieder den Prozeß der Zivilisation zu stören droht — Kants Zauberwort lautet ›allgemein mitteilbare Lust‹. Das ist der Sinn der berühmten Formel vom ›interesselosen Wohlgefallen‹. Was der Lust am Ästhetischen ihren unendlichen Wert verleiht, ist allein ihr kommunikativer Index. »Auch erwartet und fordert ein jeder die Rücksicht auf allgemeine Mitteilung von jedermann, gleichsam als aus einem ursprünglichen Vertrage, der durch die Menschheit selbst diktiert ist«[8].

Auch Wilhelm von Humboldt entwickelt seine Sprachphilosophie noch im Horizont jenes Thomasius-Satzes. Am 26.

---

[8] A.a.O., S. 163f, 198f, 395

April 1827 liest er in der Akademie der Wissenschaften über den Dualis, jenen »Collectivsingular«, mit dem Sprache eine unbestimmte Vielheit wieder auf Einheit bezieht. Das steht im Kontext durchaus traditioneller Gedanken über das »getheilte Seyn« der Welt, das — von Sein / Nichtsein bis zu Subjekt / Objekt, von der Geschlechterdifferenz bis zur sozialen Urunterscheidung von Bruder und Fremdem — doch immer wieder auf Einheit ziele. Allein für die Sprache scheint Zweiheit schlechthin konstitutiv: »Alles Sprechen ruht auf der Wechselrede, in der, auch unter Mehreren, der Redende die Angeredeten immer sich als Einheit gegenüberstellt. Der Mensch spricht, sogar in Gedanken, nur mit einem Andren, oder mit sich, wie mit einem Andren«. Ich spreche, weil ich angesprochen werde — d.h. eben: immer schon als Erwidernder.

Das ist die kommunikationstheoretische Engführung seiner Sprachphilosophie: Humboldt stellt Sprache als Medium gemeinsamen Sprechhandelns dar und erspart sich dadurch metaphysische Annahmen über das Verhältnis von Welt, Wort und Bewußtsein. Er kann in Kauf nehmen, daß die Darstellung von Gegenständen in Worten stets unsicher und der Objektstatus der Wörter selbst höchst problematisch ist. Kommunikation kann nicht durch Sprachanalyse oder Referenz auf eine Außenwelt, sondern allein durch Kommunikation stabilisiert werden. »Es bleibt zwischen dem Wort und seinem Gegenstand eine so befremdende Kluft, das Wort gleicht, allein im Einzelnen geboren, so sehr einem blossen Scheinobject, die Sprache kann auch nicht vom Einzelnen, sie kann nur gesellschaftlich, nur indem an einen gewagten Versuch ein neuer sich anknüpft, zur Wirklichkeit gebracht werden.«[9]

Dieser bemerkenswerte Satz umfaßt gleich drei Gedanken von größter Aktualität, auf die wir noch mehrfach zurückkommen werden: 1. Wer spricht, wagt einen Versuch — Kommunikation ist also riskant. 2. Sprechen hat Erfolg, wenn anderes Sprechen anknüpft — Kommunikation ist also immer Anschlußkommunikation. Und 3. ist das Wort nur eine unzuverlässige Brücke über dem Abgrund, der uns von

---

[9] W. v. Humboldt, Gesammelte Schriften Bd. VI, S. 25f

anderen und anderem trennt — gesellschaftliche Kommunikation hat zwischen Black boxes statt. Humboldt geht also wie
Kant davon aus, daß Empfindungen kommunikativ prozessiert werden können. Doch er reflektiert auf die hermeneutischen Grenzen der Mitteilbarkeit. Was geschieht mit den mitgeteilten Vorstellungen von Alter im Resonanzraum von Ego?
»Keiner denkt bei dem Wort gerade das, was der andere, und
die noch so kleine Verschiedenheit zittert wie ein Kreis im
Wasser, durch die ganze Sprache fort. Alles Verstehen ist daher
immer zugleich ein Nicht-Verstehen, alle Übereinstimmung
in Gedanken und Gefühlen zugleich ein Auseinandergehn.«[10]
Das Bewußtsein von diesem hermeneutischen *butterfly ef-
fect*, der sich v.a. unter Bedingungen der Intimität bemerkbar
macht, kann sich natürlich zur prinzipiellen Sprachskepsis
steigern. Von allen Worten der Liebe gilt ja rückblickend: so
war es nicht gemeint. Man kann dann versuchen, die Unmöglichkeit von Kommunikation zu kommunizieren — und
wird zum Mystiker (zumindest aber: zum Mystifikateur).
Um nicht nichts zu sagen, mag man dann auf Höflichkeiten
und Sprachkonventionen zurückgreifen — um sich sofort
dem modernen Verdacht auszusetzen, nicht aufrichtig zu
sein. Oder man begeht den Fehler, über die je eigenen Lie-
besbeziehungen zu kommunizieren, ostentativ, um ihn eben
dadurch zu vermeiden. Das ist Ironie, und Friedrich Schlegel
hat sie sehr schön als Ausdruck der »Unmöglichkeit und
Notwendigkeit einer vollständigen Mitteilung«[11] definiert.
Doch man kann es auch positiv wenden. Der Sinn der Liebe
würde durch jede Mitteilung erkältet; die romantisch Ver-
liebte kann gar nicht wünschen, daß das Innenleben des anderen so einfach sei, daß es sich vollständig mitteilen ließe; und
was soll Aufrichtigkeit heißen, wenn ich nicht Herr im eigenen Seelenhaus bin — drei gute moderne Gründe für Inkommunikabilität unter Intimitätsbedingungen. Gerade des-

---

[10] Humboldt, a.a.O., Bd. IX, S. 64
[11] Fr. Schlegel, Kritische Ausgabe, Bd. II, S. 160. — Luhmann,
Liebe als Passion, S. 161, bemerkt hierzu: »Es ist kein Zufall, daß
auf die Erfahrung der Inkommunikabilität die Romantik folgt.«

halb aber ist die Vollzugsform der Liebe Gerede. Gerade weil
man ihren Sinn nicht mitteilen kann, überschüttet man sich
mit Sprachgaben. Hier wird dann Robert Musil das *zoon logon echon* ansiedeln: »Der Mensch, recht eigentlich das sprechende Tier, ist das einzige, das auch zur Fortpflanzung der
Gespräche bedarf. Und nicht nur, weil er ohnehin spricht, tut
er es auch dabei; sondern anscheinend ist seine Liebseligkeit
mit der Redseligkeit im Wesen verbunden«[12].

Gerede begleitet Inkommunikabilität wie einen Schatten.
Das konnte den Artisten des Liebesdiskurses, den Romantikern, nicht verborgen bleiben. Um das wahre Gespräch vor
dem Gerede zu retten, erheben sie es zur Kunst. Novalis bemerkt: »Unser vieles Reden — die Schwazhaftigkeit unsers
Jahrhunderts — das ist der Grundfehler und das Caracteristi-
sche desselben.«[13] Hier gilt es nun eines zu sehen: Das Jahrhundert ist schwatzhaft, weil das Gespräch, das die Seele der
Welt ist, für uns verstummt ist. Welt erfahren heißt romantisch: eine Mitteilung erhalten; doch das Zeitalter ist unfähig,
durch die Ziffern und Formeln zu ihrem Sinn vorzudringen.

---

[12] Musil, Der Mann ohne Eigenschaften, S. 1130. — Der Diskurs
der Liebe ist besonders geeignet, die Paradoxie eines Inkommunikablen, das dennoch ausgedrückt werden soll, zu exemplifizieren.
Jede Form der Entparadoxierung muß eine unterscheidende Reflexion auf die Form der Mitteilung selbst sein; dadurch wird sie ›indirekt‹. So heißt es bei Kierkegaard, Unwissenschaftliche Nachschrift Bd. I, S. 65 Anm: »Ein Verliebter z.B., dessen Liebe für ihn
gerade seine Innerlichkeit ist, kann sich wohl mitteilen wollen,
aber nicht direkt, eben weil die Innerlichkeit der Liebe ihm die
Hauptsache ist.« Wir kommen darauf zurück.

[13] Novalis, Schriften Bd. II, S. 154. — Carl Schmitts Romantik-
Kritik verschleift diese Differenz zwischen Geschwätz und Gespräch, um dieses als ästhetischen Aggregatzustand der liberalen
Diskussion zu entlarven. Doch das romantische Gespräch soll —
Habermas würde wohl sagen: kontrafaktisch — dem Geschwätz
der Zeitgenossen ja erst abgerungen werden. Behält man die Differenz im Auge, so kann der berühmte Satz der Politischen Theologie, S. 69, ohne seinen sarkastischen Unterton gelesen werden:
»Den deutschen Romantikern ist eine originale Vorstellung eigentümlich: das ewige Gespräch«.

Romantiker setzen gerade deshalb aufs Zauberwort, weil keines ihrer Worte einen ernsthaften Realitätsbezug hat. Wie dann bei Humboldt gilt schon für Novalis: Kommunikation kann sich nicht durch Welthaltigkeit, sondern nur durch Kommunikation stabilisieren. Die Sprachspiele bilden ein autonomes System. Wer dagegen »von etwas Bestimmten sprechen« will, den läßt die »Sprache das lächerlichste und verkehrteste Zeug sagen.« Daraus folgt aber: Schwatzhaftigkeit ist nicht nur der Grundfehler des Jahrhunderts, sondern eben auch sein ›Charakteristisches‹ — sein eigentlicher Spielraum. Deshalb kann Novalis in seinem ›Monolog‹ behaupten, »daß das verächtliche Schwatzen die unendlich ernsthafte Seite der Sprache ist.« Im Geschwätz nämlich ist sie von aller Weltreferenz befreit — gerade deshalb aber ein monadischer Spiegel der Welt. »Das rechte Gespräch ist ein bloßes Wortspiel.«[14]

Kants Zweckmäßigkeit ohne Zweck wird romantisch zum Kommunikationsstil: Kunstvolle Mitteilung darf nicht von ihrem Inhalt determiniert sein, sondern muß diesen ›dialektisch‹ konstituieren. Unter dem *umbrella term* Dialektik vergegenwärtigen sich die Romantiker den Prozeß des Nachdenkens als permanentes Selbstgespräch. Das setzt eine »innere Zwiefachheit« des Menschen voraus: Ego kann sich selbst als Alter Ego *beurteilen*, weil der Mensch »*sich* gleichsam *teilen*« und folglich eigene Gedanken ›sich selbst *mitteilen*‹ kann. Wenn ich kommuniziere, fördere ich damit zugleich den Prozeß der Selbstmitteilung, und diese »innere Geselligkeit« wird wiederum zur Schule der äußerlichen Mitteilung[15].

---

[14] Novalis, a.a.O., Bd. II, S. 672. — Diese Dialektik von monadologischer Spiegelung und Referenzfreiheit kehrt dann bei Adorno als Strukturformel für ästhetische Autonomie wieder.

[15] Schlegel, KA VIII, S. 61, KA XIII, S. 204. — Diese Dialektik der Mitteilung ist — aller Kommunikationsromantik von Apel und Habermas zum Trotz — keine aktuelle Option, sondern eng an die bürgerliche Öffentlichkeit um 1800 gebunden. Adorno, Drei Studien zu Hegel, S. 127, hat sie einmal als »apriorische Kommunikation« charakterisiert: »Man gab dem anderen Stichworte, Einsätze, fast wie in der Musik.« Unhaltbar ist wohl auch das Konzept der ›Selbstmitteilung‹ von Gedanken — daß sich also, wie Humboldt

Romantisches Denken prozessiert in dieser Dialektik; deshalb wird ihm alles zum >Anlaß< eines Gesprächs.

Man kann es auch so sagen: Die Romantiker konzipieren das unendliche Gespräch als Medium der Integration alles zeitgenössischen Wissens. Daß die kunstvolle Mitteilung nicht von ihrem Inhalt determiniert ist, heißt ja nicht, daß sie gegenstandslos wäre. Vielmehr verlagert sie die Aufmerksamkeit von den Gegenständen auf deren Relationen — und genau dazu verhilft die gesellschaftliche Kommunikation. Denn erst in der Intersubjektivität »gegenseitiger Mitteilung« entstehen »Verhältnisbegriffe«, die sich »bei genauerer Reflexion immer mehr vervielfältigen«. Erst auf der Basis der modernen Verkehrsverhältnisse sind anspruchsvoll abstrakte und hinreichend komplexe Denkfiguren möglich. Das ist auch das Fazit von Friedrich Schlegels berühmter Forster-Rezension: Georg Forster hat Denken unter Bedingungen des modernen Marktes praktiziert; und als Agent eines geistigen Warenverkehrs, einer »Verwebung und Verbindung« des zeitgenössischen Wissens, wird er zum Meister der »geselligen Mitteilung«[16].

Alles kann zum Anfang eines Romans, zum Anlaß eines Gesprächs werden — gerade auch das Gelesene. Nun unterscheidet sich ein Text von anderen Fakten dadurch, daß er selbst schon Mitteilung ist; allerdings nicht dialogische, sondern >analytische<. Die romantischen Darstellungstechniken

---

formuliert hat, Denken als Gespräch mit sich *als mit einem anderen* vollzieht. Genau dagegen wird Husserl dann die Phänomenologie auf eine zeichen- und kommunikationslose Unmittelbarkeit des Selbstverhältnisses gründen. »Denn weder behandelt das Ich sich selbst als jemanden, der noch nicht weiß, was er weiß; noch als jemanden, der möglicherweise ablehnt, was er vorschlägt«, bemerkt Luhmann, Zwischen Intransparenz und Verstehen, S. 75

[16] Schlegel, KA II, S. 99, 363. — Entsprechend ist das eigentliche Objekt jeder romantischen Politik die »*Relation* der praktischen Individuen«; ihr kategorischer Imperativ lautet deshalb: »Gemeinschaft der Menschheit soll sein, oder das Ich soll mitgeteilt werden.« Das Reflexionsmedium dieser Politik nennt Schlegel, KA XVIII, S. 141, »Symphilosophie mit dem Zeitalter« — das ist der prägnanteste Titel für die romantische Kommunikationsutopie.

zielen darauf, diese Differenz in der Form des Textes selbst zu reflektieren. Wohlgemerkt: Man kann in Texten nicht wirklich mitteilen. Und doch muß man Mitteilbarkeit unterstellen. Habermas würde diese Unterstellung wohl kontrafaktisch nennen, Schlegel nennt sie ›polemisch‹. Es gibt hier, neben der Ironie, nur eine denkbare Strategie der Entparadoxierung: die genetisch-historische Darstellung. »Die dialogische Mittheilung geschieht per thesin und antithesin — die im Werk nur per analysin, es ist eigentlich nicht Mittheilung sondern nur Anlaß zur Mittheilung und dann durch Darstellung jener wirkliche Mittheilung. [...] In der Mittheilung soll enthalten seyn, nicht immer eine Darstellung der Resultate, sondern der Art und Weise, wie es entstanden ist, die Darstellung soll also genetisch seyn.«[17]

Am Anfang des 19. Jahrhunderts gibt es wohl keine bewußtere Gestaltung der Grenzen geselliger Mitteilung — und damit: keine nüchternere Kritik der romantischen Utopie — als Goethes ›Wahlverwandtschaften‹. Ottilie ist zum einen der Hauptgegenstand einer Vielzahl von Briefen, die das Geschehen kreuzen und mitzubestimmen scheinen. Zum anderen sind dem zweiten Teil des Romans Maximen und Reflexionen aus Ottilies Tagebuch eingefügt, von denen der Erzähler selbst anmerkt, daß er sie irgendwo abgeschrieben haben muß. Ottilie wird also durch die Selektionen charakterisiert, mit denen sie abstrakte Sentenzen anderer aufs eigene Erleben bezieht.

Das Tagebuch ist ein spiegelndes Medium, jene Briefe dagegen bezeichnen schicksalhafte Wendepunkte des Geschehens. Sie sind einmal das Medium der Störung und Verstörung. Sodann erweist sich der Brief als Medium der Realitätsvermeidung: man kommuniziert, ohne etwas zu sagen. Stehen einige Briefe im Zeichen von Drängen, Hast und Eile, so unterstehen andere einer unentschiedenen, aufschiebenden Höflichkeit, die nahelegt, »lieber nichts zu schreiben, als nicht zu schreiben.« Derartige Realitätsvermeidung wird bei Eduard, getragen von einer ›durcharbeitenden‹ Phantasie, schließlich

---

[17] Schlegel, KA XII, S. 102, KA XVIII, S. 403; vgl. zum Kontrafaktischen der romantischen Darstellung KA XVIII, S. 515

zum geschlossenen postalischen System der Liebe: »Ich schreibe süße, zutrauliche Briefe in ihrem Namen an mich, ich antworte ihr und verwahre die Blätter zusammen.«[18]

Alles, was in den Wahlverwandtschaften geschieht, ist gerade gut genug, um Anlaß zur Kommunikation zu sein. Und die geselligen Gespräche ergehen scheinbar allein, um Gespräche folgen zu lassen. So heißt es vom Diskurs der guten Gesellschaft: »Das Gespräch war lebhaft und abwechselnd, wie denn in Gegenwart solcher Personen alles und nichts zu interessieren scheint. Man [...] schweifte mit mutwilligem Behagen über hohe und mittlere Weltverhältnisse hin.«[19] Diese Gesprächskultur entfaltet sich also unter der Bedingung, daß niemand mehr als »billig« auf Themen und Meinungen insistiert.

Ob in der großen oder in der kleinen Welt: alles geschieht, damit Beobachter in Reflexionsstellung darüber reden können. Solger hat darin die Signatur seiner Zeit erkannt: »Es ist heut zu Tage fast kein anderes Mittel da, auf Menschen zu wirken und in höherem Sinne in der menschlichen Gesellschaft gesellig zu leben, als eben das Privatgespräch und die Reflexionen darin. [...] Ja diese Reflexionen sind eigentlich das wahre Leben, das wir führen«[20]. Das ist scharf gesehen. Und doch verkennt Solger die Ambivalenz, in die Goethe die Maximen und Reflexionen des Romans getaucht hat: Die schönsten Gedanken werden am Romangeschehen zuschanden.

Nichts charakterisiert die Figuren der Wahlverwandtschaften genauer als ihr Verhältnis zum gesprochenen Wort. Die Gespräche prozessieren als Kaskade von halb gewollten, halb ungewollten Mißverständnissen. Und oft läßt der Erzähler vermuten, gerade die Sprachgebärde der Aufrichtigkeit könne sich als besonders hartnäckiges Mittel der (Selbst-)Täuschung erweisen. Vor allem die besonnene, fein kultivierte Charlotte trifft häufig auf Grenzen der Mitteilbarkeit. Sie muß erfahren: Die Chemie der Leidenschaften läßt sich längst nicht mehr auf das unschickliche Verhältnis zweier Personen reduzieren,

---

[18] Goethe, Werke Bd. 6, S. 249, 353
[19] A.a.O., S. 308
[20] Solger, Nachgelassene Schriften, Bd. I, S. 183

das man dann ›besonnen‹ zur Sprache bringen könnte. »Sie sucht sich darüber im allgemeinen auszudrücken; das Allgemeine paßt auch auf den eignen Zustand, den sie auszusprechen scheut. Ein jeder Wink, den sie Ottilien geben will, deutet zurück in ihr eignes Herz.« So resultieren vermeidende, verschweigende Gepräche, denn Charlottes Besonnenheit wacht stets über die Grenzen des Schicklichen. Nicht daß es – daran läßt der Erzähler keinen Zweifel – im Verhältnis zwischen Charlotte und Ottilie an »Vernunft« und »gutem Willen« fehlte: »Ihre Unterhaltungen waren vermeidend. Manchmal mochte man gern etwas nur halb verstehen, öfters wurde aber doch ein Ausdruck, wo nicht durch den Verstand, wenigstens durch die Empfindung mißdeutet. Man fürchtete sich zu verletzen, und gerade die Furcht war am ersten verletzbar und verletzte am ersten.«[21]

Immer wieder erweist sich die Macht der Besonnenheit als Ohnmacht vor der Leidenschaft. Intersubjektivität in Worte zu fassen, zur Sprache zu bringen, heißt weniger Verständnis als Mißverständnis auf Dauer zu stellen. Das rührt daher, daß Mitteilung und Verstehen gänzlich verschiedene Selektionsleistungen sind, deren Einheit unwahrscheinlich ist. Eine Notiz aus Ottiles Tagebuch macht das sehr schön deutlich und lehrt, daß sich gesellschaftliche Kommunikation im Medium des Mißverständnisses vollzieht: »Sich mitzuteilen ist Natur; Mitgeteiltes aufzunehmen, wie es gegeben wird, ist Bildung. Niemand würde viel in Gesellschaften sprechen, wenn er sich bewußt wäre, wie oft er die andern mißversteht. [...] Jedes ausgesprochene Wort erregt den Gegensinn.«[22]

Ottilie selbst verkörpert das Mißtrauen gegenüber der Verständigungsmacht des Wortes. So bedient sie sich, um etwas abzulehnen, einer ›unwiderstehlichen Gebärde‹; um Eduard zu entsagen, fällt sie in ein ›furchtbares Schweigen‹. Und in diesem Zusammenhang gewinnt auch die Beobachtung ihren guten Sinn, Ottilie sei, wenn sie französisch spreche, »gesprächiger« als in ihrer Muttersprache: »Hier sagte sie oft mehr,

---

[21] Goethe, a.a.O., S. 331, 465
[22] A.a.O., S. 384

als sie zu wollen schien.« Die fremde Sprache ist offenbar das
Inkognito einer ganz anderen, in der Bewußtsein und Begehren, Worte und Leidenschaften nicht mehr spröde auseinan-
derwiesen. Diese Kommunikationsutopie auszusprechen
bleibt natürlich dem Romantiker Eduard vorbehalten: Am
Jüngsten Tag »werden wir mit andern Sprachen reden!«[23]
Der religiöse Traum von unversehrten Verständigungsver-
hältnissen ist Goethe aber gerade gut genug, um als Kontrastfolie für die Normalität des Mißverstehens zu dienen. Die
Wahlverwandtschaften nehmen nicht nur Abschied von der
Romantik, sondern zeigen auch die aufgeklärte, humanisti-
sche Gesinnung auf verlorenem Posten. In einem großartigen
Brief an Zelter vom 6. Juni 1825 stilisiert sich Goethe als
»Letzten [...] einer Epoche, die sobald nicht wiederkehrt.« Er
charakterisiert seine Gegenwart durch die nivellierenden
Mächte der anonymen Arbeit, sterilen Aufgeregtheit und abstrakten Beschleunigung − ein »Zeitstrudel«, in dem die bürgerliche Kultur versinkt. Und die heraufkommende neue
Wirklichkeit benennt er mit einem Präfix ohne weitere Bestimmung, das die leere Mechanik des Darüber-hinaus treffen
soll: »*ultra*, alles transzendiert unaufhaltsam«. Der letzte Vertreter einer Zeit, die dann seinen Namen tragen wird, kann
gerade noch erkennen, was diese neue Welt im Innersten zusammenhält: die »Fazilitäten der Kommunikation«.
Gemeint sind natürlich die neuen Medien und Verkehrs-
formen. Der erste, der Aug in Aug mit dieser Revolution der
Kommunikationsverhältnisse eine explizite Theorie der Mitteilung formuliert, ist Kierkegaard. Er spricht als Außensei-
ter, als Zeitasylant, gewappnet mit einer theoretischen Arma-
tur, die Hegels Dialektik ebenso beherrscht wie die früh-
romantische Entparadoxierung der Verständigungsverhält-
nisse. Die neuen Medien prozessieren Informationen unabhängig vom *zoon logon echon* − das sieht Kierkegaard sehr
deutlich. »Es bleibt niemand mehr übrig, der redet, sondern
eine objektive Reflexion scheidet allgemach ein atmosphäri-

---

[23] A.a.O., S. 282, 484

sches Etwas aus, einen abstrakten Schall, welcher die menschliche Rede überflüssig machen wird.«[24]

Das ist die kommunikative Entfaltung der modernen Gesellschaft, der Kierkegaard seinen Kampfbegriff Innerlichkeit entgegensetzt. Was immer Innerlichkeit noch besagen mag — der Begriff markiert eine schroffe Unterscheidung von Selbstbezug und Fremdreferenz. Eben diese wird in der »gewöhnlichen Kommunikation« ignoriert. »Wenn der eine etwas vorträgt und der andere sich wörtlich zu dem gleichen bekennt, so nimmt man von ihnen an, daß sie einig sind und einander verstanden haben.« Man kommuniziert unmittelbar über objektive Sachverhalte und erzielt Konsens — ohne zu ahnen, daß in dieser »Art von Einigkeit das größte Mißverständnis« lauert.

Wer aus dieser Naivität der Alltagskommunikation heraustreten will, muß das Mitgeteilte von der Mitteilungsform unterscheiden — Kommunikation wird zur »Mitteilungskunst«. Kunstvoll ist die Reflexion auf den Unterschied von Form und Ausdruck. Indem man aber Kommunikation mit diesem Unterschied beobachtet, rückt einmal das Verhältnis der Mitteilung zu dem, der mitteilt, zum anderen aber auch die verstehende Aneignung ins Zentrum der Aufmerksamkeit. Es gibt für Kierkegaard also keine direkte Kommunikation zwischen Innerlichkeit und Innerlichkeit. Deshalb muß Kommunikation zum Kunstwerk werden: Entparadoxierung einer Mitteilung des Inkommunikablen. Sehr schön spricht Kierkegaard hier von der »humanen Sorgfalt in der Mitteilung [...], den Empfänger zu bedenken und auf die Form der Mitteilung hinsichtlich des Mißverstehens des Empfängers zu achten.«[25]

Kommunikation, die nicht kunstvoll auf ihre Form reflektiert, ist ein Mißverständnis — gerade auch dann, wenn sie als gesellschaftlicher Datenaustausch funktioniert. In diesem Bewußtsein stilisiert sich Kierkegaard als Odysseus der neuen Medienwelt, der den Verlockungen und Gefahren jener ›Fazilitäten der Kommunikation‹ dadurch entgeht, daß er sich

---

[24] Kierkegaard, Literarische Anzeige, S. 111
[25] Kierkegaard, Unwissenschaftliche Nachschrift Bd. I, S. 66, 68

zum »Niemand« macht. Als Reflexionskünstler der Pseud-
onyme und des Inkognito ist er nur als »ein Abwesender« im
Spiel der Publizität anwesend, unpersönlich, als Mensch »null
und nichtig«. Nur so erreicht er den archimedischen Punkt
der Doppelreflexion, die den Verblendungszusammenhang
der Alltagskommunikation durchbricht. Seine »mittelbare
Mitteilung« ist die Form, in der das Geheimnis veröffentlicht,
das Inkommunikable ausgedrückt werden kann. Der Odysseus der neuen Medienwelt ist ein »Spion«[26].

Der Gegenspieler des Spions ist der Journalist. Für Kierkegaard, den Virtuosen des Inkognito und der indirekten Mitteilung, war Massenkommunikation per se des Teufels. Und auch
der zweite Unzeitgemäße der Moderne hat seine Philosophie
als »die Gegenlehre alles Journalistischen« lehren wollen. Für
Nietzsche verkörpert sich die Dekadenz der modernen Welt,
ihr Taumel von Hast und Plötzlichkeit, im »verruchten Wesen
des Journalisten, des Sclaven der drei M: des Moments, der
Meinungen und der Moden«. Um hier aber kein Mißverständnis aufkommen zu lassen: Nietzsche lehrt nicht die wesentliche Unverständlichkeit des Wesentlichen, sondern weckt das
Bewußtsein für die Schwierigkeit einer verständlichen Mitteilung. Gerade das Ziel der leichten Verständlichkeit erschwert
die Aufgabe der Darstellung. Der Journalismus verkennt
diese Dialektik, die Alltagskommunikation ignoriert sie gar
nicht erst. Massenkommunikation und gesellschaftliches Gespräch können nicht sehen, welch »complicirtes Wesen der
Mensch ist: wie unendlich schwer für ihn, sich wirklich auszudrücken! Die meisten Menschen bleiben eben in sich kle-
ben und können nicht heraus, das ist aber Sklaverei. Spre-
chen- und Schreibenkönnen heisst freiwerden«[27].

Das sind Überlegungen, die Nietzsche Ende 1874, also noch
im Nachklang zur ›Geburt der Tragödie‹, anstellt. Dort wird
— unter dem Titel des Dionysischen — erstmals ein ästhetisches Subjekt als Kommunikationswunder konstruiert.
Nietzsches Entparadoxierung einer Mitteilung von Inkom-

---

[26] Kierkegaard, Einübung ins Christentum, S. 135f
[27] Nietzsche, Sämtliche Werke Bd. 7, S. 817, 834

munikablem gelingt nur auf dem Schauplatz der Kunst. Er definiert den dionysischen Zustand als »Gesamtentfesselung aller symbolischen Kräfte« — eine Form der Mitteilung, die nicht an Zuhörer, sondern an Miterregte adressiert ist. Damit entfallen alle hermeneutischen Probleme, denn das dionysische Subjekt wird »nur von seinesgleichen verstanden«[28]. Ästhetische Kommunikation ist ein Erregungskreislauf stimulierender Zeichen. Sie hat Erfolg, wenn Körper tanzen.

An dieser Grundlehre seiner physiologischen Ästhetik hat Nietzsche immer festgehalten. Er reduziert Mitteilung auf Erregung und Verstehen auf Suggestion. Kommunikation ist kein Datenverkehr zwischen Sender und Empfänger, sondern »psycho-motorischer Rapport«; es finden nicht Gedanken einen wunderbaren Weg von Bewußtsein zu Bewußtsein, sondern Gesten der Sprache und des Leibes werden »auf Gedanken hin zurückgelesen«. Der ästhetische Zustand ist also nur ein Extrem von Kommunikation. Er sensibilisiert die Menschensinne und läßt sie »eine ganz andre Zeichensprache verstehn«. Ausdrücklich analogisiert Nietzsche den ästhetischen Zustand mit »Nervenkrankheiten«: »ähnlich wie bei gewissen Hysterischen« ist das ästhetische Subjekt für jede Suggestion empfänglich, ein Virtuose der Deutung von Affektzeichen — es kann nicht *nicht* reagieren. Dionysos ist also der Name für eine integrale Erregung des Nervensystems und deshalb das Extrem der »Mitteilungs-Kunst«: eine Zeichenexplosion.[29]

Dionysische Kommunikationswunder mögen sich in Bayreuth ereignet haben — zur technischen Wirklichkeit der Moderne konnten sie immer nur in polemischer Antithese stehen. Dort herrschen nämlich die Kommunikationsverhältnisse der ›Letzten Menschen‹, die Nietzsche als langlebige

---

[28] Nietzsche, Geburt der Tragödie § 2; vgl. Nietzsche, SW Bd. 7, S. 368
[29] Nietzsche, Götzen-Dämmerung, Streifzüge eines Unzeitgemäßen § 10; Wille zur Macht § 811 und 809, dort heißt es weiter: »Der ästhetische Zustand hat einen Überreichtum von Mitteilungsmitteln, zugleich mit einer extremen Empfänglichkeit für Reize und Zeichen. Er ist der Höhepunkt der Mitteilsamkeit und Übertragbarkeit zwischen lebenden Wesen«.

Erdflöhe verspottet hat. Im Signalement des Großstadtver-
kehrs verpuffen dionysische Zeichenexplosionen als bloßes
Rauschen; allenfalls hinterlassen sie ein folkloristisches Ornament. Schon 1933 bemerkt ein Sprachwissenschaftler nüch-
tern und ohne kulturkritischen Unterton, »daß wir insekten-
haft zusammengedrängt und auf eine insektenhafte Verkehrs-
dichte gekommen sind.« Modernes Leben fordert nicht zwi-
schenmenschliche Verständigung, sondern die Einübung ins
»Signalwesen« der Großstadt. Hier stößt die Sprache des
Menschen auf ihre Leistungsgrenze, denn sie ist als »Fein-
instrument« auf Komplexität und Nuancierung hin ausdifferenziert worden – ein Vermögen, das im Exaktheit fordern-
den modernen Verkehr »nur stören« kann[30].

Seit die Romantiker ihre Kommunikationsutopien träumten, hat das Leben an Mitteilbarkeit verloren. Es läßt sich
nicht mehr erzählen. Mitteilung nimmt den Aggregatzustand
von Information an, Rhetorik den von Reklame. 1925 notiert
eine Sprachphilosophie der menschlichen Rede, es wäre ver-
lockend, »einmal ein Zeitungsblatt vorzunehmen, um zu fragen, wer hier eigentlich zu ›uns‹ (zu wem?) spricht«[31]. 1927
gibt Heidegger die Antwort: Das Man spricht mit sich selbst.
Den in sich selbst mündenden Datenfluß von Information,
Meinung und Werbung nennt er das Gerede. Kommunikation ist wesentlich Weiterreden – Luhmann würde sagen:
Anschlußkommunikation. Dem Gerede »liegt daran, daß ge-
redet wird.« Was – nein: daß Man redet und weiterredet,
verdeckt für Heidegger gerade, daß sich der Mensch als re-
dendes Sein zeigt: zoon logon echon. Eigentliche Mitteilung
wäre »die Artikulation des verstehenden Miteinanderseins.«[32]
Sie bleibt im Stellenrahmen der Heideggerschen Existenzial-
ontologie eine benannte Leerstelle.

Da Mitteilung in ›Sein und Zeit‹ nur im uneigentlichen
Modus dessen, was Man redet, vorkommt und das Existenzial
›Mitsein‹ kommunikativ nicht weiter entfaltet wird, hat Jas-

---

[30] K. Bühler, »Die Axiomatik der Sprachwissenschaften«, S. 89
[31] H. Ammann, Die menschliche Rede, S. 148
[32] M. Heidegger, Sein und Zeit, S. 162, 168

pers Heidegger eine Monadologisierung der Existenz vorgeworfen — sein ›Dasein‹ sei kommunikationsblind. In der
dritten Vorlesung über Vernunft und Existenz, die Jaspers
1935 an der Universität Groningen hält, wird Sein radikal im
Horizont von Kommunikation gedacht: Dasein *ist* in kommunikativen Gestalten. Heideggers In-Sein soll zum bedin-
gungslosen »In-Kommunikation-Sein« konkretisiert werden;
Kierkegaards Existenzmitteilung soll ihre Mitteilungsparado-
xien im reinen Medium kommunikativer Vernunft abstreifen.

Für Jaspers geht Kommunikation schon im Aggregatzustand der Tradition jeder Existenz voraus und konstituiert
sie als »unvertretbaren Einzelnen«. Wahrheit entfaltet sich allein auf dem Schauplatz des kommunikativen Prozesses, in
dem sich Menschen »ohne Machtwillen« und »offen für
Transzendenz« engagieren. All diese Bestimmungen werden
dann bei Habermas wiederkehren. Was Jaspers von diesem
unterscheidet, ist das Eingeständnis, daß es sich hier um eine
Theologie der Kommunikation handelt: Die Vernunft der
Konsens-Religion ist nichts als »der totale Kommunikations-
wille«[33], der frenetisch einen reinen Kult ohne Gott antreibt,
der ihn im unendlichen Gespräch ›prozedural‹, durch ein Of-
fensein für Transzendenz ersetzt.

In der Schlußbemerkung seiner 1947 an der Universität Basel
gehaltenen Vorlesungen über den philosophischen Glauben
enthüllt Jaspers ›totale Kommunikation‹ als dessen einzigen
Inhalt. Wirklich ist Kommunikation nur im kultischen Vollzug des ihr geltenden Glaubens. Jaspers spricht noch klar aus,
was dann später Theorien des kommunikativen Handelns in
Konstruktionen des ›Kontrafaktischen‹ verklausulieren werden: »Der Kommunikationsgedanke ist nicht Utopie, sondern
Glaube.« Und es gibt nur eine Todsünde wider den Heiligen
Geist des zwischenmenschlichen Gesprächs: den Abbruch der
Kommunikation. Jaspers nennt ihn explizit »Teufelei«[34].

Der Teufel des Abbruchs ist offenbar in der modernen
Kunst am Werk. Ihr hermetischer Charakter zeigt an, daß äs-

---

[33] K. Jaspers, Vernunft und Existenz, S. 70ff
[34] Jaspers, Der philosophische Glaube, S. 135

thetische Autonomie eine »Absage an jeglichen Gebrauch«
impliziert. Dieses Motiv wiederholt Adornos ästhetische
Theorie unaufhörlich: Das Schweigen der Kunstwerke denunziert Kommunikation als Warencharakter des Geistes.
Die Würde der modernen Kunst hängt an ihrem Willen zum
Abbruch der Kommunikation. Konkret gilt diese »Absage«
der Massenkulturindustrie. Und natürlich ist Adorno Dialektiker genug, um aus dieser Negation den Funken einer »neuen
Aktualität« der alten Medien zu schlagen.[35] Für negative Dialektiker ist Anachronismus deshalb ein Ehrentitel — oder,
wie Philosophen gerne sagen: transzendental.

    Das derart ›transzendental‹ anachronistische Medium nega-
tiver Dialektik ist der Essay. Als autonome Form markiert er
stolz die Differenz zum Schematismus und Positivismus »wissenschaftlicher Mitteilung« einerseits, zur Rhetorik als »An-
passung an die kommunikative Sprache« andererseits. Doch
was er derart negiert, nimmt der Essay doch sublimiert in
sich auf: Er zielt auf Erkenntnis, trägt aber, im Unterschied
zur wissenschaftlichen, die »Spuren des Kommunikativen«.
Diese virtuose Dialektik der essayistischen Form verleiht
Adornos Werk die faszinierende Arroganz eines Denkens, das
sich schulebildend dem »Sog der Kommunikation« zu entziehen vorgibt; das unter dem Beifall eines intellektuellen Mas-
senpublikums »das kommunikative Unwesen« denunziert[36].

    Jaspers' Teufel des Abbruchs ist deshalb auch in der Kriti-
schen Theorie am Werk. Sie entlarvt die Forderung nach
Verständlichkeit und Mitteilbarkeit als Diktat des Marktes
und richtet Hegels ›Arbeit des Begriffs‹ als Gegenbegriff zu
›Kommunikation‹ auf. Diese Antithese ermöglicht Adorno
wieder eine virtuose dialektische Denkfigur: Nur indem
Denken »die Kommunikation kündigt«, kann es ihm gelingen, »die Sache zu kommunizieren.« M.a.W.: Jede Mitteilung,
die nicht in sich selbst Kommunikation abbricht, ist »Verrat

---

[35] Th. Adorno, Minima Moralia § 30; Ästhetische Theorie, S. 115
[36] Adorno, Gesammelte Schriften Bd. 11, S. 30; Eingriffe, S. 7;
Jargon der Eigentlichkeit, S. 16

am Mitgeteilten«.[37] Besonders aufschlußreich ist hier der § 5 der Minima Moralia, in dem Adorno auf das beschädigte Sprachleben reflektiert. Nichts geht mehr — in jedem »Zufallsgespräch« lauert der Verrat, jedes gesellige Wort erniedrigt den Angeredeten, jeder Ausdruck der Freude verhärtet das Leiden. Und natürlich: »Aus jedem Besuch des Kinos komme ich bei aller Wachsamkeit dümmer und schlechter wieder heraus.«

Doch bekanntlich war der Aufruf zur Großen Kommunikationsverweigerung ein Kommunikationsereignis ersten Ranges, die Kritik des Jargons rasch zum hartnäckigsten Jargon erstarrt. Nichts verkaufte sich auf dem Markt der Intellektuellenkommunikation besser als die Lehre vom Ausverkauf der Wahrheit durch Kommunikation. Und den Treuesten gilt sie noch heute als Verrat. Würden sie mit Adornos Vermächtnis Ernst machen, so müßten sie aber gerade in jener Theorie des kommunikativen Handelns, die sich selbst in die Tradition der Kritischen Theorie stellt, einen Verrat am Geist des Meisters sehen. Wir kommen darauf zurück.

Anthropologische und systemtheoretische Aspekte

Weltoffen sein heißt für Menschenwesen, sich einer ständigen Datenüberflutung auszusetzen. Und sie konstruieren ihre Lebenswelt, indem sie sich durch kommunikatives Handeln von diesem *sensory overload* entlasten. Sie senden Laute in die

---

[37] Adorno, GS Bd. 5, S. 340; Minima Moralia § 64. — Daß sich überhaupt eine Disziplin Kommunikationstheorie gebildet hat, muß Adorno deshalb als schlimmster Verstoß gegen den Geist philosophischer Sachlichkeit erscheinen. Man hat allerdings nicht nachgefragt, was es heißen soll, »die Sache zu kommunizieren«. Offenbar macht es die Kritik der Kommunikation zwischen Subjekten möglich, einen positiven Begriff von Kommunikation für das Verhältnis von Objekten zu reservieren. In diese Richtung deuten Adornos Bemerkungen über die »Kohärenz des Nichtidentischen«; die Negative Dialektik, S. 34, kennt tatsächlich ein Medium, »worin die Gegenstände kommunizieren«.

Welt, die entweder rückgekoppelt werden oder im Nichts verhallen; dieser Selektionsprozeß bildet dann allmählich Kommunikationsstrukturen aus. So erfahren Menschen die Außenwelt nicht instinktgeleitet, sondern kommunikativ, und auch ihre sich entfaltende Innenwelt ist ein Gespräch. Erfahrungen wie Seelen sind Präzipitationen von Mitteilung: »alle Antriebe auch der reifen Menschen sind kommunikativ, also ebenso intellektualisiert wie handlungsnah. D.h. in letzter Instanz erscheinen selbst die physischen Bedürfnisse eingekleidet in Kostüme der Zeit und Gesellschaft«[38].

Aus Einsichten wie diesen sind die grandiosen Intuitionen einer strukturalen Anthropologie entsprungen, die alle ›Tauschspiele‹ in Natur und Kultur als Kommunikationssysteme interpretiert. Das Inzestverbot erscheint dann als Kommunikationsregel, der Frauentausch als Nachricht, das Verwandtschaftssystem als Tausch- und Kommunikationssystem — Werte der menschlichen Gemeinschaft rücken in formale Zeichensysteme ein. Seither läßt sich Gesellschaft als ganze kommunikationstheoretisch begreifen, ohne daß man sie auf Sprache reduzieren müßte. Sprachliche Mitteilung ist demnach nur ein Tauschspiel neben anderen — nämlich dem ökonomischen, dem genetischen und dem verwandtschaftlichen.

Daraus läßt sich zunächst einmal eines lernen: Schon in den sog. primitiven Gesellschaften vollzieht sich menschliche Kommunikation in hohem Maße abstraktiv und reflexiv. So ist auch in einfachsten Kommunikationsverhältnissen (face to face) jede sprachliche Mitteilung eingebettet in die Wahrnehmung, daß andere wahrnehmen. Diese instinktive wechselseitige Blickkontrolle hat den anthropologischen Effekt, daß menschliches Sein zunächst und zumeist Gesehenwerden ist — die Boulevard-Formel trifft also einen kommunikationstheoretischen Kernbestand: ›Sehen und gesehen werden‹. »Kommunikation [...] ist im Evolutionsprozeß vermutlich auch durch verstehensmäßige Raffinierung von Verhaltensbeobachtungen entstanden.«[39]

---

[38] A. Gehlen, Der Mensch, S. 347
[39] N. Luhmann, Zwischen Intransparenz und Verstehen, S. 95

Eingewöhnte einfache Kommunikationsverhältnisse von Angesicht zu Angesicht neigen dazu, die eigene Medienvermitteltheit zu vergessen, also sich für unmittelbar zu halten — das gilt für das *face to face* des Gesprächs genauso wie für das *face to screen* der Fernsehroutine. Die verdrängte Medialität kehrt dann aber als Kommunikationsstörung wieder. Das hat wiederum zur Folge, daß das Gelingen einer Kommunikation sichergestellt wird, indem sich Ego und Alter gegen das störende Dritte verbünden. Deshalb kennt die Dialektik eines Platonischen Dialogs eigentlich keine Antagonisten. Die berühmte maieutische Methode läßt Wahrheit entstehen, indem Sender und Empfänger, Philosoph und Novize gemeinsam gegen das Rauschen kämpfen. Alle Kommunikation ist demnach hochriskant: sie setzt Sinn dem Rauschen aus. »Une communication réussie, c'est ce tiers exclu. Le problème dialectique le plus profond n'est pas le problème de l'autre, qui n'est qu'une variété — ou une variation — du méme, c'est le problème du troisième homme.«[40]

Die Perfektion der Kommunikation fordert also die Ausschaltung des störenden Dritten; erst die Eliminierung des Rauschens gewährleistet die Identität der Information bei Sender und Empfänger, vollständige Übertragung — das Reich der Mathematik. In dieses führt aber auch die Analyse von Sprechhandlungen. Mathematik erspart sich die metaphysische Suche nach dem Wesen der Dinge durch die Analyse ihrer Relationen. Deshalb hat sie — das war Paul Watzlawicks großartige Einsicht — zur Pragmatik kommunikativen Handelns eine viel engere Beziehung als die Psychologie. Als wahlverwandte Beziehungswissenschaften lassen Mathematik und Pragmatik es nämlich denkbar erscheinen, daß Menschenhandeln einmal in Algorithmen angeschrieben werden kann.

Intersubjektivität entsteht als Rückkopplungseffekt zwischen offenen, d.h. ausgangszustandsunabhängigen *purposive systems.* »Wenn wir also untersuchen, wie sich Menschen gegenseitig beeinflussen, müssen wir der Entstehung und den

---

[40] Serres, Hermès I: La communication, S. 41

Ergebnissen der Beziehung viel weniger Bedeutung beimessen als ihrer Organisation.«[41] Und das heißt natürlich auch, daß Beziehungsdefinitionen — also die Metakommunikation des Beziehungsaspekts in kommunikativen Akten — wichtiger sind als Informationen.

Hier scheint aber die elektronische Digitalisierung menschlicher Mitteilung an eine Grenze zu stoßen, denn Beziehungsaspekte werden analog kommuniziert. »Digitale Kommunikationen haben eine komplexe und vielseitige logische Syntax, aber eine auf dem Gebiet der Beziehungen unzulängliche Semantik.«[42] Menschen leben von und in Beziehungsappellen. Experimentelle *sensory deprivation* hat ja gezeigt, daß man an Kommunikationsmangel zugrundegehen kann. Noch lebenswichtiger als die Information ist deshalb Kommunikation um der Kommunikation willen. Das erlaubt umgekehrt die Vermutung, daß Massenmedien Informationen senden, nicht um zu ›informieren‹, sondern um *sensory deprivation* vorzubeugen. Man könnte sagen: Massenmedien kommunizieren Beziehungsdefinitionssurrogate.

Information ist also — jenseits, oder besser gesagt: diesseits aller Weltbedeutsamkeit — eine Darstellung, die in kommunikativen Akten ihrerseits dargestellt wird. Formal betrachtet handelt es sich hier um stochastische Prozesse, in denen sich Strukturen als Redundanzeffekte bilden und Selektionen eine bestimmte — unwahrscheinliche — Verteilung des Signifikantenmaterials erzeugen. Kommunikation seligiert aus Informationen. Und deshalb ist Information meßbar — nämlich durch »die verzehrten Freiheiten«[43] der Wahl.

Treten wir nun einen Schritt zurück und betrachten — geleitet von McLuhans Definition der Medien als *extensions of*

---

[41] Watzlawick / Beavin / Jackson, Menschliche Kommunikation, S. 122

[42] A.a.O., S. 68. — Zur ›Oberflächlichkeit‹ des Digitalen bemerkt H. van den Boom, »Digitaler Schein«, S. 203: »Die Information hat für sich noch keine Tiefe, sie ist nur syntaktisch konnex (syn-taxis)«; vgl. zum Problem der semantischen ›Tiefe‹ auch N. Bolz, Theorie der neuen Medien, S. 141

[43] M. Bense, Aesthetica, S. 215

man — die Mitteilungsformen und Datenprozesse des Menschen im Horizont der Naturgeschichte. Evolution läßt sich als Züchtung von Information begreifen. Und seit das Zentralnervensystem technisch implementiert ist, können wir Leben als Informationsfluß verstehen. Menschensinne funktionieren demnach als Nachrichtentechniken, die im Zuge der Zeit stabile Mitteilungsformen auskristallisieren. Diesen Kommunikationsstrukturen muß sich je und je anpassen, was wir Bewußtsein nennen — es ist, nach Marvin Minskys genauer Beobachtung, nichts anderes als eine Suchroutine beim Debugging unserer Lebensprogramme. Entsprechend stellen Medien sicher, daß Kommunikationsprozesse ständig mit Bewußtsein verkoppelt sind — gleichgültig ob dieses sich nun von der Bilderflut des Fernsehens oder vom Zauberstab des Buchstabens faszinieren läßt.

Hier könnte man einwenden: Eine solche Darstellung gebraucht Begriffe der Informations- und Medientheorie zur metaphorischen Darstellung der Evolution von Mitteilungsformen. Das trifft zu! Wir rechtfertigen dieses Verfahren durch die Beobachtung, daß die Medien, die eine Epoche prägen, in dieser nicht beobachtet werden können — sie sind je unhintergehbar. Deshalb fungieren Medienmetaphern als Schablonen der Weltwahrnehmung. »Jede Epistemologie ist die Epistemologie einer Phase der Medienentwicklung. Wie die Zeit, so ist auch die Wahrheit das Produkt eines Gesprächs, das der Mensch mittels der von ihm erfundenen Kommunikationstechniken und über sie mit sich selbst führt.«[44]

Die modische Rede von der Informationsgesellschaft hat einen guten Sinn: Was uns als undurchschaubare Weltkom-

---

[44] N. Postman, Wir amüsieren uns zu Tode, S. 36f. — Nicht anders sah es schon Marshall McLuhan, From Cliché, S. 57: »All media of communications are clichés serving to enlarge man's scope of action, his patterns of association and awareness. These media create environments that numb our powers of attention by sheer pervasiveness. The limits of our awareness of these forms does not limit their action upon our sensibilities.«

plexität entgegentritt, ist das Resultat einer gigantischen Vernetzung von Kommunikationsprozessen. Technische Medien helfen nun nicht etwa, das Dickicht der Daten zu durchdringen, aber sie erleichtern es uns zu beobachten, wie andere diese Welt beobachten. Man kann erfahren, daß es unmöglich ist, die gesellschaftliche Realität der Kommunikation auf die Beziehungen von Menschen zu ihresgleichen zu reduzieren. Das besagt aber auch, daß es keinen kommunikativen Weg gibt, der es ermöglichen würde, den anderen zu verstehen. Wie das Kommunikationssystem im ganzen ist Alter ego eine Black box, das Ego ebenfalls als Black box erfährt. Diese gegenseitige Undurchsichtigkeit wird als Freiheit behandelt.

Kommunikationstheorie spricht vom Menschen als Black box, um von ihm als ›Seele‹ schweigen zu können. Dieser Fernmeldetechnikerbegriff »wurde im Krieg zunächst auf erbeutetes Feindmaterial angewendet, das wegen der möglicherweise darin enthaltenen Sprengladungen nicht zur Untersuchung geöffnet werden konnte. In einem allgemeineren Sinn wird dieser Begriff heute für elektronische Systeme verwendet, deren Komplexität es nahelegt, ihre Beschaffenheit praktisch außer acht zu lassen und sich auf die Messungen ihrer *input-output relations* zu beschränken.«[45] Nicht anders verfährt die Operation, die man Verstehen nennt: Es handelt sich um eine Optimierung der Beobachtung des anderen durch die Rückkopplung von kommunikativem Input und Output. Ein Sprachspiel also; denn »the only conceivable way of unveiling a black box, is to play with it.«[46] Der Kommunikationsbegriff präsupponiert also immer die Reflexion eines Beobachters, der eine Interaktion von Wesen, die in Sprache Unterscheidungen anbringen, interpretiert —

---

[45] Watzlawick u.a., Menschliche Kommunikation, S. 45
[46] René Thom, Mathematical Models, S. 298; vgl. hierzu N. Luhmann, Soziale Systeme, S. 156f. — Zu Strategien, die Black boxes der modernen Welt durch Unterbietung der Beobachtungen zweiter Ordnung aufzuhellen vgl. Luhmann, Soziologie des Risikos, S. 245ff. Zur Technik, fehlendes Strukturwissen durch die Beobachtung des Verhaltens von Black boxes zu ersetzen, vgl. Purposive Systems, S. 113

eben als Kommunikation. Auch dieser Beobachter, der etwa versucht, seine Beobachtung als Kommunikationstheorie anzuschreiben, ist natürlich verstrickt in Kommunikation; auch er kann, beobachtend, daß er beobachtet wird, ›nicht nicht kommunizieren‹. Wir kommen — Stichwort Rekursivität — gleich darauf zurück. Wenn aber Menschen in Gesellschaft nicht *nicht* kommunizieren können, ist es eigentlich ein Anthropomorphismus zu sagen, daß *Menschen* kommunizieren. Offenbar führen die Kommunikationsstrukturen ein Eigenleben, an das Menschenwesen angekoppelt sind. Wiederum gilt: Es ist nur die — notwendige — Zuschreibung eines Beobachters, die Menschen kommunizieren läßt. ›An sich‹ kommunizieren nur Kommunikationen.

Wir haben mit Max Benses schöner Formel gesagt: Information bemißt sich nach den ›verzehrten Freiheiten‹ der Selektion. Ein Nachrichtensystem seligiert aus Möglichkeiten — und Information mißt die Ungewißheit des Outputs, also die Freiheit der Wahl. Freiheit setzt also keine Metaphysica wie den freien Willen voraus — sie wird der kommunizierenden Black box konzediert; d.h. man schließt von der Ungewißheit des Outputs auf Freiheitsgrade der Entscheidung. Steuerung meint ja nichts anderes als die Entscheidung zwischen möglichen Outputs aufgrund des Vergleichs eines Inputs mit gespeicherten Daten und Instruktionen. Man kann nun sagen, daß Entscheidungen determiniert sind, wenn derselbe Input stets denselben Output zur Folge hat. So resultiert eine Reduktionsreihe: Freiheit ist Wahlfreiheit, Wahlfreiheit zeigt sich als Steuerungsproblem, Steuerung ist Entscheidung, und Entscheidung läßt sich als Berechnung automatisieren — »programs control by determining decisions.«[47]

Das ist heute Computeralltag. Ihm wäre nur noch eine Kommunikationstheorie gewachsen, die sich nicht mehr an Gesprächskultur und Hermeneutik, sondern an der Theorie rekursiver Funktionen und Algorithmen orientierte. Rekursivität meint ganz einfach, daß eine Operation ihr eigenes Resultat zur Grundlage ihrer selbst macht. Anders gesagt: Man

---

[47] J. R. Beniger, Control Revolution, S. 48

rechtfertigt ein Kalkül mit Argumenten, die man ihrerseits rechtfertigt, indem man sie in die Form dieses Kalküls bringt. Kohärenz ersetzt die Letztbegründung. D.h. aber auch, daß das Computerzeitalter das Leitbild des unbegrenzten linearen Fortschritts — wie natürlich auch das düstere Gegenbild der unaufhaltsamen Katastrophe — durch Schleifenprogramme ersetzt. »In der Computerwelt ist das Gute nicht unendlich.«[48] Und in dieser Kultur, die, nach Edgar Morins genauem Wort, funktioniert wie eine Großrechenanlage, halten Programme, die ihr Ziel erreicht haben, einfach an. Der revolutionäre Griff nach der Notbremse, der verzweifelten Theoretikern der Moderne noch nötig schien, um einen Fortschritt genannten rasenden Zug zu stoppen, ist zur leeren Geste erstarrt.

Die Kultur als Großrechenanlage, Menschen als kommunizierende Black boxes, Freiheit als Trugbild der Intransparenz — das sind starke, befremdliche Thesen. Der sog. Radikale Konstruktivismus macht aber auch hier seinem Namen alle Ehre und geht noch einen Schritt weiter. Er ersetzt das Kontroll-Konzept durch ein Autonomie-Konzept, den Vorrang der Instruktion durch den der Konstruktion und will damit die Kommunikationsverhältnisse von der absoluten Metapher des Computers befreien. Wie alle lebendigen Systeme kennen auch Menschen keinen Input und Output von Information; sie sind selbstbezügliche, geschlossene Systeme, die die Informationen, die sie prozessieren, selbst produzieren. Menschen sind demnach »informationsdicht«[49]. Entsprechend kann Kommunikation nicht mehr als *Übertragung* oder Austausch von Informationen, sondern nur noch als deren parallele *Konstruktion* verstanden werden.

Für informationsdichte Organismen kann es dann natürlich so etwas wie ›Objektivität‹ nicht geben — an ihre Stelle tritt ein interaktives Konzept von Wirklichkeit. Menschen sind die Blindflieger der Welt. Maturana hat das Erkennen deshalb

---

[48] J. D. Bolter, Der Digitale Faust, S. 146; zur Logik der Rekursivität vgl. G. Spencer Brown, Laws of Form, S. 97, 102
[49] S. J. Schmidt, »Der Radikale Konstruktivismus«, S. 24

immer wieder mit einem Instrumentenflug bei geschlossener Wolkendecke verglichen: Informationen entnimmt man nicht der Außenwelt, sondern allein den systemeigenen Anzeige-apparaturen. Erkennen ist nur ein *touch down* ohne Bruch-landung — keine Enthüllung des Realen.

Auch wer das konzediert, wird vielleicht auf die Welthaltig-keit von Wahrnehmungen pochen. Doch auch dies sinnlich Gewisseste erweist sich als Konstruktion. Wahrnehmen ist eine Art Scanning, das nicht Weltdinge präsentiert, sondern Beziehungen prüft und auf der Grundlage dieser Prüfung Bil-der im Weltinnenraum des Gehirns errechnet. Die Erregungs-zustände der Nervenzellen codieren nicht das Wesen des erre-genden Weltdings, sondern allein seine Intensität. Alles ande-re sind Eigenrechnungen des Gehirns. Es entwirft ein wahr-scheinliches Bild von »einer minimal abgetasteten Umwelt.«[50] Wie im Computer findet in Wahrnehmungsprozessen also eine digitale Symbolmanipulation statt; deshalb wäre es sinn-voller, von Inszenierung statt von Abbildung zu sprechen.

Die Frage nach der Wahrnehmung läßt sich also nicht durch ein Studium der Sinnesorgane beantworten. Wahrnehmung ist nicht Sache der Augen und Ohren, sondern Konstruktion des Gehirns, das neuronalen Prozessen Bedeutung zuweist. Die Sinne als Aufnahmeapparaturen sind hier also vernachläs-sigbar — interessant ist allein, was auf dem Bildschirm des Gehirns als neuronaler Datenfluß erscheint. Dabei werden die Signale strikt topologisch, also nach dem Ort ihrer Verarbei-tung bewertet. »Es gibt keine Trennung von Wahrnehmung und Interpretation. Der Akt des Wahrnehmens ist der Akt der Interpretierung. Die Aktivität des Wahrnehmens besteht darin, Invarianzen zu konstruieren. Isolieren, Auswählen, Scharfstellen, Aufpassen«[51]. Deshalb gibt es auch keine Wahrnehmungslücken — wo immer sie aufzuklaffen drohen,

---

[50] G. Roth, »Erkenntnis und Realität«, S. 247

[51] J. Richards / E. von Glasersfeld, »Die Kontrolle von Wahr-nehmung«, S. 214. — Mit denselben Worten hat schon Nietzsche, Wille zur Macht § 569, die Logisierung des Weltchaos beschrieben. Hierzu im einzelnen: N. Bolz, Chaos und Simulation, S. 57 ff

supplementiert das Nervensystem und macht unsere Welt
kohärent. Diese radikale Selbstbezüglichkeit und operative
Geschlossenheit des Systems läßt sich auch in Zahlen ausdrücken: Das Verhältnis von externer Sensorik, Datenverarbeitung im ZNS und Motorik ist 1 : 100 000 : 1. »Das heißt,
auf jedes Neuron, das primäre Sensorik verarbeitet, kommen
rund hunderttausend Neurone, die diese ›Information‹ wei-
terverarbeiten, mit früherer Erfahrung vergleichen und zur
Konstruktion kognitiver Wirklichkeit benutzen.«[52]

Niklas Luhmanns Kommunikationstheorie

Der Radikale Konstruktivismus verzichtet auf den Begriff der
Objektivität und ersetzt ihn durch den Begriff der Viabilität
kommunikativ stabilisierter Beschreibungen. Das erspart
auch die Annahme einer Übertragung von Information durch
Sprache. Nüchterner Beobachtung zeigt sich lediglich: Kommunikation teilt elektrische Impulse mit, die dann in parallele
Konstruktionen von Information eingehen. Der *homo socio-
logicus* tritt mit seinesgleichen in Verhältnisse reziproker
struktureller Koppelung; daraus entsteht Kommunikation als
»das gegenseitige Auslösen von koordinierten Verhaltenswei-
sen«. Damit ist aber in allen sozialen Kommunikationsverhältnissen Mehrdeutigkeit mitgesetzt, denn was ein Menschenwesen hört, sieht oder liest, wird von seiner eigenen
Struktur bestimmt. »Das Phänomen der Kommunikation
hängt nicht von dem ab, was übermittelt wird, sondern von
dem, was im Empfänger geschieht. Und dies hat wenig zu tun
mit ›übertragener Information‹.«[53]
Diese Auffassung begreift Sprache also nicht primär als Zei-
chensystem, sondern als Medium des Verhaltens von Orga-

---

[52] G. Roth, »Autopoiesis und Kognition«, S. 280. – Der Schädel
des Menschen ist die Black box, in der das Gehirn von der Welt ab-
geschlossen bleibt; wir nehmen also nur Übersetzungen wahr – so
Edgar Morin, »Das Problem des Erkennens des Erkennens«, S. 100
[53] H. Maturana, Der Baum der Erkenntnis, S. 210, 212

nismen in der Umwelt von ihresgleichen. Sie schüttelt die
Übertragungsmetapher energisch ab, um Kommunikation als
Emergenz der wechselseitigen Koppelung von Strukturen
darzustellen, die sich in der Interaktion mit anderen selektiv
wandeln. Erich Jantsch hat Kommunikation deshalb als evo-
zierende Präsentation nach der physikalischen Analogie des
Resonanzphänomens beschrieben: Schwingungen in einem
Spektrum verwandter Frequenzen werden (nahezu) ohne
Übertragung von Energie induziert. An die Stelle von Shan-
nons nachrichtentechnischem Modell, das untersucht, wie
eine vorgegebene Information im Prozeß der Übertragung
entwertet wird, tritt hier ein Kommunikationsmodell der
»Selbstorganisation von Wissen durch wechselseitige Stimu-
lierung«[54]; seine mathematisch strenge Fassung steht allerdings noch aus.

Das simple Medien-Modell der Informationsübertragung
von Sender zu Empfänger über einen Kanal und mittels (De-)
Codierung verkennt die Intersubjektivität sozialer Kommunikation. Wer sich an einen anderen wendet, nimmt in gewisser Weise seine Antwort vorweg. Walter Ong hat das ›antizi-
piertes Feedback‹ genannt: »the sender has to be not only in
the sender position but also in the receiver position before he
or she can send anything.«[55] Hinzu kommt ein weiteres: Information ist die Selektion aus einem Repertoire, das beide an
Kommunikation beteiligten Seiten teilen — das hat mit Senden, Empfangen und Übertragen wenig zu tun.

Von Übertragung kann schon deshalb nicht die Rede sein,
weil in Kommunikationsverhältnissen — mit der einen Aus-
nahme des Geldverkehrs — kein Absender etwas abgibt, kein
Empfänger eine Gabe empfängt. Das Gesendete ist dem Sender ja unverloren. Man könnte sagen: Die in Kommunikation
angestrebte Übereinstimmung schließt Übertragung aus. Was
Kommunikation herstellt, ist die symbolische Einheit eines
Sinnerlebens, das dann unterschiedliche Anschlußselektionen
ermöglicht. Ihren spezifischen Effekt, das Leben zureichend

---

[54] E. Jantsch, »Erkenntnistheoretische Aspekte«, S. 171
[55] W. Ong, Orality and Literacy, S. 176

zu ordnen und vorhersehbar zu machen, erreicht sie aber weniger durch Information als durch Redundanz. In diesem Sinne hat Bateson Kommunikation nicht als Informationstransmission, sondern als »spreading of redundancy«[56] definiert.

Wenn man Kommunikation derart systemtheoretisch beschreibt, kann man das Problem − oder: Scheinproblem? − der Subjektivität umgehen. Niklas Luhmanns Kommunikationstheorie der Gesellschaft ist hier am weitesten vorangeschritten. Sie ersetzt das Zwei-Personen-Modell von Sender und Empfänger durch ein Drei-Selektionen-Modell von Information, Mitteilung und Verstehen. Kommunikationsereignisse bilden emergente Einheiten dieser drei Selektionen, die in sich völlig kontingent sind, denn der Sachverhalt könnte auch anders sein, der ›Sender‹ könnte darüber auch schweigen und der ›Empfänger‹ könnte das Mitgeteilte mißverstehen. Daß die Einheit dieser Selektionen gelingt, ist also extrem unwahrscheinlich. Und daß diese Einheit gelingt, ist das ›Emergenzwunder‹ der Gesellschaft: ein endlos geflochtenes Band der Kommunikationen. Man kann es auch so sagen: Stabilisierung durch Rekursion und Vernetzung macht die Unwahrscheinlichkeit der Kommunikation zur soziologischen Normalität. Die *Verkettung* der Selektionen macht sie einheitsfähig − nicht etwa ein kollektives *Bewußtsein* der Kommunikationsteilnehmer. »Selbst bei größter Kommunikationsdichte gilt, daß keiner den anderen durchschaut, und doch erzeugt die Kommunikation eine für Anschlußverhalten ausreichende Transparenz.«[57]

Kommunikation prozessiert Selektionen. Denn Information ist stets das Produkt einer Selektion aus einem Repertoire. Mitteilung verwandelt diese Selektion in eine Offerte für andere. Und erst das durch die Anregung der Mitteilung erregte Verstehen entscheidet als Anschlußselektion über den Erfolg der Kommunikation. Kommunikation prozessiert aber auch − zumindest seit der Erfindung der Schrift − Dif-

---

[56] G. Bateson, Steps to an Ecology of Mind, S. 413
[57] Luhmann, Soziale Systeme, S. 498; vgl. Soziologische Aufklärung Bd. III, S. 314f und Soziologische Aufklärung, Bd. IV, S. 233f

ferenz, nämlich den Unterschied von Information und Mitteilung. Diese Differenz schützt den Adressaten davor, von einer Mitteilung so direkt betroffen zu werden wie von einem Wahrnehmungsinhalt: Man kann auf die Mitteilung anders reagieren als auf die mitgeteilte Information. Das erklärt die Möglichkeit, daß man, wie täglich bei der Tagesschau, Lust auf schlechte Nachrichten hat.

Und das erklärt auch die Möglichkeit, wie man aus minimalen Informationen bedeutsame Mitteilungen herausdeutet. Geistestechniken wie etwa Hermeneutik, Ideologiekritik und Psychoanalyse operieren mit eben jener vom Buchdruck befestigten Differenz. Es sind ja Techniken der Beobachtung von Kommunikation, die Kommunikationsprozesse insgesamt einer Art universalem Verdacht aussetzen und unterscheiden lehren: »Wer sagt was, warum, mit welchen Absichten, mit welchen Hintergedanken. Kriterien können also nicht mehr unbefleckt empfangen werden. Sie werden ihrerseits auf nichtmitgeteilte Vorurteile und Interessen zugerechnet.«[58] Der Beobachter von Kommunikation lernt, das Mitgeteilte vom Motiv der Mitteilung zu unterscheiden. Gäbe es keine Differenz zwischen Interesse und Information, würde wohl niemand kommunizieren. Warum sagt er mir das jetzt?

Die seltsame Schleife, in der sich so unwahrscheinliche Prozesse wie die kommunikativen durch Rekursion und Vernetzung stabilisieren, heißt Gesellschaft. »Sie besteht aus Kommunikationen, sie besteht nur aus Kommunikationen, sie besteht aus allen Kommunikationen. Sie reproduziert Kommunikation durch Kommunikation.«[59] Im *strange loop* Gesellschaft ist also alle Kommunikation Anschlußkommunikation, die durch eine Art Selbstbeschreibung des Systems kanalisiert wird. Man könnte deshalb auch sagen: Die moderne Gesellschaft schreibt sich selbst ihre Soziologie. Diese steht damit übrigens in Konkurrenz zu den Massenmedien, in deren Selbstvollzug sich Gesellschaft ja ebenfalls selbst beobachtet.

---

[58] Luhmann, Universität als Milieu, S. 131
[59] Luhmann, Die Wirtschaft der Gesellschaft, S. 50

Niklas Luhmann startet seine Kommunikationstheorie mit einer Unterscheidung von Medium und Form, wie sie schon Fritz Heider getroffen hat. Demnach heißt Medium eine hinreichend große Masse locker verknüpfter Elemente, eine relationsschwache Ereignismenge. Das Substrat eines Mediums bilden also voneinander unabhängige Ereignisse. Formen dagegen bestehen aus rigider gekoppelten Elementen. Durch ihre größere Rigidität legt die Form das Medium fest. Ihr Verhältnis ist also asymmetrisch. Das Medium läßt sich demnach als Potential von Selektionen begreifen, die dann als Einprägungen von Form statthaben. Vom Medium aus betrachtet ist die Koppelung der Ereignisse also beliebig. Man kann es auch so sagen: Das Medium ist auf ›externe Koordination‹ angewiesen; Heider nennt das »Außenbedingtheit«.

Nun ist es für die Evolution der Kommunikationsverhältnisse charakteristisch, daß die Unterscheidungen von Medien und Formen in den Formen selbst wiederholt werden, d.h. daß geprägte Formen zum Medium von Formen zweiter Ordnung werden. (Die Sequenz Luft − Geräusch − lautliches Zeichen − Rede − phonetische Schrift macht das besonders deutlich.) Dem entspricht umgekehrt, daß sich jedes Medium (im Gegensatz zur unbestimmten ›Materie‹) aus identifizierbaren Elementen zusammensetzt, also seinerseits Form voraussetzt. »Das Medium muß (digital) eine gewisse Körnigkeit und (analog) eine gewisse Viskosität aufweisen.«[60]

Aufgrund dieses Sachverhalts, daß Formen zu Medien höherer Formen werden können und alle Medien lose Koppelungen schon irgendwie geformter Elemente darstellen, finden sich Beispiele für Formen, Medien und die sie tragenden Ereignisse auf allen Ebenen der Weltbeschreibung: Wellen und Schwingungen sind Elementarereignisse, aber − auf höherer Ebene − auch Zahlungen und Gehorsamserzwingungschancen. Licht, Luft und Laute sind Medien; aber − auf höherer Ebene − auch Geld, Macht und Freiheit. Sprache und Orga-

---

[60] Luhmann, Die Wissenschaft der Gesellschaft, S. 53; vgl. Luhmann, Reden und Schweigen, S. 11f und Luhmann, Wirtschaft, S. 303−306

nisationen sind Beispiele für Formen; aber auch — auf höherer Ebene — Investitionen, Programme und Theorien.

Es scheint logisch, daß Kommunikationsprozesse in Medien fundiert sind. Doch ein unbefangener Beobachter der Evolution von Mitteilungsformen könnte auch sagen: Menschliche Kommunikation stabilisiert Medien in der Erfahrung des Gelingens. Deshalb ist es sinnvoll, das Verhältnis der Kommunikation zur Differenz von Medium und Form als Rekursion zu beschreiben: »Medien entstehen mit den Formen, die eine strengere Kopplung von Sinnmomenten ausprobieren, sie entstehen also im kommunikativen Gebrauch. Daher muß alle medienspezifische Kommunikation sich immer auf andere Kommunikationen im selben Medium beziehen, um das Medium selbst zu etablieren.«[61]

Medien lassen sich also nicht unabhängig von den Formen, die sich in sie einprägen, und den Komponenten, aus denen sie sich zusammensetzen, beschreiben. Die Medialität eines Mediums ist unbeobachtbar. Um seine Funktionsweise indirekt zu erkennen, muß man die Formen studieren und die Elemente analysieren. D.h. aber auch, daß es für Luhmann keine technische Implementierung von Medialität geben kann. M.a.W.: So wenig wie Kommunikation mit Nachrichtenübertragung soll Medialität etwas mit Sendetechnik zu tun haben. Auch deshalb haben Systemtheorie und technische Medienanalyse noch keinen gemeinsamen Diskussionsboden gefunden.

Eine weitere Schwierigkeit liegt darin, daß Luhmanns Kommunikationstheorie einen Code-Begriff voraussetzt, der sich nicht aus dem linguistischen Diskussionszusammenhang, sondern allenfalls in Anlehnung an die Biogenetik verstehen läßt: Codes sind Strukturen, die alle gegebenen Informationen duplizieren, d.h. je eine positive und eine negative Fassung (z.B. wahr / unwahr; schön / häßlich) zur Verfügung stellen. Nun gibt es in der Wirklichkeit keine negativen Sachverhalte. Also sind Affirmation und Negation umweltunab-

---

[61] Luhmann, Wissenschaft, S. 244

hängige Effekte einer kommunikationsinternen Selektion, die auf weitere Selektionsleistungen drängt.

Die entscheidende Leistung eines Mediencodes besteht also in der Vorstrukturierung von Kommunikation nach zwei Wertstellen. Alles hat ein spezifisches Anderes, zu dem man durch die einfache Operation der Negation übergehen kann. Als Technik der Binarisierung schematisieren und operationalisieren Codes beliebige Prozesse und stabilisieren dabei eine Selektionskette, die nicht mehr auf die Einzelbewußtseine zurückgerechnet werden kann: Es kommuniziert. Gerade diese Entlastung des Bewußtseins durch eine sich selbst steuernde Kommunikation befähigt aber die Menschen, in einer absolut kontingenten Welt zu leben — nichts ist notwendig, nichts unmöglich, alles könnte auch anders sein. Das heißt aber immer auch: Sie stellt alles Mitgeteilte in einen Horizont anderer Möglichkeiten.

Philosophen könnten sagen: Codes sind kommunikationstranszendental; sie bedingen, welche Themen möglich werden. Wenn etwas geschieht, aber nicht codiert wird, erscheint es im Kommunikationsprozeß der Gesellschaft als bloßes Rauschen. Das zeigt aber auch: Die Mediensymbole, die Kommunikationen markieren, lassen sich nicht aus deren Inhalten ableiten. Der Code bezieht sich nicht auf Weltsachverhalte (denn diese können, wie gesagt, nicht negativ sein), sondern definiert den Standard für Anschlußkommunikationen. »Nur dank der indifferenten, nicht auf Umwelt referierenden Codierung kann das Medium zirkulieren.«[62] Und: Gerade die Weltgleichgültigkeit der Codierung macht Menschen kontingenzfest, also modernitätstüchtig.

Man kann also sagen: Es gibt Seiendes, vieles ereignet sich und alles scheint zufällig. Wenn wir ›davon‹ Information haben wollen, müssen wir es in Differenzschemata pressen: so — nicht anders; dies — nicht das. Wir spezifizieren vor dem

---

[62] Luhmann, Wissenschaft, S. 213; vgl. Luhmann, Macht, S. 38, 42f, 72. — Der Code kann natürlich zum Inhalt der von ihm gesteuerten Kommunikation selbst und dadurch reflexiv werden; hierzu Luhmann, Liebe als Passion, S. 37

Selektionshorizont anderer Möglichkeiten. Die Umwelt ist ein *dark continent*, und wir benutzen die Differenzen unserer Mediencodes, um sie abzutasten. M.a.W.: Die Differenz des Codes produziert in der Abtastung des Realen die Differenz der Information — nach Gregory Batesons Wort *a difference that makes a difference*. Informationen sind nie in einer Umwelt gegeben, sondern stets das Resultat einer systeminternen Verarbeitung. »Am Anfang steht also nicht Identität, sondern Differenz. Nur das macht es möglich, Zufällen Informationswert zu geben und damit Ordnung aufzubauen; denn Information ist nichts anderes als ein Ereignis, das eine Verknüpfung von Differenzen bewirkt«[63].

Es gibt Kommunikation — wie ist sie möglich? Die Selektionsleistungen, die zur kommunikativen Einheit zusammentreten müssen, sind ja in sich schon so unwahrscheinlich, daß zunächst rätselhaft scheint, wie überhaupt kommuniziert werden kann. Niklas Luhmanns Medienbegriff ist ersichtlich durch seinen Systembegriff prästabiliert. Wir werden gleich sehen: wie.

Es muß eine wesentliche Funktion von Medien sein, jenes Unwahrscheinliche dennoch wahrscheinlich zu machen. Und es muß eine wesentliche Funktion von Medientheorie sein, jenes Unwahrscheinliche überhaupt sichtbar zu machen; »dazu bedarf es einer sozusagen contra-phänomenologischen Anstrengung.«[64] Denn wir haben uns längst an kommunikativen Erfolg gewöhnt und erleben die erstaunliche Transformationsleistung der Medien als zweite Natur. Soziale Ordnung ist das Normalisierungsergebnis dieser Ermöglichung des Unwahrscheinlichen. Deshalb fällt für Luhmann Medientheorie mit Gesellschaftstheorie und Gesellschaft mit Kommunikation zusammen. Genauer gesagt: Sie betrachten dasselbe Evolutionsphänomen aus komplementären Perspektiven.

Die funktionale Differenzierung der modernen Gesellschaft produziert eine Normalform von Kommunikation, die nicht mehr in lebensweltlich vertraute, verbindliche Kontexte und

---

[63] Luhmann, Soziale Systeme, S. 112
[64] Luhmann, Soziologische Aufklärung Bd. III, S. 26

Selbstverständlichkeiten eingebunden ist. Warum sollte man unter diesen Bedingungen struktureller Anonymität überhaupt Selektionsofferten annehmen — etwa: einen Befehl befolgen? Man wird mit Talcott Parsons antworten müssen: Weil unsere soziale Existenz in ein Gewebe genereller Symbole wie Macht, Geld, Liebe und Werte eingesponnen ist. Gegenüber Parsons stellt Luhmann lediglich von Tausch auf Kommunikation um und modifiziert den Bedingungszusammenhang: »Kommunikationsmedien sind nicht die Folge funktionaler Systemdifferenzierung, sondern eher Katalysatoren für die Ausdifferenzierung von Funktionssystemen.«[65]

Um Menschen zu motivieren, kommunikative Selektionsofferten anzunehmen, braucht man spezielle Codes, die Bedingungen des Behaupt- und Erwartbaren festlegen. Es geht also darum, wie man die Selektion des anderen nicht nur als das, was sie ist, verstehen (— dazu genügt Sprache), sondern als Motiv der eigenen Selektion akzeptieren kann. Eben dazu dienen Parsons' generalisierte Symbole. Indem sie zwischen der Selektion des einen und der Motivation des anderen vermitteln, steuern die Mediencodes die Übertragung von Selektionsleistungen. Man kann auch sagen: Sie verketten nichtidentische, doppelt kontingente (— und doppelte Kontingenz muß schon deshalb sein, um beiderseitig Freiheit zu garantieren —) Selektionen selektiv. Der evolutionäre Erfolg eines Mediums stellt sicher, daß dieser Selektionszusammenhang erwartet werden kann und motiviert schon dadurch zur Anschlußselektion.

Noch einmal formelhaft gesagt: Mediencodes sind Anweisungen, so zu seligieren, daß diese Selektion den anderen zur Annahme des Vorschlags motiviert; daß sie vom anderen als Voraussetzung eigenen Verhaltens akzeptiert wird. Nur deshalb kann man überhaupt in unserer hochkontingenten Welt, die manchen als ›Verblendungszusammenhang‹ erscheint, leben, weil man sich auf diesen Selektionszusammenhang verlassen kann. »Symbolische Generalisierungen ermöglichen es,

---

[65] Luhmann, Wirtschaft, S. 68; vgl. Luhmann, Soziologische Aufklärung Bd. IV, S. 40

den Vorgang der Übertragung reduzierter Komplexität zum
Teil von der Ebene expliziter Kommunikation auf die Ebene
des komplementären Erwartens zu überführen und damit den
zeitraubenden, schwerfälligen, durch Sprache grobfühligen
Kommunikationsprozeß zu entlasten.«[66]
Wenn man sich nun diese hochabstrakten Überlegungen an
konkreten Beispielen veranschaulichen will, drohen nahelie-
gende Mißverständnisse. Wer erfährt, daß etwa Wahrheit und
Macht, Liebe und Geld Kommunikationsmedien im genannten Sinne sein sollen, glaubt zu wissen, worum es sich handelt. Und in der Tat kennt jeder die Sachverhalte, die diese
Wörter bezeichnen; man weiß, was jemand meint, der sagt,
daß er liebt, die Wahrheit sucht oder die Macht fürchtet.
Doch die eigentlichen Effekte der Medien liegen nicht auf
dem Niveau ihrer Semantik. Das indizieren schon Definitio-
nen wie die Max Webersche, Macht sei eine ›Gehorsams-
erzwingungschance‹, oder die Luhmannsche, Liebe sei ein
»Verhaltensmodell«. Es geht also nicht um Gefühle und Gewalt, nicht um Gerechtigkeit, den Reichtum oder das Wahre.
Medien sind »Kommunikationsanweisungen, die relativ unabhängig davon gehandhabt werden können, ob solche Sachverhalte vorliegen oder nicht.«[67]
So treten generalisierte Symbole an die Stelle der unmögli-
chen Lebenshermeneutik. Ich kann den anderen nicht verstehen, aber ich kann sehen, daß er mich beobachtet — und
zwar als einen, die ihn beobachtet. Die Situation ist also beid-
seitig kontingent — und beide wissen darum. Es ist dann aber
klar, daß man Kommunikation nicht durch Referenz auf
Sachverhalte stabilisieren kann. Die Einheit der Kommunikation muß eine unüberbrückbare Differenz von Ego und Alter
dennoch überbrücken. Deshalb wird das Soziale nicht vom
Realen, sondern von generalisierten Symbolen getragen; sie
versprechen Tragfähigkeit auch dann, wenn das Reale brüchig
wird. Die unaufhebbare Diskontinuität des Zwischen-Men-
schlichen zu überbrücken, vermögen Kommunikations-

---

[66] Luhmann, Macht, S. 36
[67] Luhmann, Liebe als Passion, S. 22f

medien gerade deshalb, weil sie Einheit ohnehin nur durch Handhabung von Differenz schaffen; sie normalisieren Diskontinuität. »Eine Kommunikation teilt die Welt nicht mit, sie teilt sie ein. [...] Der Vollzug der Kommunikation verletzt ihre Einheit. Er bejaht diese Einheit implizit dadurch, daß er sie verletzt.«[68]

Die binäre Codierung stellt auch das Risiko der Kommunikation auf Dauer — nämlich abgelehnt zu werden. Man muß immer auch nein sagen können. Allerdings lehrt die Erfahrung, die man kommunizierend mit dem Mediencode macht, Sinnformen so anzubieten, daß sich die Ablehnungswahrscheinlichkeit reduziert — das gilt für Wissenschaftler nicht anders als für Politiker und Entertainer. Das Geheimnis erfolgreicher Kommunikation ist also nicht Konsensfähigkeit, sondern Medientraining. Und Konsens ist nichts anderes als die rekursive Vernetzung von Kommunikationen, die rein code-technisch das Ablehnungsrisiko minimiert haben.

Schon deshalb ist aber auch klar, daß gesellschaftliche Kommunikation nicht heißt, daß jeder mit jedem über alles reden kann. Es gibt vielmehr Bedingungen des kurrenten Diskurses, die nicht ihrerseits der kommunikativen Bifurkation Ja / Nein ausgesetzt werden dürfen, will man den Abbruch von Kommunikation überhaupt vermeiden. Bestimmte Themen sind tabu. Es gibt gewisse Dinge, zu denen man nicht nein sagen können soll. Da man aber (s.o.) immer auch muß nein sagen können, müssen jene gewissen Dinge kommunikationslatent bleiben. Gestoppt werden vor allem Beiträge, die die Sache (etwa: Macht) an der Wurzel packen wollen — Radikalität verträgt sich schlecht mit Rekursivität. »Es gibt mithin *Thematisierungsschwellen* im Kommunikationsprozeß, die zusammenhängen mit der Funktion von Themen, Negationspotentiale zu kontrollieren.«[69]

Niklas Luhmanns Kommunikationstheorie erspart sich die Auseinandersetzung mit der Technologie der neuen Medien durch systematische Reflexion auf die Technizität der Me-

---

[68] Luhmann, Reden, S. 7
[69] Luhmann, Ausdifferenzierung des Rechts, S. 55

dien. Medientechnik ermöglicht eine selektive Abarbeitung
hoher Komplexität, die davon entlastet, den prozessierten
Sinn hermeneutisch zu entfalten. M.a.W.: Medien können
Sinn durch eine technische »Kalkülisierung der Informationsverarbeitung«[70] erfolgreich prozessieren, ohne ihn verstehen
zu müssen. Derartige Technisierungen steigern sogar die
Kommunikativität, denn sie machen die Annahme einer Selektion nahezu unabhängig von ihrem Inhalt. »Die Selektion
muß gerade durch ihre Kontingenz sich durchsetzen und ver-
breiten können, sie muß als Selektionsweise motivieren können.«[71] Deshalb haben technische Medien eine unbeliebige
Geschichte.

Um den prekären Erfolg von Kommunikation auf Dauer zu
sichern, die Gefahr des Abbruchs in ein handhabbares Ablehnungsrisiko zu transformieren, bedarf es also gewisser
Vorkehrungen: weitgehende Automatisierung der Informationsverarbeitung; Motivierung durch die Technik der Selektion; und Steuerung durch Metakommunikation. Man
könnte sagen: Gesellschaft ist die emergente Einheit von Rekursion und Reflexion der Kommunikationen. Dabei unterscheidet Luhmann die Rekursion als Mechanismus des An-
knüpfens von Kommunikationen (durch mitlaufende Verste-
henstests) von deren ausdrücklicher Reflexion qua Metakommunikation. Der konstruktivistische Algorithmus läßt
jedoch beide Lesarten zu:

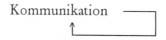

Kommunikation

Das besagt nicht nur, daß Kommunikation die Wirklichkeit
der Gesellschaft garantiert, indem sie zur Anschlußkommunikation motiviert (Rekursion), sondern eben auch (Reflexion), »daß ein Kommunikationssystem sich mit einem
Netzwerk der Kommunikation zweiter Ordnung ausstattet
so, wie ein Organismus sich mit einem Nervensystem ausstat-

[70] Luhmann, Macht, S. 71
[71] Luhmann, Soziologische Aufklärung Bd. II, S. 176

tet, nämlich um den jeweils eigenen Zustand, und nur den
jeweils eigenen Zustand, beobachten zu können.«[72]
   Treten wir nun ein paar Schritte von diesem Theoriege-
bäude zurück. So klar seine Architektonik ist, so schwer ist
es doch zu fassen, was Luhmann meint, wenn er von Kommunikation spricht. Und eben diese Schwierigkeit liegt in der
Natur der Sache! Denn was auch immer Kommunikation sein
mag — sie transzendiert Bewußtsein. Deshalb ist so schwer
zu begreifen — u.d.h. eben: bewußtseinsmäßig einzusehen
—, was Kommunikation ist. Und umgekehrt läßt sich die
Bewußtseinsleistung Wahrnehmung nicht kommunizieren;
Wahrnehmungen bleiben für Kommunikation unerreichbar.
Betrachtet man gesellschaftliche Kommunikation als operativ
geschlossenes System, dann kommen Bewußtseinsleistungen
für es nur als Umweltereignisse vor.
   Wir haben schon von der konstruktivistischen Theorie der
Wahrnehmung gelernt, daß die Erregungszustände der Nervenzellen nicht das Wesen des erregenden Weltdings, sondern
allein seine Intensität codieren — alles andere sind Eigenrechnungen des Gehirns. Analog dazu begreift Luhmann Kommunikation als wahrnehmungsunspezifische Operation. Daraus
folgt aber: »Der Außenkontakt wird einem kommunikativen
System nicht auf der Ebene seiner eigenen Operationen vermittelt.«[73] Kommunikation ist also, obwohl nicht von Wahrnehmung bedingt, auf Bewußtsein angewiesen. Wie ist das
Verhältnis zu denken? Offenbar muß das Bewußtsein Wahrnehmung in Kommunikation verwandeln. Das legt nahe,
Wahrnehmungen als (massenhafte) Ereignisse, Bewußtsein als
(lose gekoppeltes) Medium und Kommunikation als (rigider
gekoppelte) Form zu verstehen. Das Bewußtsein des einzelnen
— und es gibt kein anderes — kann Kommunikation okka-
sionalistisch auslösen oder stören, aber nicht kontrollieren.
   Bewußtsein und Kommunikation sind in ihrem Operieren
also durch einen Hiatus getrennt. Zugleich sind sie aber auf-

---

[72] Luhmann, Soziologische Aufklärung Bd. V, S. 23; vgl. Soziale
Systeme, S. 604
[73] Luhmann, Wissenschaft, S. 225; vgl. a.a.O., S. 282, 562

einander angewiesen und müssen deshalb verkoppelt werden — das leistet Sprache. Sie trägt die Kommunikation und »fasziniert« das Bewußtsein. Man kann es auch so sagen: Bewußtsein gerät mit seiner Operation Wahrnehmung in den Bann der Wahrnehmung von Kommunikation. Sprache »lenkt gleichsam die Aufmerksamkeit ab von der Vollkomplexität dessen, was jeweils in Situationen wahrgenommen wird, und sie lenkt hin auf das, was schon gesagt ist und noch gesagt werden muß oder gesagt werden kann.«[74]

Doch derartige Koppelungsprozesse unterstreichen gerade die Inkommensurabilität kommunikations- und bewußtseinsspezifischer Leistungen. Man wird fragen dürfen: Wie konnte es dazu kommen? Luhmann erklärt es mediengeschichtlich. Zunächst einmal gilt es festzuhalten, daß Bewußtsein wie Kommunikation Weisen der Datenverarbeitung sind. Daran erinnert schon der alltägliche Sachverhalt, daß wir Ikone, Embleme und Symbole, die Zeichen der Liebe und die Sichtbarkeit der Macht brauchen, um die sprachförmige Kommunikation zu entlasten — hier überläßt man die notwendige Informationsverarbeitung der Wahrnehmung. Das ist in all den Lebenssituationen möglich und nötig, wo einerseits ein hohes Tempo des Datenprocessing gefordert ist, andererseits unscharfe, ›weichere‹ Information genügt — etwa im Straßenverkehr oder beim Tennis.

Gemessen an sprachlicher Kommunikation hat die Informationsverarbeitung des Bewußtseins, das Wahrnehmungen eben simultan prozessiert, hohes Tempo und hohe Komplexität, aber geringe Selektivität und Diskretheit. Wo das Bewußtsein simultan präsentieren kann, muß Kommunikation sequenzieren. Bei der Transformation von Wahrnehmungen in Kommunikation muß also die ›Vollkomplexität‹, der ›Kompakteindruck‹ desimultaneisiert und sequentialisiert werden. Das ist — wie immer anders es vor den Schwellen von phonetischer Schrift und Buchdruck gewesen sein mag

[74] Luhmann, Soziologische Aufklärung Bd. V, S. 120; vgl. Luhmann, Wissenschaft, S. 565

— ein Medienapriori des Abendlandes. »Infolgedessen denken wir, wenn wir nachdenken, wie gedruckt. Man könnte deshalb vermuten, daß durch die Erfindung der Druckpresse dieser Trend zur Sequenzierung dem Bewußtsein, wenn es denkt, so als ob es kommunizieren würde, aufgezwungen worden ist, und daß dies nach einigen Jahrhunderten dann unvermeidlich zu einer vorher nicht möglichen Dissoziierung von Bewußtsein und Kommunikation führt.«[75]

Die strukturelle Koppelung des derart Dissoziierten in Sprache ermöglicht es aber, die verlorene Simultaneität des Bewußtseins künstlich zu restituieren. Sprache fasziniert das Bewußtsein und verführt es, von einfacher Wahrnehmung auf ›Wahrnehmung der Kommunikation‹ umzuschalten. Darin ereignet sich die Anwesenheit von Abwesendem. Denn das ist ja die Zauberkraft des Sprechens, Abwesendes ›heranzusynchronisieren‹: »Die Welt wird wieder de-serialisiert, wird als simultan-präsent re-präsentiert«[76]. So kompensieren Kommunikationsmedien die Desimultaneisierung des Bewußtseins.

Die strukturelle Koppelung von Kommunikation und Bewußtsein ähnelt okkasionalistischen Modellen: Aus Anlaß, bei Gelegenheit eines Bewußtseinsereignisses operiert Kommunikation so oder anders, jeweils aber nach eigenen Gesetzen. Luhmann drückt das gerne so aus, daß sich Kommunikation von Bewußtsein nur reizen, aber nicht instruieren läßt. Und: Nur von Bewußtsein läßt sich Kommunikation reizen; aber eben nur — reizen. D.h. aber: Kommunikation paßt sich nicht ans Milieu des Störenden an; sie operiert bewußtseinsunspezifisch, ›blind‹, und konstruiert sich selbst. Sie bemerkt lediglich, daß sich gewisse Störungen wiederholen und deshalb typenmäßig einordnen lassen. Kommunikation geht also nicht auf die spezifische Eigenart der Störungen und Bewußtseinsereignisse ein, sondern entwickelt lediglich Formen des Irritationsmanagements. »Es entstehen Routinen der Personzu-

---

[75] Luhmann, Reden, S. 133
[76] Luhmann, Soziologische Aufklärung Bd. V, S. 121

rechnung, der konsensfähigen Beschreibung, der Realitätsfiktion, die sich bewährt haben und schwer auszuheben sind.«[77] Umwelt macht sich nur durch Störungen bemerkbar; man kann nicht mit ihr, sondern nur über sie kommunizieren. Gesellschaft ist blind gegenüber dem, was ›wirklich‹ geschieht. Was ›dort draußen‹ ist, kennen wir nur in Informationsform, als Selektionsprodukt, als Neuigkeitswert einer Zustandsveränderung. Die Welt ist alles, was der Fall ist − sie enthält keine Informationen. Sie liefert nur Daten, die Kommunikation durch eigene Unterscheidungen als Informationen erscheinen läßt. Was man als Umwelt beobachtet, ist also nicht die Welt dort draußen. Trotzdem ist das System der Kommunikation natürlich umweltabhängig und auch umweltsensibel. Menschen sind die Sensoren, die Gesellschaft in die Umwelt ausstreckt. Man könnte deshalb sagen: Kommunikation ist autonom, aber nicht autark.

Wie also ist das Verhältnis von Welt, Bewußtsein und Kommunikation zu denken? Neurophysiologische Mechanismen schützen das Bewußtsein vor einer Reizüberflutung, denn die Weltkomplexität würde dessen Resonanzfähigkeit unendlich überfordern. Es darf also nur ein kleiner Weltausschnitt auf dem Display des Bewußtseins erscheinen. Dort werden die fokussierten ›natürlichen‹ Weltdaten in Sinneinheiten umgeformt: *détrivialiser la perception*, nennt das Edgar Morin. Welt wird durch Bewußtsein vorgefiltert, und erst die so entstehenden Halbfabrikate des Sinns können dann Kommunikation anregen oder stören. Es ist also ein weniges an Realität, das Bewußtsein als Interface von Umwelt und Kommunikation vermittelt. »Diese extreme Reduktion des Außenkontaktes ist zur Abwehr von Reizüberflutung erforderlich. Sie verringert außerdem das Selektionsrisiko der Kommunikation. Sie steigert innerhalb der möglichen Kontaktzone aber die Betreffbarkeit des Systems, sorgt also für eine dauernde Perturbation der Kommunikation und bildet

---

[77] Luhmann, »Operationale Geschlossenheit psychischer und sozialer Systeme«, S. 126; vgl. Luhmann, »Wie ist Bewußtsein an Kommunikation beteiligt?«, S. 893f

damit den Anlaß für die Kommunikation, Abwehrkomplexität zu entwickeln. Nur auf diese Weise kann das System
durch komplizierte Eigenberechnungen relativ ungestört
eigene Komplexität aufbauen, die es ihm dann ermöglicht,
eine Konstruktion der Umwelt anzufertigen, an der es die
eigene Autopoiesis orientieren kann.«[78]

Niklas Luhmann betrachtet Kommunikation als eine emergente Einheit mit scharf gezogenen Grenzen nach außen
(Umwelt) wie innen (physikalisch-chemische ›Natur‹). Neu-
rologische oder elektrische Prozesse, physikalische Medien
wie Luft und Licht, technische Medien wie Telefon und
Fernsehen interessieren Luhmann im Grunde nicht, denn sie
sind zwar notwendig, aber für seinen Begriff der Einheit von
Kommunikation unspezifisch. Gerade auch die Technik ist
für Luhmann kein integrales Moment der Kommunikation,
sondern steht zu ihr nur im Verhältnis ›struktureller Koppelung‹. Wenn er also von Irritationen und Perturbationen der
Kommunikation spricht, meint er keine Störungen im physikalischen Sinne. Eine Störung zeigt an, daß Umwelteinwir-
kungen vorliegen, die noch nicht als Information verarbeitet
werden können — das nennt man Rauschen, noise. Durch
ihre Sinnformen macht Kommunikation das System für eben
solche Zufälle sensibel, den Un-Sinn handhabbar.

Es liegt in der Logik dieses Kommunikationsbegriffs, daß
auch der Mensch eher Umwelt der Kommunikation als ihr
Subjekt ist. Das Verhältnis der Körper zu den Medien bedarf
deshalb einer eigenen Theorieanstrengung. Luhmann bietet
hier den Begriff des ›symbiotischen Mechanismus‹ an. Die
schlichte Tatsache, daß nicht nur Bewußtsein als Interface,
sondern auch der Menschenleib an Kommunikation beteiligt
ist, muß in dieser mitsymbolisiert werden: Das Medium
Macht braucht zumindest die Androhung physischer Gewalt,
das Medium Liebe läßt sexuelle Vorgänge erwarten, das Medium Geld muß die Befriedigung von Bedürfnissen als Regu-
lativ in seine Autopoiesis einbauen. Allerdings perfektionie-
ren sich die Medien in wachsender Entfernung von den Kör-

---

[78] Luhmann, Wissenschaft, S. 45

pern: Man verdient Geld um des Geldes willen, man konstruiert Theorien ohne Rekurs auf Wahrnehmung u.s.f..

Diese Perfektionierung der Medien ist auch untrennbar von
ihrer Entpersönlichung. Gelingende Kommunikation setzt ja,
wie gesagt, höchst unwahrscheinliche Selektions- und Über-
nahmeleistungen voraus — und die sind von sozialen Rollen
eher zu erwarten als von Personen in ihrer Eigenart. Man
kommuniziert mit Amtsinhabern, Verkäuferinnen, Büro-
angestellten oder Lehrerinnen — und diese Kommunikation
gelingt, gerade weil man sie nicht als Personen verstehen
muß. Gerade weil die Seele des anderen für mich eine Black
box bleibt, kann ich ›sozial‹ verstehen, was er mir mitteilt.
Der andere ist kein Seelenbruder, sondern eine Kommunika-
tionsadresse. Hier resultieren nun die Grundthesen von
Luhmanns Kommunikationstheorie, die zunächst skandalös
klingen mögen, ganz folgerichtig: »Der Mensch kann nicht
kommunizieren; nur die Kommunikation kann kommunizieren.« Und: »Die Gesellschaft besteht nicht aus Menschen,
sondern aus Kommunikationen.«[79]

---

[79] A.a.O., S. 31, 562

II. Entzauberung

Der Mythos des kommunikativen Handelns

Das Erstaunen darüber, daß die vielfach inszenierten Diskussionen zwischen Kritischer Theorie und Poststrukturalismus so steril und ergebnislos verlaufen, ist unphilosophisch. Denn es gelingt beiden Seiten ja nicht einmal, das Niveau zu definieren, auf dem man sich so beharrlich mißversteht. Daß die Analyse von Diskursen nur zum Schein ein gemeinsames Terrain von Paris und Frankfurt darstellt, haben wir an anderer Stelle gezeigt: Die Theorie des kommunikativen Handelns ist keine Diskursanalyse[1]. Und doch gibt es begründete Hoffnung auf eine baldige Konvergenz der beiden intellektuellen Kulturen. Denn die Geschichte der neueren französischen Philosophie zeigt einen klaren Paradigmenwechsel vom Strukturalismus über die Diskursanalyse zur Medientheorie[2]. Und auch die Kritische Theorie hat umgeschaltet: von Bewußtsein (Ideologiekritik) auf Kommunikation. Das läßt hoffen, daß auch die zweite Frankfurter Schule ihr Denken alsbald der technischen Realität der neuen Medien öffnen wird. Erst dann wäre möglich, daß Kritische Theorie und Poststrukturalismus ›ein Gespräch sind und hören können voneinander‹.

Wenn die Kritische Theorie selbst zum Gegenstand von Kritik wird, krankt diese meist daran, daß das Verhältnis von Kritischer Theorie I (also Adorno) und KT II (also Habermas) unklar bleibt. Habermas selbst versucht sich immer deutlicher vom Negativismus der KT I abzusetzen und die desparate Dialektik der Aufklärung zu entparadoxieren:

---

[1] Vgl. N. Bolz, Stop Making Sense, S. 55ff. Habermas selbst lokalisiert seine Theorie in den Koordinaten von Meads symbolischem Interaktionismus, Wittgensteins Sprachspielen, Austins Sprechakttheorie und Gadamers Hermeneutik, vgl. etwa: Theorie des kommunikativen Handelns Bd. I, S. 143

[2] Vgl. Bolz, Philosophie nach ihrem Ende, S. 142ff

»Diese Stimmung, diese Einstellung ist nicht mehr die un-sere.«[3] Indem sie einen Verblendungszusammenhang von Homer bis zur Moderne behaupte, werde die KT I der Ver-nunft der bürgerlichen Kultur nicht gerecht. Adornos Den-ken erstarrt in einer Beschreibung der Selbstzerstörung der Aufklärung, einer negativen Ontologie des falschen Ganzen. Die totale Kritik der totalen Vernunft muß sich ja doch deren Mittel bedienen — klassischer Fall dessen, was K.-O. Apel performativen Selbstwiderspruch nennt. In dieses Schema soll der Negativismus der KT I genau so passen wie die Vernunft-kritik des Poststrukturalismus.

Habermas bedient sich hier der pfiffigen Wendung Hegels, daß dem Skeptizismus der Zweifel am Zweifel mangle. Die KT I habe sich »einer hemmungslosen Vernunftskepsis über-lassen«. Den Zweifel an diesem Zweifel artikuliert nun die Theorie des kommunikativen Handelns. In aller Bescheiden-heit bemerkt Habermas, daß dieses Buch die Grundlagen der KT II »so tief lege [...]«[4], daß sie sogar gegen den Untergang der bürgerlichen Kultur immun sei. Kritische Theorie soll ihren desparaten Grundton verlieren, indem sie von Nega-tion auf Kommunikation umgestellt wird. Habermas konti-nuiert ihr utopisches Programm durch Trivialisierung: Die Alltagspraxis, also Adornos Verblendungszusammenhang, soll selbst zum Schauplatz einer »profanen Rettung des Nicht-Identischen«[5] werden.

Wir werden im folgenden zeigen, daß die KT II auf einer inversen Theologie der Alltagskommunikation beruht. Ihr Schlüsselmotiv eines wahrheitsstiftenden Konsenses geht aus-drücklich auf die jüdische Bundesidee zurück; die Bundes-genossenschaft Jahwes mit seinem Volk ist die Urzelle der Kommunikationsgemeinschaft. Der Zweifel am Vernunft-zweifel, der Habermas das Projekt der Moderne fortschreiben heißt, hat also einen theologischen Kern. Ausdrücklich heißt es, der »Diskurs der Moderne« habe nur »ein einziges Thema«

---

[3] J. Habermas, Der philosophische Diskurs der Moderne, S. 130
[4] A.a.O., S. 156
[5] Habermas, Nachmetaphysisches Denken, S. 57

— nämlich das aus den zweckrationalen Deformationen des Alltags (vulgo: Entfremdung) geborene »Bedürfnis nach einem Äquivalent für die vereinigende Macht der Religion«. Diese vakante Funktionsstelle ›Versöhnung‹ wird modern durch »die vereinigende Macht der Vernunft«[6] umbesetzt.

Vernunft soll also das Pensum der Religion übernehmen. Diese hat aber nicht nur Formulare für Einheit, sondern auch für Transzendenz angeboten. Das monotheistisch ganz Andere gilt nun dem Vernunftbegriff der KT II als Schema identitätsstiftender Distanzierung. Das heißt aber auch, daß der philosophische Diskurs der Moderne Religion nur in so weit *ersetzen* kann, als es ihm gelingt, ihre semantischen Gehalte (Versöhnung, Einheit, Transzendenz) in Argumentation zu *übersetzen*. Die KT II wird mit dem Monotheismus koexistieren, bis sie dessen gesamtes Pensum in einer inversen Theologie der Alltagskommunikation aufgehoben hat. Habermas macht also kommunikationspraktisch ernst mit Adornos Anweisung einer Rettung durch Säkularisierung — das heißt nun: »profanisierendes Einholen theologischer Gehalte ins Universum begründender Rede und solidarischen Zusammenlebens«[7].

Die Theorie des kommunikativen Handelns steht und fällt also mit dem massiven Säkularisierungskonzept einer »Versprachlichung des Sakralen«: Die Autorität des Heiligen wird

---

[6] Habermas, Der philosophische Diskurs, S. 82, 166. — Auch die KT I füllt die Funktionsstelle Versöhnung mit einem Kommunikationsmodell aus; es ist allerdings nicht intersubjektiv (wie in der KT II) sondern ›objektiv‹ gedacht. Adorno, Stichworte, S. 153, definiert Versöhnung als »Kommunikation des Unterschiedenen. Dann erst käme der Begriff von Kommunikation, als objektiver, an seine Stelle.«

[7] Habermas, Die nachholende Revolution, S. 150. — Dieses Universum begründender Rede ist natürlich Meads »universe of discourse«. In: Mind, Self, Society, S. 327, heißt es hierzu: »Universal discourse is the formal ideal of communication.« Als formales Ideal soll er aber doch lebensformstiftend wirken — bei Mead, Selected Writings, S. 404f, begründet die begründende Rede nicht weniger als einen »commonwealth of rational beings«.

durch die Autorität des Konsenses umbesetzt – sein ›Bann‹ soll sich zur ›Bindung‹ (und das hieß einmal: religio) ›sublimieren‹[8]. Habermas' Kommunikationstheorie ist also eine entzauberte Religion. Sie rekonstruiert Max Webers berühmte »Zwischenbetrachtung« als dramatische Auseinandersetzung zwischen der kommunikativen Brüderlichkeitsethik des Christentums und der kalten Rationalisierung der innerweltlichen Lebensordnungen. Habermas möchte nun eben jene Brüderlichkeitsethik retten, ohne aber ihre historischen Hypotheken der Erlösungsreligiosität und der kapitalistischen Rationalisierung übernehmen zu müssen – das ist der Wunsch to eat the cake and have it too. Was derart in alltäglicher Kommunikationspraxis säkularisiert werden soll, umfaßt nicht nur die einheitsstiftende Macht und die distanzermöglichende Transzendenz des Religiösen, sondern auch dessen obersten Begriff: das Absolute. Nach dem Schema des *Nihil contra Deum nisi Deus ipse* stellt Habermas der Verblendungskategorie eines metaphysisch Absoluten nicht einfach nur endliche Vernunft, sondern »ein zum kritischen Verfahren verflüssigtes Absolutes«[9] entgegen.

Die Umbesetzung der Funktionsstelle von Religion durch Vernunft wird nur dann plausibel, wenn man Volksreligion im Hegelschen Sinne als sittliche Totalität faßt, wie sie sich historisch in der griechischen Polis und der urchristlichen

---

[8] Habermas, Theorie des kommunikativen Handelns Bd. II, S. 118f, vgl. S. 163; die berühmte »Diskursethik« ist auch nur ein anderer Aggregatzustand dieses versprachlichten Sakralen, vgl. etwa a.a.O., S. 140, 147

[9] Habermas, Nachmetaphysisches Denken, S. 184; ›Verflüssigung‹ ist eines von Habermas' Zauberwörtern: Moral werde ›kommunikativ verflüssigt‹ und damit in den Aggregatzustand von Diskursethik transponiert; Souveränität werde ›prozedural verflüssigt‹ und in Kommunikationsformen verkörpert – so entstehen dann Oxymoroi wie »kommunikative Macht«, vgl. Strukturwandel, S. 44. Auch dies Vertrauen in die Vernunft des Prozeduralen übernimmt Habermas von Mead. So heißt es in den Selected Writings, S. 404f, über die »ideal world of proper method«: »Rational procedure sets up an order within which thought operates«.

Gemeinde ausgeprägt hat. Das sind für Habermas Prototypen
»kommunikativer Vernunft«. Die Theorie der Liebe in Hegels Jugendschriften gewinnt hier insofern eine Schlüsselfunk-
tion, als sie »die vereinigende Macht einer Intersubjektivität«[10] behauptet. Damit markiert sie für die KT II den geistes-
geschichtlichen Umschlagspunkt von Religion in Vernunft
und die — allerdings, wie Habermas bedauernd anmerkt, von
Hegel verpaßte — Chance, von Reflexionsvernunft auf
Kommunikationsvernunft umzuschalten.

Das ist eine interessante Modernitätslegende: Unter dem Titel sittliche Totalität zeichne der junge Hegel das »Bild einer
unversehrten Intersubjektivität«, also einer Solidargemein-
schaft, die sich in der Praxis »kommunikativen Handelns«
bilde, das seinerseits Vernunft konkret »verkörpere«[11]. Hegel
werde dann aber seiner ursprünglichen Einsicht untreu und
falle zurück in Subjektphilosophie. Deshalb gibt es die Theorie des kommunikativen Handelns nicht schon seit 1807, sondern erst seit 1981. Sie versteht sich ausdrücklich als — me-
thodisch von Bewußtsein auf Kommunikation umgestellte —
Rekonstruktion jenes Hegelschen Konzepts sittlicher Totalität. Entfremdung, die Zerrissenheit der Moderne, heißt jetzt
›verzerrte Kommunikation‹. Und Versöhnung hat jetzt ihr
Modell an der Kommunikationspraxis des Kollektivs, die je
Verkörperungen der Vernunft in der Geschichte darstelle.
Das Wirkliche ist vernünftig genau in dem Maße, als es
Schauplatz kommunikativen Handelns ist. Und das Vernünf-
tige ist wirklich im kritischen Verfahren.

Zurück zum jungen Hegel also. Habermas' philosophischer
Diskurs der Moderne rekonstruiert keineswegs den Diskurs
der modernen Philosophie, sondern erzählt die Geschichte
einer versäumten Option. Wir sollen »zu jener Alternative
zurückkehren, die Hegel in Jena links liegen gelassen hatte —
zu einem Begriff der kommunikativen Vernunft [...]. Vielleicht hat der Diskurs der Moderne an jener ersten Wegkreu-

---

[10] Habermas, Der philosophische Diskurs, S. 42
[11] Habermas, Der philosophische Diskurs, S. 391; Habermas,
Nachmetaphysisches Denken, S. 52

zung [...] die falsche Richtung genommen.« Der philosophische Diskurs der Moderne führt demnach einen »Gegendiskurs« mit sich, an den Habermas anknüpfen will. Das
macht es ihm möglich, die metaphysikkritische Arbeit von
KT I und Poststrukturalismus anzuerkennen — und sie
zugleich zu verabschieden. Zumal die poststrukturalistische
Vernunftkritik sei eben deshalb total, weil sie den Gegendiskurs der Moderne ›verdränge‹. Das Projekt der Moderne ist
unvollendet genau in dem Maße, als dieser Gegendiskurs von
›Liebe‹ (junger Hegel), ›schöner Mitteilung‹ (Schiller) und
›freier Assoziation‹ (junger Marx) verdrängt worden ist.
Auch Habermasens Philosophie hält sich am Leben, weil der
Augenblick ihrer Verwirklichung versäumt wurde.

Mit größter Sympathie schließt die KT II an die Junghegelianer, genauer: die Linkshegelianer an. Während Hegel seine
ursprüngliche Einsicht in die kommunikative Vernunft an
das absolute Wissen verrät, folgen die Junghegelianer dem
Gegendiskurs der Moderne in Hegel selbst. Indem sie einen
bescheideneren, ermäßigten Vernunftbegriff entwickeln,
können sie die Dialektik der Aufklärung als Selbstkritik der
Moderne umschreiben. Ermäßigt heißt dieser Begriff, weil er
Vernunft als naturgeschichtliches Produkt im gesellschaftlichen Kontext und in leiblichen Verkörperungen faßt. Das ist
der zweite Teil der Modernitätslegende: Die Linkshegelianer
wollen »das geschichtlich akkumulierte, der Entbindung har-
rende Potential der Vernunft gegen deren Verstümmelung,
gegen die einseitige Rationalisierung der bürgerlichen Welt
mobilmachen.« Damit beginnt das nachmetaphysische Denken. Und das Geheiß dieses Denkens hat sich für Habermas
in den letzten 150 Jahren nicht geändert: »Wir verharren bis
heute in der Bewußtseinslage, die die Junghegelianer, indem
sie sich von Hegel und der Philosophie überhaupt distanzier-
ten, herbeigeführt haben.«[12] »Unsere Ausgangssituation
(unterscheidet sich) von jener der ersten Generation der He-
gelschüler nicht wesentlich«[13].

---

[12] Habermas, Der philosophische Diskurs, S. 67, 71, 94, 353
[13] Habermas, Nachmetaphysisches Denken, S. 36

Der obsessive Grundgedanke der KT I, nämlich die Selbstzerstörung der Aufklärung, ist für Habermas nicht vollzieh-
bar, denn er begreift Aufklärung als irreversiblen Lernprozeß. Man kann ihn nur fortsetzen (wie die KT II) oder verdrängen (wie der Poststrukturalismus). Das hat zwei Implika-
tionen: a) Nur Aufklärung selbst kann ihre Folgelasten ab-
wickeln; b) Vernunft schreibt sich als Lernprozeß der Aufklärung in die Geschichte ein. Die Spur dieser Einschreibung
ist eben jener »Gegendiskurs« in der Moderne.

Der ermäßigte Vernunftbegriff ermöglicht der KT II eben
auch eine ermäßigte Kritik der Aufklärung; diese unterliege
nicht einer desaströsen Dialektik (wie in der KT I), sondern
einer Logik von Abbruch und Rekonstruktion. Für die KT I
war ja die Aufklärung vollendet (»die vollends aufgeklärte
Erde strahlt im Zeichen triumphalen Unheils«); sie hat den
Verblendungszusammenhang als Parodie der Illumination
konstituiert. Genau das bestreitet die Konzeption der Moderne als unvollendetes Projekt. Adornos Meisterfigur des
dialektischen Umschlags ersetzt Habermas durch das Bild der
Fehlleitung. Seine andere Dialektik der Aufklärung beschreibt sie als Sequenz »fehlgeleiteter [...] übersubjektiver
Bildungsprozesse«.

Das ist das Credo der KT II: Moderne heißt die Zeit der
zwar fehlbaren, aber irreversiblen Aufklärungsprozesse, die
Vernunft in der Geschichte verkörpern, indem sie Kollektive
Lern- und Bildungsprozessen unterwerfen. Kommunikationsstrukturen machen das Wirkliche vernünftig. Diese phantastische Annahme wird nur verständlich, wenn man unterstellt,
daß Kommunikation Verständigung und diese Rationalität
unterstellt. Das ganze Gebäude der Theorie des kommunikativen Handelns ruht also auf den Rationalitätsunterstellungen
der alltäglichen Praxis. »Die Philosophie versteht sich nach
wie vor als Hüterin der Rationalität im Sinne eines unserer
Lebensform endogenen Vernunftanspruchs.«[14]

Der zur Kommunikation ermäßigte Begriff von Vernunft
meint im Kern Verfahrensrationalität. Und zwar soll diese

---

[14] Habermas, Der philosophische Diskurs, S. 69, 247

prozedurale Vernunft an den alltäglichen Verfahren von kollektiver Willensbildung und Konsensfindung abgelesen werden. Interessanter als das soziologische Phantasma einer diskursiven Willensbildung von Kollektiven ist das Argument,
warum sich Vernunft in bloßer Verfahrensrationalität verkörpern kann. Das hier in Rede stehende Verfahren ist ja die
Rede, der Diskurs. Habermas dreht die Übersetzung von Logos durch Rede einfach um und schließt von Rede auf Logos:
die Form kommunikativer Praxis sei sedimentierte Vernunft.
Dem entspricht — als Telos des Logos — Einverständnis,
zwanglose Einigung, Konsens.

Die diskursanalytische Einsicht in den Zusammenhang von
Rede, Macht und Begehren zerfällt bei Habermas in das Ben-
jaminsche Theologumenon einer gewaltfreien Sprachsphäre
und das Konzept verzerrter Kommunikation, die in all ihren
Entstellungen doch noch auf jene zurückverweist. Das ermäßigt Adornos Verblendungszusammenhang zum pathologi-
schen Kommunikationszusammenhang. Doch die aus der
Sprache verdrängte Macht kehrt unversehens wieder als die
Kraft, die jene zwanglose Einigung erzwingt: der »zwanglose
Zwang des besseren Arguments«[15], vor dem das Subjekt mit
seiner Meinung glücklich abdankt. Die Form des Arguments
garantiert die Einheit der Vernunft — das ist der Kern des
Mythos vom kommunikativen Handeln. Er erzählt eine Ge-
gengeschichte zur ›Dialektik der Aufklärung‹. Um das despe-
rate Schema einer Weltgeschichte im Zeichen instrumenteller
Vernunft zu sprengen, rekurriert Habermas auf »ältere Lo-
gosvorstellungen«[16], die Logos nicht als Herrschaftswissen,
sondern als Medium der Konsensstiftung bewahren. So wird
die Kritik der instrumentellen Vernunft endlich positiv —
nämlich als Theorie einer kommunikativen Rationalität.

Doch das ist Gedankenlyrik. Denn die Begründung des
Kommunikativen in Argumenten verzaubert das Voluntative
in Kognitives und sieht auch nur Gründe dort, wo es längst um

---

[15] A.a.O., S. 157
[16] Habermas, Theorie des kommunikativen Handelns Bd. I, S.
28; vgl. S. 339

Fragen der Macht geht. Man muß übrigens kein Poststruktu-
ralist sein, um dies einzusehen. Von Ernst Tugendhat hätte
Habermas lernen können, »daß, sobald etwas irreduzibel
Kommunikatives auftritt, dies nicht mehr eine Sache der Argumentation, sondern der Entscheidung ist«[17]. M.a.W.: Es ist
eine Frage des Willens, nicht der Vernunft; Machtfragen lassen sich nicht in Begründungsprobleme auflösen. Der Mythos
des kommunikativen Handelns verschleiert, ›quis judicabit‹.

Habermas stellt von der Dialektik der Aufklärung auf die
Dialogik der Belehrung um. Das dialogische Spiel der Perso-
nalpronomen ich und du, ego und alter ist die Urzelle der
kommunikativen Vernunft und der immer wieder beschwo-
renen Solidarität des Alltags. Zur Durchdringung des Ver-
blendungszusammenhangs mußte die KT I − »im Angesicht
der Verzweiflung« − ja noch das ›Licht der Erlösung‹[18] bemühen. Die KT II sucht − ebenfalls »verzweifelt« − nach
dem »Funken einer beinah verglühten Vernunft [...] in der
dialogischen Struktur der Umgangssprache«[19].

Der irreduzible Lernprozeß, als den Habermas die Aufklärung konzipiert, wurzelt also im Dia-Logos, dem Urmodell
kommunikativer Alltagspraxis. Und zwar vollzieht sich Geschichte als Lernprozeß deshalb, weil in die Alltagskommunikation Idealisierungen ›eingebaut‹ sind. Sie stellen einen
kritischen Maßstab für die faktischen Diskurse dar und unterwerfen sie einem »Dauertest«. Reden steht im Diskursuni-
versum der KT II unter »Bewährungszwang« − offenbar

---

[17] Tugendhat, Probleme der Ethik, S. 117. − Tugendhat ermäßigt die blauäugige ›Diskursethik‹ zu einer »Minimalmoral« der
kommunikativen »Ursituation«; bei Lichte betrachtet ähnelt sie
weniger der Liebesphilosophie des jungen Hegel als der harten anthropologischen Dialektik von Herr und Knecht − vgl. a.a.O., S.
130. − Auch in Habermas' jüngsten Äußerungen, Faktizität und
Geltung, S. 201, bleibt das Verhältnis von Argument und Entscheidung rätselhaft; Vernunft soll sich an die »*Entschlußkraft* eines Kollektivs« adressieren. Immerhin konzediert Habermas: »Es besteht
keine *diskursinterne* Beziehung zwischen Vernunft und Willen«.
[18] Adorno, Minima Moralia, § 153
[19] Habermas, Die nachholende Revolution, S. 32

auch eine Form des »zwanglosen Zwangs«[20]. Mit Idealisie-
rung meint Habermas jene Rationalitätsunterstellung, die den
konkreten Kontext und die eingespielten Konventionen faktischer Reden transzendieren soll: daß Diskurse auf Wahrheit
im Einverständnis zielen. Habermas leugnet nun nicht, daß es
sich dabei um ein ätherisches Ideal handelt, aber er macht aus
der Not eine Tugend. Gerade die Idealität des Diskurses deutet er um zur Kraft des Widerstands gegen die Vieldeutigkeit,
Beliebigkeit und Zufälligkeit der Postmoderne. Gegen die
poststrukturalistisch pluralisierte Welt der bloßen Konventionen und multiplen Kontexte richtet die KT II »den Stachel
eines idealisierenden Weltentwurfs«.

Mit Bedacht wählt Habermas das theologische Bild vom
Stachel im Fleisch. Gemeint ist der kritische Stachel kontra-
faktischer Rationalitätsunterstellungen im Fleisch der Gesellschaft. Entscheidend ist nämlich, daß die Idealisierungen des
Kommunikativen die Kantische Trennwand zwischen Intelli-
giblem und Empirischem einreißen. In der kommunikativen
Praxis tritt die Unterscheidung intelligibel / empirisch ins
Empirische selbst ein (re-entry im Sinne von Spencer Brown)
– als kritische Spannung. »Kontrafaktische Voraussetzungen
werden zu sozialen Tatsachen«[21]; Habermas nennt das auch
– in Umkehrung der Formel von der normativen Kraft des
Faktischen – »die faktische Kraft des Kontrafaktischen«[22]. So
schreibt sich Vernunft in die Geschichte ein; und so prozediert Aufklärung als Lernprozeß.

---

[20] Habermas, Der philosophische Diskurs, S. 234
[21] Habermas, Nachmetaphysisches Denken, S. 55, 173. – Das
Re-entry der Unterscheidung von Idee und Wirklichkeit in die
Wirklichkeit selbst produziert dort also eine *kritische Spannung.* Das
Intelligible wird »*detranszendentalisiert*« (aus dem Himmel der Ideen
auf die lebensweltliche Erde herabgeholt), wirkt nun als »kontrafaktische Grundlage« der faktischen Kommunikation *transzendental* und ermöglicht es dieser, »sich selbst zu *transzendieren*«; so er-
strahlt noch die vermachtete Kommunikation »im Lichte dieser *innerweltlichen Transzendenz*« – vgl. Habermas, Faktizität und Geltung, S. 18f, 34f. Bei Adorno hieß das noch ›Licht der Erlösung‹.
[22] Habermas, Der philosophische Diskurs, S. 242

Es ist beeindruckend, wie unbeirrt die KT II seit einem Vierteljahrhundert an diesen Thesen festhält. Von den »Vorbereitenden Bemerkungen zu einer Theorie der kommunikativen Kompetenz« bis zu dem schon recht endgültigen Alterswerk ›Faktizität und Geltung‹ variiert Habermas das große Als ob: die diskursethische Fassung des transzendentalen Scheins. Das Ideal der gewaltlosen, argumentierenden Kommunikation sei auch in der vermachteten Welt der Moderne ein »konstitutiver Schein, der zugleich Vorschein einer Lebensform ist.« Die Antizipation habe Effekte im Realen. Wer spricht, sprechhandle immer schon »kontrafaktisch«: als ob reines kommunikatives Handeln »nicht bloß fiktiv, sondern wirklich« sei. Habermas' Mensch ist das Tier, das die kontrafaktische Rede hat. Mit ihrem Schein überblendet er die traurige Realität der gesellschaftlichen Kommunikation — »auf dieser unvermeidlichen Fiktion beruht die Humanität des Umgangs unter Menschen, die noch Menschen [...] sind.«[23]

Die »ideale Sprechsituation« von Dialog und Diskussion fordert eine von Macht und Begehren »gereinigte Rede«, die dann zum Schauplatz von Einverständnis, Konsensus und solidarischer Wahrheitssuche nach dem sanften Zwang des besseren Arguments wird. Habermas verleiht ihr den Status einer transzendentalen Nötigung: Man kann sie nicht erreichen, muß sie aber unterstellen. Aufklärung ist also die Arbeit der »gereinigten Rede« in der »verunreinigten«. Und noch die verzerrteste Kommunikation hat einen Index der idealen Sprechsituation. Auch dieses »Ineinander von Idealem und Realem«[24] hat ein theologisches Urmodell: die Verschränktheit dieser Welt mit dem Reich Gottes.

---

[23] Habermas, in: Theorie der Gesellschaft, S. 120, 140f. — Über diesen ›konstitutiven Schein‹ einer idealen Sprechsituation bemerkt Marquard, Aesthetica und Anaesthetica, S. 95, so maliziös wie genau, er unterstelle »das zugerechnete Menschheitsbewußtsein als Fiktion mit Nichtfiktivitätsfiktion. Just durch diese fiktionalistische Wende zur Universalpragmatik bleibt Habermas ein treuer Schüler Adornos«.

[24] Habermas, Der philosophische Diskurs, S. 376. — Wie eine derartige Verschränktheit von idealer und realer Sprechsituation

Im Stellenrahmen der KT II werden die Schlüsselbegriffe der philosophischen Moderne systematisch umbesetzt: a) statt Subjekt nun Intersubjektivität; b) statt Reflexion nun Kommunikation; c) statt transzendentaler Synthesis nun Lebenswelt. Es ist eine der entscheidenden Pointen der KT II, daß sie gerade den Konservativismus der Lebenswelt, die »in den Strukturen der sprachlichen Intersubjektivität aufgehängt«[25] sei, zum Forum ihrer phantastischsten Kommunikationsutopien macht.

Habermas meint am Modell der Rede ablesen zu können, daß Sprache teleologisch auf Verständigung angelegt sei; er möchte Sprechen und Konsens-Stiftung in einer Art Wechselerweis begründen. Es ist heilsam, dagegen wieder einmal an Walter Benjamins surrealistisch inspirierte — und insgeheim an die Hermeneutik Friedrich Schlegels anknüpfende — Theorie des »dialogischen Mißverständnisses« zu erinnern: »›Mißverständnis‹ heißt die Rhythmik, mit welcher die allein wahre Wirklichkeit sich ins Gespräch drängt. Je wirklicher ein Mensch zu reden weiß, desto geglückter mißversteht man ihn.«[26] Begreift man aber das Mißverständnis als Wirklichkeit des Gesprächs, so kann man auch das Wesen der Diskussion nicht mehr am Begriff des Konsenses ablesen. Gerade eine politisch ambitionierte Kommunikationstheorie wie die von Habermas dürfte über Donoso Cortés' Verdammung der

---

real aussehen soll, signalisiert Habermas offenbar mit seinen Hinweisen auf die Zerbrechlichkeit der Kommunikation und das Okkasionelle der gestifteten Gemeinsamkeit — vgl. Theorie des kommunikativen Handelns Bd. I, S. 150

[25] A.a.O., S. 177

[26] Benjamin, Gesammelte Schriften Bd. II, S. 621. — Auf diese als Mißverständnis ins Gespräch dringende Wirklichkeit reflektiert Habermas unter dem Titel ›strukturelle Gewalt‹; ein solches »Apriori der Verständigung« nennt er — in Analogie zur neomarxistischen ›Gegenstandsform‹ — »Verständigungsform«; vgl. Theorie des kommunikativen Handelns Bd. II, S. 278f, 520. Eine Kritik dieser historisch sich wandelnden Verständigungsformen wäre aber nichts anderes als eine Diskursanalyse Foucaultscher Prägung, von der Habermas nichts wissen will.

Bourgeoisie als ›ewig diskutierender Klasse‹ und Carl
Schmitts Spott über ›das ewige Gespräch‹ der deutschen Romantik nicht zur Tagesordnung übergehen. Eine ernstzu-
nehmende Theorie der Diskussion müßte »den verlogenen
Grundsatz aufgeben, sie sei eine Veranstaltung, kraft deren
Gegner einander zu überzeugen – oder gar miteinander sich
zu verständigen – suchten.«[27]
   Auf eben diesen ›verlogenen Grundsatz‹ aber ist der Mythos des kommunikativen Handelns basiert. Habermas unterstellt ja jeder Alltagskommunikation das Telos einer Verkör-
perung des Logos im Konsens. Diese künstlichen Paradiese
einer »Intersubjektivität von Verständigungsverhältnissen«[28]
versucht Habermas gegen die bösen Mächte von Tausch-
abstraktion, technischen Medien, Kontexten und Konventionen zu immunisieren. Nur so läßt sich dann das Programm
eines ›modernen Humanismus‹ formulieren: »Unversehrte
Intersubjektivität ist der Vorschein von symmetrischen Verhältnissen freier reziproker Anerkennung.«[29]
   Die Vollendung des Projekts der Moderne durch die Pro-
motion ihres geheimen Gegendiskurses muß demnach nur an
das anschließen, was sich als »Rationalisierung der Lebenswelt« ohnehin vollzieht: an ihre Ausdifferenzierung und
Komplexitätssteigerung. Um dieses künstliche Paradies der
Lebenswelt vor Verwechslungen mit dem Verblendungszusammenhang der KT I und dem faktischen Medienverbund
zu schützen, greift Habermas zu erstaunlichen Metaphern wie
der einer »Verdichtung der schwebenden Textur eines Ge-
spinstes aus intersubjektiven Fäden«. Die Lebenswelt erscheint so als ein Schaltkreis der Kommunikation, aus dem
die konkreten Schaltungen und die Gadgets der technischen
Medien ebenso weggezaubert sind wie die Steuerungsmedien
Macht und Recht.
   Woraus besteht also dieses schwebende Gespinst der Lebenswelt? Habermas meint damit einen konservativen Hori-

---

[27] Benjamin, GS Bd. IV, S. 591
[28] Habermas, Der philosophische Diskurs, S. 41
[29] Habermas, Nachmetaphysisches Denken, S. 185f

zont »kultureller Selbstverständlichkeiten«, »konsentierter Deutungsmuster«, »eingewöhnter Hintergrundannahmen«, »einsozialisierter Fertigkeiten«, »Solidaritäten« und common sense. Diesen konservativen Horizont reproduziert das kommunikative Handeln — und zwar als Totalität. Lebenswelt ist a) als Horizont »ein intuitiv gewußter, unproblematischer und unzerlegbarer holistischer Hintergrund«; b) als Ressource »ein intuitives, unerschütterlich gewisses und holistisches Wissen«. Lebenswelt ist also eine »ungegenständliche Totalität«, die »nur intuitiv gewußt« und »alltagspraktisch vorausgesetzt« wird, also »implizit und vorreflexiv mitläuft«. M.a.W.: Lebenswelt ist der Totalitätsbegriff der KT II, der nicht als Begriff auftreten soll; er steht für ein vortheoretisch gegenstandsloses Ganzes, das zerfällt, sobald es thematisiert wird. Habermas verzichtet als Postmetaphysiker also weder auf das Absolute noch auf Totalität. Das Absolute erscheint in verändertem Aggregatzustand als prozedurale Vernunft und kritisches Verfahren. Totalität wird konservativ ermäßigt zur Lebenswelt.

Sie ist je meine und je unsere, d.h. sie bildet sich in konkurrierenden Entwürfen und Projektionen einer »Totalität von Sinn- und Verweisungszusammenhängen«, die dann dem »Sog ihres Universalitätsanspruchs« folgt[30]. All das findet sich schon — sehr viel prägnanter — in Heideggers ›Sein und Zeit‹[31]. Lebenswelt ist aber eine kollektivistische Variante von Dasein. Habermas knüpft deshalb nur an die ermäßigte Form der Daseinshermeneutik an: Sein Entwerfend-Sein in Lebenswelten ist ausdrücklich nach Gadamers Modell der »Horizontverschmelzung« gedacht. Diese interessante Mythologie steht hinter den Konzepten von Konsensus, Einverständnis und kollektiver Selbstverständigung.

In der KT II stützt der hermeneutische Mythos der Horizontverschmelzung den marxistischen Mythos eines »gesamt-

---

[30] Habermas, Der philosophische Diskurs, S. 348, 378f, 400, 416f
[31] Vgl. etwa Heidegger, Sein und Zeit § 18 und § 39 über die »ursprüngliche Ganzheit des Strukturganzen« und den Verweisungszusammenhang der Bedeutsamkeit.

gesellschaftlichen Subjekts« — es wird allerdings intersubjek-
tivitäts- und kommunikationstheoretisch umbenannt und
heißt jetzt »projektierte Einheit eines intersubjektiv gebilde-
ten gemeinsamen Willens«[32]. Der Philosophie bleibt dann,
wie schon bei Hegel, nur noch das reine Zusehen, in dem der
vortheoretische Totalitätsbezug lebensweltlicher Interessen
reflexiv wird. Das ist die wichtigste Pointe der KT II: Totalität, das Absolute, das gesamtgesellschaftliche Subjekt erscheinen nicht mehr als top-down-Begriffe aus Geist oder Kapital,
sondern als bottom-up-Begriffe aus dem Interesse der Lebenswelt. Das Ganze kann deshalb nicht das Unwahre sein.
Und was der KT I noch als Verblendungszusammenhang erschien, kann der Lebensweltler als bloße Verletzung, Verzer-
rung, Entstellung eines guten Ganzen deuten, durch das sich
unverbrüchlich »das Band der Vernunft hindurchzieht.«
Aus dieser Lebensweltperspektive von Solidarität und Einverständnis können die profanen Funktionswirklichkeiten
von Macht und Geld natürlich nur als postparadiesische
»zweite Natur« erscheinen. Für die KT II sind sie Agenten
der Selbstentfremdung kommunikativer Subjekte; Steuerungsmedien rauben der Lebenswelt ihre Unschuld. Deshalb
nennt Habermas die ihnen aufruhenden Interaktionsformen
»entweltlicht«[33]. Welt gibt es demnach nur diesseits medienge-
steuerter Kommunikation. Das in Geld und Macht »versach-
lichte Kommunikationsnetz«[34] entzieht sich dem intuitiven
Wissen und legt sich als Medienschleier über die Lebenswelt.
Alles Unheil der Moderne stammt also daher, daß die Technik der Steuerungsmedien die Hermeneutik der Lebenswelt
penetriert. »Medienförmige Interaktionsformen können auf
Lebensbereiche, die ihrer Funktion nach auf verständigungs-
orientiertes Handeln angewiesen sind, nicht übergreifen,
ohne daß sich pathologische Nebeneffekte einstellen.«[35]

---

[32] Habermas, Nachmetaphysisches Denken, S. 181
[33] Habermas, Der philosophische Diskurs, S. 377, 406
[34] Habermas, Nachmetaphysisches Denken, S. 181
[35] Habermas, Der philosophische Diskurs, S. 413

Im Hintergrund dieser Konzeption steht wohl die durch K.-
O. Apel vermittelte Peircesche Kritik der technisch simulier-
baren Informationsprozesse, d.h. der kybernetischen Steuerung durch Zeichen als degenerierter Modi menschlicher Verständigung, die nicht auf Verständnis, sondern bloß auf den
faktischen Erfolg von Kommunikation zielen: »So etwa die
Information als Steuerungsprozeß in der Genetik oder in der
Radarlenkung von Geschossen.«[36] Diese algorithmengeleite-
ten Kommunikationsprozesse nennt Habermas ›technisiert‹
— sie bringen das Unheil über die Lebenswelt.

Die KT II erzählt die Geschichte der Neuzeit als Entwer-
tung der Lebenswelt im Zuge ihrer Technisierung durch
Steuerungsmedien wie Macht und Geld. Das Wort ›Steuerungsmedien‹ soll ausdrücken, daß diese Medien Handlungen
ohne Rekurs auf Sprachfunktionen koordinieren: Kybernetik
verdrängt die Hermeneutik — sie funktioniert als eine Art
Bypass der Sprache. Deshalb nennt Habermas die Steuerungsmedien auch »entsprachlichte Kommunikationsmedien«[37]. Die moderne Welt scheint ohne Lebenswelt zu
funktionieren, ohne Sprache zu kommunizieren, ohne Verständigung zu koordinieren.

Hier wird das Geschichtsmodell der KT II deutlich: Mo-
derne heißt eben auch Kapitalismus; das Aufklärungsprojekt
der Moderne formiert sich auf dem Rücken kapitalistischer
Modernisierung. Deshalb ist die Entfaltung des modernen
Vernunftpotentials untrennbar von seiner Entstellung. Das
heißt für Habermas aber auch: Noch in den schlimmsten
Verzerrungen und Deformationen spricht die Stimme der
Vernunft. Deshalb gibt es auch keine Selbstzerstörung der
Vernunft, sondern immer nur selektive Ausschöpfungen
ihres Potentials. Was als Scheitern erscheint, ist nur Unvoll-
endung; es gibt nichts Böses, sondern nur »verkehrte« Ver-
körperungen der Vernunft.

---

[36] K.-O. Apel, Der Denkweg, S. 227
[37] Habermas, Theorie des kommunikativen Handelns Bd. II,
S. 275

Der Verblendungszusammenhang der KT I war ja noch ein zugespitzter Ideologiebegriff, also abgeleitet aus einem sog. gesellschaftlich notwendigen falschen Bewußtsein. Habermas erspart sich diesen Mythos aber nur um den Preis eines neuen: An die Stelle des falschen Bewußtseins tritt die »systematisch verzerrte Alltagskommunikation«. Erinnern wir uns: Walter Benjamins Definition des Schicksals als Schuldzusammenhang des Lebendigen war von der KT I in die Formel vom gesellschaftlichen Verblendungszusammenhang übersetzt worden. Der Verblendungszusammenhang der KT II — eben jene systematisch verzerrte Kommunikation — erweist sich nun wieder als Schuldzusammenhang. Das hat einen einfachen Grund: Die Theorie des kommunikativen Handelns will ja Hegels Idee der sittlichen Totalität »rekonstruieren«. Sie chiffriert für Habermas die geschichtliche Logik der Moderne: Die Folgen der Verletzung des gesellschaftlichen Ganzen spulen sich mit schicksalhafter Notwendigkeit ab — ›nachmetaphysisch‹ heißt das jetzt: »schicksalhafte Kausalität verzerrter Kommunikationszusammenhänge« oder »pseudonatürliche Dynamik verletzter kommunikativer Lebenszusammenhänge«.

Nun verleiht Habermas diesem Gedanken noch eine weitere eklektische Wendung: Das Schicksal verzerrter Kommunikation ist selbstverschuldet. Damit zitiert die KT II natürlich die Negativformel der Kantischen Aufklärung: selbstverschuldete Unmündigkeit. Nur daß Habermas Schuld hier weder den vielen einzelnen noch dem Kollektiv zurechnet. Was das Schicksal verzerrter Kommunikationszusammenhänge stiftet, ist ›intersubjektive Schuld‹. Diese phantastische Konstruktion ist nötig, um die utopischen Ressourcen der KT II zu sichern — nämlich das Interesse am Konsens der Wahrheit, Solidarität und Brüderlichkeit. Natürlich weiß Habermas, daß nichts in der Welt dafür spricht. Deshalb konstruiert er die ›intersubjektive Schuld‹ als eine Art Negativgarantie der »unausweichlichen Gemeinsamkeit«[38].

---

[38] Habermas, Der philosophische Diskurs, S. 357, 368, 403 Anm

Da die KT II alle Übel der Moderne darauf zurückführt, daß autonom-sachliche Steuerungsmedien die Lebenswelt penetrieren, kann man zunächst vermuten, daß auch die neuen technischen Medien als Agenten der Selbstentfremdung kommunikativer Alltagspraxis verworfen werden. Das tut Habermas klugerweise nicht. Stattdessen deutet er die Massenmedien in technische Behelfe einer erweiterten Intersubjektivität um. Das führt zurück zu den ursprünglichen Setzungen der KT II. Habermas hat »höherstufige Intersubjektivitäten« immer schon als Interpretament bürgerlicher Öffentlichkeit verstanden. Das ist ja sein Aufklärungsdispositiv: Massenmedien erweitern Intersubjektivitäten zu Teilöffentlichkeiten, die diskursiv und deshalb universalistisch sind; sie verschränken sich zu einer »umfassenden Öffentlichkeit«, in der sich ein »gesamtgesellschaftliches Bewußtsein« artikuliert, d.h. die »Gesamtgesellschaft« sich selbst repräsentiert und von sich weiß. Die Bürgergesellschaft richtet an die Vertreter der Massenmedien die normative Erwartung, »sich als Mandatar eines aufgeklärten Publikums [zu] verstehen«[39].

Diese phantastische Konzeption hat einen realistischen Kern: Massenmedien reproduzieren sich in einer Art atheoretischer Selbstbeobachtung der Gesellschaft. Atheoretisch allerdings, weil sie Relationen in Ereignisse mit *news value* auflösen, die durch ihre Drastik sicherstellen, daß alles so rasch aufgefaßt wie vergessen werden kann. Die Selektion der Informationen folgt hochabstrakten Prinzipien, die an eine Aufmerksamkeit überhaupt appellieren – das nivelliert die Rezeption. An die Stelle sozialer Differenzierung der Kommunikation tritt unter Bedingungen der Massenmedien eine temporale Differenzierung der Information: Etwas ist angesagt oder Schnee von gestern; etwas ist *in* oder *mega-out*. Es ist unerfindlich, wie sich unter derartigen Sendeprinzipien, völlig unabhängig von inhaltlicher ›Medienpolitik‹, kritisches Bewußtsein soll artikulieren können.

Doch zurück zum Mythos des kommunikativen Handelns. Habermas' Heldengeschichte der bürgerlichen Öffentlichkeit

---

[39] Habermas, Faktizität und Geltung, S. 457

stellt das ›öffentliche Räsonnement‹ als erstes Medium einer Kritik der öffentlichen Gewalt durch die zum Publikum versammelten Privatleute des 18. Jahrhunderts dar. Zum hier sich in genauer Entsprechung bildenden Begriff der öffentlichen Meinung bemerkt Luhmann: »Erstmals wird das Resultat von Kommunikation selbst als Substantiv gefaßt und wird damit zum Medium weiterer Kommunikationen.«[40] Luhmann begreift also wie Habermas die öffentliche Meinung als Medium – aber nicht auf einer inhaltlichen Ebene als Schauplatz von Räsonnement und Konsens, sondern rein formal als lose Koppelung von Informationselementen, in die die technischen Massen-Medien dann rigidere Strukturen, eben Formen, einschreiben. »Das Medium ist die öffentliche Meinung selbst. Presse und Funk sind die Formgeber dieses Mediums. Sie ›übertragen‹ nichts, sie prägen das auf sie zugeschnittene, mit ihnen zugleich entstehende Medium.«[41]

Das verkennt Habermas, wenn er die Presse zumindest der Aufklärungszeit als bloße Verlängerung der bürgerlichen Diskussion, als verstärkende Institutionalisierung des öffentlichen Räsonnements begreift. Daraus resultiert die eigentümliche Doppeldeutigkeit der technischen Massenmedien in Habermasens Kommunikationsutopie. Denn einerseits sind die real existierenden »Medienöffentlichkeiten« hierarchisiert, autoritär, zentralistisch (broadcasting) und nicht-reziprok. Andererseits aber sind sie für Habermas – eben weil er Massenkommunikation als technische Verstärkung bürgerlicher Öffentlichkeit definiert – nichts anderes als kondensierte, geraffte, aufgestufte, multiplizierte Verständigungsprozesse, die Kommunikation entprovinzialisieren. Das öffentliche Räsonnement vollzieht sich demnach heute nicht mehr auf konkreten Schauplätzen des bürgerlichen Lebens, sondern in der

---

[40] Luhmann, Soziologische Aufklärung Bd. V, S. 171. – Das ist durchaus kritisch gemeint: »Die Rede von ›öffentlicher Meinung‹ bringt gerade ein Verkennen der Komplexitätsprobleme auf den Begriff.« – a.a.O., S. 172
[41] A.a.O., S. 176

»abstrakten Gleichzeitigkeit eines virtuell präsent gehaltenen Netzes«[42].

Habermas möchte also zwischen zwei Formen der Massenkommunikation unterscheiden: a) ein aus der Aufklärung erwachsenes, am öffentlich geführten, rationalen Gespräch orientiertes, das Räsonnement des Publikums rein ›vermittelndes und verstärkendes‹ Medium (Presse); b) technische Massenmedien, die das bürgerliche Räsonnement ›prägen‹, statt es nur institutionell zu stützen. Diese zweite Form der Massenkommunikation kritisiert Habermas denn auch als ›manipulativ entfaltet‹ und ›reklametechnisch arrangiert‹ und spricht ihr die Qualität öffentlicher Meinung ab. Diese neuen technischen Medien − das ist der unheilvolle Strukturwandel der Öffentlichkeit − ›mediatisieren‹ ein »als Publikum desintegriertes Publikum«[43].

Habermas beschreibt die Kommerzialisierung der Kommunikation (von der Geburt der Sensationspresse bis zur EDV) als Sündenfall der Publizität: Steuerung und Manipulation treten an die Stelle von Kritik und Verständigung. Und vor dem Aufklärungsidyll einer ›unschuldig‹ räsonierenden Öffentlichkeit erscheint die neue Medienwirklichkeit als »vermachtete Arena«. Diese Legende von der unschuldigen Publizität der Aufklärung ist nötig, um eine Unterscheidung

---

[42] Habermas, Theorie des kommunikativen Handelns Bd. II, S. 573. − Neuerdings spricht Habermas, Faktizität und Geltung, S. 659f, gar von einer technischen Implementierung der Weltöffentlichkeit in den Massenmedien − Kants Theorie des Geschichtszeichens kommt auf den Bildschirmen der Welt zu sich. »Der Vietnam-Krieg, die revolutionären Veränderungen in Ost- und Mitteleuropa sowie der Krieg am Golf sind die ersten weltpolitischen Ereignisse im strikten Sinne. Durch elektronische Massenmedien sind sie einer ubiquitären Öffentlichkeit gleichzeitig präsent gemacht worden.«

[43] Habermas, Strukturwandel, S. 325, vgl. S. 284; ähnlich sieht auch George Steiner, Von realer Gegenwart, S. 149, die desintegrierten, aber mediatisierten Staatsbürger der Gegenwart im Bann eines »rhetorischen Leviathan der öffentlichen Medien« − an die Stelle von Hobbes' *protection and obedience* scheinen Mediatisierung und Entmündigung getreten.

zu retten, an der Habermas' ganze Kommunikationsutopie
hängt: »die Unterscheidung zwischen autochthonen und
vermachteten Prozessen der öffentlichen Kommunikation«[44].
Trotz aller Medienmanipulation in der Machtarena sprudeln
immer wieder lebensweltliche Quellen spontaner Kommunikation, die als Kraft der Solidarität — Habermas nennt sie
auch die ›Produktivkraft Kommunikation‹ — den anonymen
Steuerungsmedien Macht und Geld Einhalt gebieten.

So wird das unvollendete Projekt der Moderne von zwei
antithetischen Mächten geprägt: auf der einen Seite vom System und den Steuerungsmedien; auf der anderen Seite von
der Lebenswelt und den Massenmedien. Auf der einen Seite
Geld und Macht — auf der anderen Seite Solidarität und Öffentlichkeit. Der »systemische Bann« von Kapitalismus und
Bürokratie erinnert noch von Ferne an den Verblendungszusammenhang der KT I und erspart die systemtheoretische Reflexion[45]. Und das Gegenphantasma einer räsonierenden Öffentlichkeit verdeckt die technische Realität des Medienver-
bunds. Medien — seien es Kommunikations- oder Steuerungsmedien — waren eben schon immer der blinde Fleck
der Kritischen Theorie.

Die unerträgliche Leichtigkeit des Neins

Anfang der 60er Jahre stieß ein Essayist bei dem Versuch, on-
totheologisch über die Schwierigkeit, nein zu sagen, zu schreiben, auf die Schwierigkeit, daß nichts leichter scheint als —
eben nein zu sagen. »Nichts ist inhaltsleerer, allgemeiner als
das Nein. Es kann sich gegen alles richten und sich mit allem
verbünden. Nichts ist unselbständiger als das Nein. Es setzt
eine Frage voraus, ist selbst nur die abschlägige Antwort«.

---

44 Habermas, Strukturwandel, S. 28, 31; ähnlich unterscheidet
auch Lyotard, Le Postmoderne, S. 140: »l'extension des télérelati-
ons« prägt die »démocraties médiatiques (le contraire de la répu-
blique)«
45 Habermas, Der philosophische Diskurs, S. 417f, 422, 435

Die ontotheologische Lesart ist klar: Das leere Nein ist nur das Inkognito eines Ja zum Sein. Denn das Nein lehnt ab; abgelehnt wird, was bedrohlich ist; und in jeder Drohung droht Nichtsein. Daß das Nein einer drohenden Trennung gilt, macht psychoanalytisch einen guten Sinn. Wir kommen gleich darauf zurück. Im Kontext jenes ontotheologischen Essays soll damit aber die alttestamentarische Bundestreue beschworen werden. Das weckt beim heutigen Leser den Verdacht, daß die Schwierigkeit, nein zu sagen, erst mit der Übercodierung einer höchst irdischen Entwöhnung von der Mutter durch einen Pakt mit Gott-Vater entsteht. Nur die Nötigung, einen alten Glauben zu glauben, der menschlicher sein soll als die Weisheit der Griechen, transponiert das Nein der Entwöhnung auf die Ebene von Treue und Verrat. Allein — uns fehlt der Glaube. So mag der höchst irdische Protest des Menschenjungen gegen die Trennung von der Mutter am Ursprung der Verneinung stehen. Daß aber Drohungen des Nichtseins in der Ontogenese die »Schrittmacher des Neinsagens« seien, ist ein metaphysischer Aberglaube, der allenfalls deutlich macht, wie Philosophie die Fragestellungen verwischt, als deren Antwortersatz sie entstanden ist.

Natürlich: Es gibt Menschen, von denen man sagt, sie könnten nicht nein sagen. Daß sich in dieser Unfähigkeit eine Angst vor Einsamkeit und Isolation manifestiert, trifft wohl zu, belegt aber gerade nicht jene ontotheologische These, die Schwierigkeit des Neins gründe in der Schwierigkeit, das Nichtsein zu negieren. Denn wer nicht nein sagen *kann*, sagt es eben nicht zu *Angeboten*, auch solchen Glückszwangsangeboten, die man Zumutungen nennt. Auch wer nicht nein sagen kann, sagt im Gegensatz zu Brechts Jasager natürlich »nein«, wenn es um seinen Kopf geht.

Jener ontotheologische Versuch konstruiert die Schwierigkeit, nein zu sagen, so: 1) Es gibt ein Wesen, das Sprache hat (zoon logon echon). 2) Das sprechende Wesen ist vom Sein getrennt. 3) Sprache ist die vereinigende Macht. Demnach ist das Nein (zur Trennung, zum Nichtsein) der wesentliche Vollzugsmodus der Sprache: »Sprechend sagen wir zur Trennung ›nein‹. Jedes Wort, auch wenn es uns aus einer Situation wortlosen Einsseins zu reißen scheint, ist ein ›nein‹ zur Trennung. Wir sind nicht eins«[46].

Das ist eine raffinierte Wendung, denn etymologisch betrachtet setzt sich »nein« aus der Verneinungspartikel und der neutralen Form des unbestimmten Artikels zusammen — und das ergibt die Urbedeutung »nicht eins«. So heißt jener ontotheologische Satz »Wir sind nicht eins« im Klartext: *Wir sind nein.* Damit läßt sich die Ontotheologie der Negation auf eine schlichte Formel bringen: Am Anfang war der Protest. Er beschwört das heile, unzerrissene Sein. Denn Sprache gibt es nur, weil Trennung ist; folglich ist der Sprechakt des Neinsagens die Vollzugsform der Versöhnung. Und folglich ist das Nein das eigentliche Ja zum Sein.

So weit, so anschlußunfähig (— anschlußunfähig heißt aber nicht folgenlos; man vergleiche die Protestformen der 68er Generation). Denn diese Theorie des Protests steht und fällt mit dem Glauben an den Bündnisgott des alten Testaments und der dialektischen Selbstdeutung des Menschen als verkörperter Negation der Negation. Doch wie sähe ein Protest ohne Gott aus? Wie verändert sich der Spielraum der Negation, wenn sie von der Gottesidee auf ›Freiheit‹ umgestellt wird?

Nach dem Zweiten Weltkrieg wandelt sich ein abenteuerliches Herz der Schlachten zum Waldgänger des Posthistoire. Wie jener Theologe des Protests geht auch der Waldgänger von einer Bedrohung aus; es ist aber nicht die metaphysisch verdünnte eines sog. Nichtseins, sondern die politisch konkrete einer Diktatur des 20. Jahrhunderts. Die Fragestellung ist einfach: Wie wählt man in einer Situation, die keine Wahl läßt? Wie sagt man nein zu einer Macht, wenn das Nein auf dem Stimmzettel nur das statistische Ornament einer Diktatur ist, die zeigen möchte, daß sie einen Spielraum der Negation einräumt? Wie gibt man ein Zeichen des Protests auf verlorenem Posten?

Der Waldgänger antwortet — und das ist entscheidend — nicht dialektisch, sondern topologisch. Nein zu sagen zur

---

[46] K. Heinrich, Versuch über die Schwierigkeit nein zu sagen, S. 9, 17, 99

Macht, kann nicht heißen, sich in dem Spielraum der Negation einzurichten, den diese Macht selbst eingeräumt hat — und das heißt konkret: das Kreuz ins Nein-Feld des Stimmzettels zu setzen. Denn auch das angekreuzte Nein ist ein Ja zur Macht, sofern es die Wahl-Statistik bestätigt. Deshalb sucht der Waldgänger nach Formen der Negation, die dem Nein überlegen sind. Dazu verhelfen keine dialektischen Potenzierungen. Das Nein des Widerstands soll »nicht an dem Ort erscheinen, den der Machthaber dafür auserkoren hat. Es gibt andere Plätze, an denen es ihm bedeutend unangenehmer ist — etwa den weißen Rand eines Wahlplakates, ein öffentliches Telefonbuch oder das Geländer einer Brücke, über die täglich Tausende von Menschen gehen.«[47] Entscheidend für das Gelingen des Protests ist es demnach, ob die Eroberung eines *anderen Schauplatzes der Negation* gelingt. Dort genügt dann ein Graffito, ein einfaches Nein auf Beton, eine Hieroglyphe der Negation auf verlorenem Posten.

So besetzt der Waldgänger die vakant gewordene Stelle des Gotteskämpfers der Negation. Denn wie wir gesehen haben, mündet der Versuch, die Formel des Protests von Gott auf Freiheit umzustellen und von einer dialektischen zu einer topologischen Begründung des Neins zu gelangen, in einen Heroismus des Widerstands auf verlorenem Posten. Doch diese Haltung läßt sich nicht auf Dauer stellen. Nun muß aber jeder Schritt heraus aus dieser Sackgasse der Subjektivität entweder auf die Negation oder auf das Heldentum verzichten. Der Jasager wählt das Heldentum des Opfers, der Neinsager opfert das Heldentum auf dem Altar einer neuen Vernunft.

Bekanntlich sagt der Knabe in Brechts Lehrstück nein zur Zumutung, sich dem allgemeinen Wohl zu opfern. Und dieses Nein »ist vernünftig, wenn es auch nicht heldenhaft ist«. Es stützt sich auf eine neue Dialektik, die das Recht des einzelnen aus seinem Unrecht gegenüber einer falschen Tradition extrapoliert; eine Dialektik, die, nach Walter Benjamins genauem Wort, immer radikal, aber niemals konsequent verfährt. Es ist eine *Dialektik der Umkehr*, die einüben möchte in

---

[47] E. Jünger, Der Waldgang, S. 24

den »neuen großen Brauch, [...] in jeder neuen Lage neu nachzudenken.«[48] Nun bedarf es nur noch einer Selbstanwendung des Neinsagers, um zur aktuellen Fragestellung vorzustoßen. Denn worüber es in der neuen Lage des Posthistoire neu nachzudenken gilt, ist eben der Gebrauch des Neins, die Funktion der Negation. So sagt der Neinsager heute — vernünftig, wenn auch nicht heldenhaft — nein zu den Schablonen des Protests, die uns der alte große Brauch des kritischen Bewußtseins aufgezwungen hat.

Treten wir also ein paar Schritte vom Schauplatz des heroischen Protests zurück, um zu sehen, wie und zu welchem Ende sich das sprechende und gesprochene Sein Spielräume der Negation einräumt. Ende der 50er Jahre hat eine Studie über die Genesis der menschlichen Kommunikation die Grundgeste des Neins, das Kopfschütteln, phänomenologisch mit dem Suchverhalten des *infans* verknüpft. Irritierend an diesem Vergleich ist natürlich, daß das Kopfschütteln eine klare Geste der Negation, das ihr ähnliche Suchverhalten des kleinen Kindes dagegen eindeutig positiv orientiert scheint. Auch ist das Suchverhalten rein taktil, ein bloßer Weg der direkten Abfuhr und ohne semantischen Index, während das Nein des Kopfschüttelns Urteilskraft und die Umwegsfunktion von Kommunikation impliziert.

Dennoch hat René A. Spitz an seinem Vergleich festgehalten und ihn in der großartigen Einsicht gipfeln lassen, daß jener Abfuhrweg des infantilen Suchverhaltens die Urspur der Kommunikation bahnt. »Das motorische Schema der Kopfdrehung im Suchverhalten ist eine Suchtechnik mit der Funktion des Hinstrebens, also im Rahmen unseres Begriffsystems eine bejahende Haltung. Später unterliegt die Kopfdrehbewe-

---

[48] B. Brecht, Stücke Bd. 4, S. 245. — Walter Benjamin hat Brechts ›Mann ist Mann‹ in eben diesen kommunikationstheoretischen Koordinaten einer erstaunlichen Interpretation unterzogen: Galy Gay sei ein Weiser — gerade weil er nicht nein sagen könne; dadurch werde er zum Schauplatz der Dialektik, denn er lasse »die Widersprüche des Daseins da ein, wo sie zuletzt allein zu überwinden sind: im Menschen. Nur der ›Einverstandene‹ hat Chancen, die Welt zu ändern.« — Benjamin, GS Bd. II, S. 526

gung einem Funktionswandel, da sie vom vierten Monat an
zur Vermeidung der Brustwarze benützt wird. Die Funktion
bejahenden Hinstrebens wird zur Funktion der Verweige-
rung (negativer Rückzug). Dieser negative Zug macht die
Kopfdrehbewegung geeignet zum motorischen Prototyp der
semantischen ›Nein‹-Geste.«

Damit wäre das Kopfschütteln erklärt, nicht jedoch die
treibende Kraft jenes Funktionswandels, der es mit dem semantischen Index »nein« versieht. Hier greift Spitz auf Anna
Freuds Theorie der Identifikation mit dem Angreifer zurück.
Das Urmodell des Aggressors ist natürlich der andere, der Befriedigung *versagt* und *untersagt*. Das Nein der Untersagung
wird durch Identifikation mit dem Angreifer zur eigenen
Waffe umgeschmiedet; so übt sich das Kind ins Neinsagen
ein, das dann tatsächlich die einzig mögliche Identifikation
mit dem Objekt des Begehrens leistet. Das Kind spielt mit
dem Nein. Das muß man auch bei allen späteren Formen von
Trotz und Protest im Auge behalten. Die Untersagung des
anderen ist also der entstellte Urtext des Neinsagens.

Das Spiel mit dem Nein bleibt natürlich unverstanden, solange man auf die Inhalte des Protests fixiert bleibt. Die trot-
zige Ablehnung zeigt, daß das Nein gerade in seiner Sinnlo-
sigkeit und Unmotiviertheit seine eigentliche Funktion erfüllt: Sprachmarke der Selbstbehauptung zu sein. Das nannte
man früher gerne Ich-Autonomie. In der Sinn- und Gegenstandslosigkeit des trotzigen oder verspielten Neins macht das
Kind einen entscheidenden Abstraktionsgewinn, der es end-
gültig von natürlichen Wesen abspaltet. »Damit wird das
›Nein‹ zur Matrix der sozialen Beziehungen auf menschlichem Niveau.«[49]

Gerade die existenziale oder Psycho-Analyse des Neins erweist diesen Sprechakt als fundamentalen aber leeren Formalismus. Das Wort »nein« repräsentiert nichts; es hat keine Referenz, weder in der Außenwelt, noch in der Innenwelt. »Es
ist das, was der Logiker ein ›algorithmisches Symbol‹ nennt,

---

[49] R. Spitz, Nein und Ja, S. 82 Anm., 123

wie das Minuszeichen in der Mathematik.«[50] Offenbar funktioniert es als eine Art Urcodierung der Kommunikation:
Ja/Nein, +/−, on/off. Wir kommen darauf zurück.

Der schöne Essay ›Nein und Ja‹ basiert auf Einsichten, die
S. Freud in den wenigen Seiten seiner berühmten Notiz ›Die
Verneinung‹ entfaltet hat. Freud exponiert hier die Psycho-
analyse als Kommunikationstheorie[51]. Sie prozediert im Me-
dium des Sprechens des Patienten und wird von einer eigen-
tümlichen Korrekturmaxime interpunktiert: Die Deutung des
Gesagten abstrahiert von allen Verneinungen des Sprechakts.
M.a.W.: Der Analytiker interpretiert den reinen Inhalt des
Gesagten ohne den zugehörigen Affekt. Das faktisch Gesagte,
nicht das Denken rührt an den Kern der Verdrängung.

Freud bemerkt, daß sich an ein erstes ›Nein‹ des Patienten
stets eine indirekte Bestätigung des damit abgewiesenen Ein-
falls anschließt. Das ›nein‹ und ›nicht‹ entsteht offenbar als
Produkt einer Projektion, die das, was Es spricht, abweist.
Damit − Spitz hat das ja dann auch an kleinen Kindern beobachtet − wiederholt das Nein der *Verneinung* (Ich) das
Nein der *Untersagung* (Über-Ich). Die Projektion funktioniert schon deshalb reibungslos, weil sich das Unbewußte
gleichgültig zu den Kategorien Gegensatz und Widerspruch
verhält und an der Schnittstelle zum Bewußtsein Kompro-
mißbildungen ermöglicht. Signalisiert wird das vom berühmten »Gegensinn der Urworte«.

Und nun das Entscheidende: Normalerweise ist das, was,
weil verdrängt, unbewußt ist, dem Bewußtsein überhaupt
nicht zugänglich. In diese Mauer zwischen ›bewußt‹ und ›un-

---

[50] A.a.O., S. 73. − Daß es in analoger Darstellung ein ›nicht‹
nicht gibt, thematisieren ausführlich Watzlawick / Beavin / Jackson, Menschliche Kommunikation, S. 66f, 97f

[51] Gleichwohl trifft Watzlawicks Bemerkung zu, daß Freuds
Theorie noch an Energie statt an Information orientiert bleibt und
dadurch in »begrifflicher Diskontinuität« zur modernen Kommunikationstheorie steht − Watzlawick u.a., Menschliche Kommunikation, S. 30. Zur Frage der Kompatibilität von Psychoanalyse,
Kybernetik und Kommunikationstheorie vgl. auch Heims, John
von Neumann and Norbert Wiener, S. 304f

bewußt‹ schlägt die Verneinung eine Bresche. Das mit dem
Vorzeichen des »nein« versehene Gesagte ist tatsächlich ein
Abkömmling des Verdrängten: Ich will dich (nicht) beleidi-
gen. Die Mutter ist es (nicht). Das habe ich (nicht) gemeint –
usf. Abgespalten vom Affekt wird der Vorstellungsinhalt bewußt, nämlich ausgesprochen. Es handelt sich bei der Verneinung also um »eine Art von intellektueller Annahme des Verdrängten bei Fortbestand des Wesentlichen an der Verdrängung.« Die Verdrängung ist in der Verneinung (eben: nicht!)
aufgehoben: *Es spricht*, und zwar Klartext, aber *Ich* nimmt es
nicht an. Das Unbewußte wird also festgehalten, indem es
abgelehnt wird. Das heißt, es kommt nicht zu einer Bejahung
qua Negation der Negation. Nur so aber könnte die Rede des
Patienten zur ursprünglichen Bejahung zurückkehren – je-
nem attributiven Urteil, das die Bedingung dafür ist, daß ›Es
gibt‹. Die Verneinung ist also eine Darstellungsform dessen,
was man ist – und zwar als Form des ›Nichtseins‹. Sie markiert eine Verdrängung und situiert sie zwischen Abwehrreflex
und Verurteilung. Diese Verurteilung wiederum liegt als konkrete Haltung jeder Negation zugrunde. »Etwas im Urteil verneinen, heißt im Grunde: das ist etwas, was ich am liebsten
verdrängen möchte. Die Verurteilung ist der intellektuelle
Ersatz der Verdrängung, ihr Nein ein Merkzeichen derselben,
ein Ursprungszertifikat etwa wie das ›made in Germany‹.«[52]
   Das Ja und das Nein symbolisieren die Grundunterschei-
dungen der Urteilsfunktion: ob etwas ist oder nicht ist; und
ob etwas gut oder schlecht ist, zuträglich oder schädlich.
Freud führt diese Unterscheidung bis auf den oralen Prototyp von Inklusion und Exklusion zurück: »das will ich essen
oder will es ausspucken«. Das ist die infantile Form des logischen Urakts: *Draw a distinction!* (Spencer Brown) So bildet
sich die Innen-Außen-Differenz. Was außen ist, ist ausgesto-
ßen – das Schlechte, Unzuträgliche, Ichfremde. Hier geht die
Unterscheidung Gut / Schlecht unmittelbar ins Existenz-
urteil ›Sein oder Nichtsein‹ über. Denn das Reale ist das Produkt dieser primären Ausstoßung – im Gegensatz zur Reali-

---

[52] S. Freud, Ges. Werke Bd. XIV, S. 12

tät, die immer etwas (in der sog. Realitätsprüfung) Wiederge-
fundenes ist. Und zwar konstituiert die Ausstoßung das Reale
als etwas, das außerhalb der Symbolisierung Bestand hat.

Die Verneinung tritt die Nachfolge der Ausstoßung an –
gleichsam ein Ausspucken auf höherer Ebene. Deshalb kann
man sagen, daß dem Nein das *Fort / Da* vorausgeht. Gemeint
ist, was Freud an seinem kleinen Neffen beobachtete: ein
Spiel mit der Abwesenheit, das von bedeutungsvollen Lauten
begleitet wird. Das Kind inszeniert das Fortgehen der Mutter.
In spielerisch ernsten, befreienden Wiederholungen der
Trennungsleiden nimmt es in der Gebärde, die das Objekt
(die berühmte Holzspule) wegstößt, seine Zerrissenheit an. In
diesem Spiel erweist sich der eigene Schmerz als Objekt des
Begehrens. M.a.W.: Das Fort-Da-Spiel antwortet auf jene
Kluft, die das Weggehen der Mutter aufreißt. Und die Benen-
nung der Abwesenheit begründet die Welt der Worte. Fort /
Da ist das Spiel vom ursprünglichen Mord am Ding; es läßt
den Beobachter Freud teilnehmen an der Genesis des Ursym-
bols in einer ersten Negativierung des bloßen Appells. Deshalb konnte Jacques Lacan darauf bestehen, daß es der Tod
ist, der die Negation in den Diskurs einführt – das Nein ist
dann ihre ausdrückliche Symbolisierung.

Freuds Notiz über die Verneinung endet mit dem Satz: »Kein
stärkerer Beweis für die gelungene Aufdeckung des Unbewußten, als wenn der Analysierte mit dem Satze: *Das habe ich
nicht gedacht*, oder: *Daran habe ich nicht (nie) gedacht*, darauf
reagiert.« Wir verstehen nun die Bedeutung dieses (!) Satzes.
Er hat die polemische Gewalt einer epochalen Antithese:

Descartes	vs.	Freud
Ich denke, also bin ich.		*Das habe ich nicht gedacht,*
		also bin ich das.

Descartes, der sich selbst als Gründungsheros der Neuzeit sti-
lisierte, wird erschüttert in dem, was ihm das *fundamentum
inconcussum* schien. Denn das Ich weiß nichts von den Wünschen des Subjekts und seiner verdrängten Wahrheit. Psychoanalyse deckt die Verkennungsfunktion des Ich (denke) auf,

deren offenbare Form eben die Verneinung ist. Man kann es auch schärfer formulieren: Die Verkennung des Ich im *cogito* ist die Triebfeder der Verneinung.

Man scheint also gar keine Schwierigkeiten zu haben, nein zu sagen. Im Gegenteil stellen sich Verneinungen so selbstverständlich — Soziologen müßten wohl sagen: unerträglich leicht — ein, daß man sich fragen muß, wie solche von Selbstverkennung getriebenen Wesen überhaupt kommunizieren können. Werfen wir deshalb noch einen ganz ›formalistischen‹ Blick auf den Spielraum der Negation. Goethe läßt Ottilie einmal in ihr Tagebuch schreiben: »Jedes ausgesprochene Wort erregt den Gegensinn.« Psychoanalytisch gewitzt könnte man interpretieren, daß jeder Sprechakt das Potential jenes »Gegensinns der Urworte« anzapft, um kommunikative Anschlußmöglichkeiten über die Bifurkation des Ja / Nein zu eröffnen. Genau so wie es im Unbewußten keine Negation gibt, spielt es für die Kommunikation keine Rolle, ob man an einen Sprechakt mit »ja« oder »nein« anknüpft. Entscheidend ist allein, daß der provozierte Gegensinn einen Differenzgewinn markiert. Alles bestimmt Gesagte provoziert ja, dazu nein oder ja zu sagen. So entsteht Freiheit als Abfallprodukt von Kommunikation — oder, vorsichtiger formuliert: ist ein kommunikativer Begriff von Freiheit (ohne Rekurs auf Habermassche Theologumena) möglich.

Protest ist nur eine besonders spektakuläre Form der Ablehnung, die strukturell von jedem Sprechakt ermöglicht wird. Und sofern Kommunikation der Selbstvollzug der Gesellschaft ist, kann man sagen: Gesellschaft ist eine Einladung zum Protest. Es ist also keinesfalls schwieriger »nein« als »ja« zu sagen — nur das Informationsprocessing von Negationen scheint komplexer. Rein formal betrachtet, gilt: Je besser der andere versteht, was ich ihm sage, desto wahrscheinlicher ist, daß er es ablehnt. So ironisch ist die Hermeneutik des Alltags. Denn um etwas klar verständlich zu sagen, muß ich spezifizieren; und jede Bestimmung der Kommunikation ist eine Selektion. Daß nun der andere diese Selektion akzeptiert, ist unwahrscheinlich. Trotzdem funktioniert die Gesellschaft. Aber wie? Halten wir zunächst einmal fest, »daß jede Kommunikation einen Einsatz (enjeu) wagt, etwas aufs Spiel setzt, etwas riskiert, nämlich: abgelehnt zu werden.«[53] Daß jedes Wort, nach Ottilies genauer Formulierung, den Gegensinn erregt, meint also ganz konkret, daß Sprechakte Anschluß-möglichkeiten der Kommunikation durch Bifurkation schaffen: man kann die Selektion, die das Gesagte spezifiziert, akzeptieren oder verneinen. Auch das Nein schließt an und ist selbst anschlußfähig.

Wir haben schon auf den Abstraktionsgewinn hingewiesen, der in dem trotzig-verspielten Nein des Kindes liegt. Wenn man diese Beobachtung noch weiter formalisiert, sieht man, daß das Nein als algorithmisches Symbol sowohl der *Generalisierung* (Selbstbehauptung durch eine unbestimmt negative Stellungnahme) als auch der *Differenzierung* des Weltverhaltens dient. »Negation scheint nicht nur das am universellsten verwendbare Sprachsymbol zu sein, sondern darüber hinaus die Universalität, das heißt den Weltbezug der Lebenspraxis schlechthin zu konstituieren«[54] — das ist das Eine. Zugleich aber ermöglicht die gegenseitige Ko-Provokation von »ja« und »nein« eine immer differenziertere Darstellung von Weltkomplexität — man denke nur an die wissenschaftliche Kritik.

Kritik ist der Normalfall der Ausdifferenzierung von Darstellungsperspektiven. Die Verneinung manifestiert nicht Protest, sondern raffiniert sich zu einem *Negationsstil der Weltkomplexität*; man umstellt komplexe Sachverhalte durch Konstellationen der Negation. So ist schon die Kritische Theorie (wenn auch mit dem Vorzeichen des Protests gegen das »falsche Ganze«) verfahren. Man kann deshalb Negative Dialektiken heute noch mit Gewinn lesen, wenn man ihre Negationen als algorithmische Symbole statt als Marken des heroischen Protests liest. Dialektik spielt ja ihr Thema mit Variationen — in kraft des Negativen. Sie müßte nur noch lernen, daß sie ihre Jas und Neins nicht der Welt, sondern allein ihrem eigenen Operieren verdankt: Die Negationen der Negativen Dialektik sind Selbstberechnungen des Denk-

---

[53] Luhmann, Reden und Schweigen, S. 17
[54] Luhmann, Soziologische Aufklärung Bd. III, S. 37

systems Kritische Theorie. Erst die Möglichkeit, nein zu sagen, macht Wissenschaft möglich – nämlich als Ausfaltung
von Variationen nach dem Doppelungs-Schema von Ja und
Nein. Deshalb wird es auch weiterhin kritische Kritiker geben. Sie sollen bestreiten, was sie wollen – »aber man kann
eben nicht alles bestreiten wollen.«[55] Vor allem nicht, daß
sich jede Kritik einem Gesagten verdankt, das sie als Nein-
Fassung ko-provozierte. Das ist die systemtheoretische
Grenze des Spielraums der Negation.

Geld als Medium

»Das Geld und die Sprache sind zween Gegenstände, deren
Untersuchung so tiefsinnig und abstract, als ihr Gebrauch allgemein ist. Beyde stehen in einer näheren Verwandtschaft, als
man muthmaßen sollte. Die Theorie des einen erklärt die
Theorie des anderen«[56]. Was Geld und Sprache schon für
Hamann vergleichbar machte, ist ihr medialer Charakter.
Geld als Medium – das ist das eine. Zugleich beginnt man
aber auch umgekehrt an den spezifischen Erfahrungen, die
man mit dem Geld macht, allgemeine Charakteristika gesellschaftlicher Medien abzulesen. Der Fluch des Midas, dem sich
alles, was er berührte, in Gold verwandelte, scheint dann als
absolute Medienmetapher zu taugen: »All technology has the
Midas touch.«[57] Sehen wir näher zu.
    Geld macht nicht glücklich – das weiß jeder; aber warum?
Sein perfektes Funktionieren setzt eine Ausdifferenzierung
voraus, die dann eben impliziert: Liebe, Seelenheil und ähnli-
ches kann man nicht (mehr) kaufen. Aber Geld beruhigt,
denn man kann jederzeit beobachten, daß andere nur auf
knappe Güter und Wertvolles zugreifen dürfen, wenn sie zahlen. Geld ist deshalb auch die Schule des Umgangs mit knap-
pen Ressourcen. Gesellschaft setzt voraus, daß man sich über

---

[55] Luhmann, Die Wissenschaft der Gesellschaft, S. 359
[56] Hamann, Schriften zur Sprache, S. 97
[57] M. McLuhan, Understanding Media, S. 139

den Zugriff auf das, was knapp ist, verständigt. Zugleich stabilisiert sich das soziale System immer wieder über Knapp-
heitserwartungen: Man kann davon ausgehen, daß das, was
zählt, nicht im Überfluß vorhanden ist. Operationalisierbar
wird das durch den binären Code des Eigentums: to have and
to have not. Tertium non datur! Diese binäre Codierung leistet nun etwas Erstaunliches: sie entparadoxiert »das Paradox
der Knappheit des Überflusses«[58]. Denn — und das lehrt
schon der Augenschein — das, was knapp ist, ist — zumindest in der westlichen Welt — zugleich im Überfluß vorhanden: etwa VWs in Wolfsburg; nur nicht für mich. Entsprechend erzeugt die Produktion von Überfluß Knappheit —
knapp nämlich wird dann die Nachfrage; seither bezahlt man
EG-Bauern dafür, Felder brach liegen zu lassen.

Auch das, was im Überfluß vorhanden scheint, wird knapp,
wenn ein anderer darauf zugreift; es wird dann als Ressource
erkennbar, und Ressourcen sind per se knapp (heute bemerken wir das sogar bei Luft und Wasser). Nun kommt es bei
derartigen Zugriffen nicht mehr zu Mord und Totschlag.
Warum? Offenbar darf der andere zugreifen, weil er zahlt.
Der prüde Hauseigentümer akzeptiert den Pornoshop in seiner Ladenzeile, der rassistische Oberbürgermeister den Ara-
ber im Westend — weil er zahlt. Die Zahlungshandlung verwandelt alle anderen in Zuschauer des Geldzaubers. Anders
gesagt: Alle anderen versinken im Akt der Zahlung in eine
wohltuende Neutralität; das Medium Geld entlastet die Gesellschaft von Menschlichkeiten wie Haß, Gewalt und Res-
sentiment. Denn für Verkäufer, Käufer und Zuschauer der
Transaktion gilt: »he does not have to further consider the
others as individuals.«[59] Der gesellschaftliche Umgang mit
dem, was knapp ist, wird also durch eine zweite, künstlich
hergestellte Knappheit gesteuert: das Geld, das eben dadurch
zum Medium wird.[60] Man kann es auch so sagen: Geld ist ein

---

[58] Luhmann, Wirtschaft der Gesellschaft, S. 203
[59] Kenneth J. Arrow, The Limits of Organization, S. 20
[60] Die Steuerung der Knappheit von Ressourcen durch die »Auf-
fangknappheit« — Luhmann, Wirtschaft, S. 47 — des Geldes ist of-

Medium zur Simulation von Knappheit. Deshalb ist man
immer knapp bei Kasse. Geld nicht auszugeben, macht nur
Sinn im Blick auf spätere Zahlungen; und nie darf so viel
Geld ausgegeben werden, daß spätere Zahlungsfähigkeit selbst
infrage gestellt wäre — ein Spiel der Knappheit also, in dem
jede Zahlung für eine Entscheidung steht.

Das System der Wirtschaft beruht also nicht auf Reichtum,
sondern auf Knappheit. Man könnte sagen: In der Dritten
Welt fehlt es an Überfluß — deshalb kann sie nicht mit
Knappheit spielen, also wirtschaften. In der Ersten, also okzidentalen Welt gibt es Knappheit im Überfluß — deshalb
kann sie der Dritten Welt nicht helfen, sondern sie nur aus-
beuten. Natürlich gibt es reiche und arme Länder — doch das
sind keine Begriffe der modernen Wirtschaft, denn ihnen
fehlt die charakteristische Codierung durch Geld. Arm hieße
dann: zahlungsunfähig. Dabei geht es nicht um fehlende
Reichtümer — kein Fort Knox könnte die GUS in eine Wirt-
schaftsmacht verzaubern; denn Geld ist kein Zeichen für stabile, substantielle Werte, sondern künstlich verdoppelte
Knappheit. Deshalb ist es »sinnlos, nach einer letzten
›Deckung‹ des Geldwertes außerhalb des Geldes zu suchen.
Weder Geld noch harte Devisen, noch Sachwerte, noch die
Autorität des Staates garantieren den Geldwert. Die Garantie
liegt vielmehr in der Knappheit selbst«[61].

Wir haben gesehen: Nur die Indifferenz gegenüber der Differenz von arm und reich sichert das Funktionieren der Wirtschaft nach der Differenz von Zahlen und Nicht-zahlen. Man
kann daraus prinzipiell lernen: Das Wirtschaftssystem erledigt
Fragen nach dem Ursprung durch den Hinweis auf codierende

---

fenbar analog gedacht zur Reduktion von Umwelt-Komplexität
durch eine »Abwehrkomplexität« des Systems. Die Zweitcodierung der Güterknappheit durch Geldknappheit schafft — analog
zur Zweitcodierung von Sprache durch phonetische Schrift — ein
unbegrenzt anpassungsfähiges Medium. — Vgl. zur kybernetischen
Konzeption von Geld als Steuerungsmedium bei Talcott Parsons
und John Maynard Keynes auch: Beniger, The Control Revolution,
S. 102

[61] Luhmann, Wirtschaft, S. 201

Differenzen und es ersetzt Begründung durch operative Schließung. *Pecunia non olet* — das heißt im Klartext: Geld hat die angenehme Eigenschaft, von seiner eigenen Geschichte unabhängig zu funktionieren. Damit erweist es sich als ideales Medium zur Befreiung von der Herkunft. Und das besagt: Geld ist der Prototyp moderner Rationalität. Geld ist selbstbezüglich, universell und kommunikativ. So bildet es einen Verweisungszusammenhang, den wir dann Europa, Westliche Welt, Moderne oder gar Postmoderne nennen können.

Der Begriff ›Verweisungszusammenhang‹ findet sich bei Heidegger; was in ›Sein und Zeit‹ die Bedeutsamkeit der Welt charakterisiert, bekommt einen guten Sinn, wenn man es auf die Selbstbezüglichkeit und Systemverweisung des Geldes überträgt. »Den Verweisungszusammenhang, [... dessen] Bezüge unter sich selbst als ursprüngliche Ganzheit verklammert sind [...], kann man formal im Sinne eines Relationssystems fassen.«[62] Dieser rein relationale Verweisungszusammenhang, der unsere westliche Kultur ist, formt sich im Medium Geld. Der losen Koppelung seiner Elemente, der Zahlungen, prägen sich dann die Lebensstile ein, die man etwa American way of life oder Postmoderne nennt.

Was Heidegger relationalen Verweisungszusammenhang nennt, heißt bei Simmel ganz entsprechend das »formale Sichselbst-gehören«. Das ist die Meisterleistung des Geldes: Es löst alle Momente der okzidentalen Kultur in ein funktionalistisches Spiel der Knappheit auf und verleiht dieser Kultur zugleich eine Rigidität, die Simmel zu Vergleichen mit dem Kosmos und dem antiken Schicksal getrieben hat. Und mehr noch: Der Kosmos der Wirtschaft besteht nun allein aus Ereignissen der Zahlung — nicht mehr aus Menschen. Kompen-

---

[62] Heidegger, Sein und Zeit, S. 87f. — Diesen immateriellen Verweisungszusammenhang des Mediums Geld verkennt Erich Jantsch, Die Selbstorganisation des Universums, S. 272f, wenn er den Geldfluß wie andere träge, materialgebundene Wirtschaftsprozesse der ›metabolischen‹ Kommunikation zurechnet. Geld kommuniziert vielmehr genau so ›neural‹ wie der Dialog oder die elektronische Information.

satorisch erfinden diese nun einen neuen Kosmos der Innerlichkeit, den Weltinnenraum ihrer Subjektivität. Es ist also
ganz falsch, dem Kapitalismus Seelenlosigkeit vorzuwerfen.
Im Gegenteil: Individuelle Seelengeschichten gibt es erst, seit
der Verweisungszusammenhang des Seins vom autonomen
Geldverkehr gestiftet wird. Simmel hat das sehr klar gesehen:
»Indem das Geld ebenso Symbol wie Ursache der Vergleichgültigung und Veräußerlichung alles dessen ist, was sich
überhaupt vergleichgültigen und veräußerlichen läßt, wird es
doch auch zum Torhüter des Innerlichsten, das sich nun in
eigensten Grenzen ausbauen kann.«[63]

Geld entlastet also an verschiedensten Fronten. Als Medium
ist es eine Macht ohne Eigenschaften. Es definiert den Schauplatz der Wirtschaft vor allem durch Exklusionen (− und sie
wirken eben entlastend): Geld heißt *nicht Gewalt*. Und der
Code Zahlen / Nichtzahlen heißt eben *nicht Moral*. Wo Geld
die Welt regiert, bleibt uns also der Terror von nackter Faust
und guter Gesinnung erspart. Vor allem die Amoralität des
vom Geldverkehr geprägten Lebensstils ist soziologisch von
größtem Interesse. Benjamin Nelson hat in seinem großartigen Essay ›The Idea of Usury‹ dargelegt, wie sich Modernität
als raffinierte Antwort auf die biblische Frage formuliert, ob
ich von meinem Bruder Zins nehmen darf. Deuteronomium
XXIII erlaubt es den Juden, von Fremden Zins zu nehmen −
in keinem Fall aber von den eigenen Brüdern. Luther inter-
pretierte das so, daß Gott die Heiden durch Zins und Wucher
bestrafen wollte und den Juden befahl, das in seinem Auftrag
zu tun. Das wäre nur ein kuriöses Stück Religionsgeschichte,
wenn Calvin nicht eine raffinierte Interpretationsvariante angebracht hätte, die es legitim erscheinen läßt, auch vom Bruder Zins zu nehmen. Damit dringt die Kalkulation und Re-
chenhaftigkeit in die Sphäre der Brüderlichkeit ein.

Darin versteckt sich eine revolutionäre Abkehr von der
mittelalterlichen Moral. Calvin bricht mit der scholastischen
Auffassung, Geld sei steril. Es vermittelt nun nicht nur die
Kommunikation mit den Fremden, sondern auch mit den

---

[63] G. Simmel, Philosophie des Geldes, S. 532, 531

brüderlich Anderen. Was nun folgt, ist ein Stück Realdialektik: Alle Menschen werden Brüder, weil auch die Brüder, von denen ich Zins nehme, Andere geworden sind. Damit wandelt sich Brüderlichkeit — von Calvin bis zur Französischen Revolution — zum Universale, und ihr Klartext lautet: Wettbewerb auf dem Markt. Das ist der präzise Sinn des Untertitels von Nelsons Essay: ›From Tribal Brotherhood to Universal Otherhood‹: »In modern capitalism, all are ›brothers‹ in being equally ›others‹.«[64]

Nun gibt es eine Institution, die das vom Deuteronomiumsverbot herrührende Zinsproblem in eine stabile Operationsform übergeführt hat: die Bank. Für sie ist Geldausleihen der Normalfall; sie verwandelt Zahlungsunfähigkeit in Zahlungsfähigkeit — wenn ich denn nur kreditwürdig bin. Man weiß: Banken haben Geld im Überfluß. Aber sie operieren, indem sie — etwa über Zinsniveaus — Geld knapp halten (wenn der Dollar fällt oder die Inflationsrate steigt). Wir sind immer knapp bei Kasse. Aber Banken offerieren Kredite, Geld im Überfluß — wie es im Lied heißt: If you want it, here it is, come and get it, but you better hurry 'cos it's going fast. Dann muß man sich unter Zeitdruck — time is money — entscheiden: Zahlen (der ersten Rate) oder Nichtzahlen, d.h. Sparen (weil der Zinssatz hoch ist).

So vollzieht sich Wirtschaft als Selbstorganisation eines Zahlungs-Chaos. Der Strom des Kapitalismus verzweigt sich in Millionen Bewässerungskanäle kontingenter Entscheidungen, die nur eines gemeinsam haben: sie vollziehen sich geldförmig. Dabei stellen Banken die Zahlungsfähigkeit der Zahlungsunfähigen, aber Kreditwürdigen sicher — wer dann immer noch kein Geld hat, fällt aus dem System Wirtschaft heraus und wird damit ein Fall fürs Sozialamt. Das heißt aber nicht, daß das Geld herrschen würde — eher könnte man sagen: es durchdringt alle Fasern der Wirtschaft als Medium. In modernen Gesellschaften hat Geld nicht die Macht — das zu denken wäre Revolutionsromantik. Aber die Form, die das Medium Geld im Bankverkehr annimmt, ist transzendental:

---

[64] B. Nelson, The Idea of Usury, S. XXV

Einheit der Paradoxie von Knappheit und Überfluß, Bedingung der Möglichkeit ihrer Operationalisierung. Das meint Niklas Luhmanns Kant-Parodie: »Die Zentralbank ist gewissermaßen das Ich des Systems, das alle seine Zahlungen muß begleiten können.«[65]

Die Bank als transzendentales Ich der Wirtschaft — abstrakter kann man nicht formulieren. Aber genau so abstrakt operiert das ökonomische System moderner Gesellschaften. Auf der Ebene von Zentral- und Weltbanken ist dann schließlich das Geld selbst noch zu konkret — man operiert hier mit Verrechnungseinheiten und Sonderziehungsrechten, die nichts anderes sind als ständig sich ändernde Errechnungen der Beziehungen sogenannter Leitwährungen. Auf dieser obersten Ebene ist Geld ein reines Medium von Komputationen, das von jedem Erdenrest entlastet ist. Nun muß man schon Religionssoziologe sein, um noch zu erkennen, daß das, was die moderne Welt im Innersten zusammenhält, der Zins ist, den wir vom Bruder nehmen können, weil er auch nur ein anderer ist.

Die Brüderlichkeit der Moderne ist die der Gleichheit und Freiheit des Zugangs zur Wirtschaft. Dem Geld, das ich vom universalen Anderen bekomme, ist nichts darüber anzusehen, woher er es hat, wer er ist, welche Motive er hat. Es gibt bei Zahlungen eben nur eine extrem reduzierte Information: den Preis. Man erfährt durch den Preis nichts über den Menschen — bis auf das eine: diese Zahlung erwartet er, und zwar aufgrund seiner Marktbeobachtung. Man denke nur an die Prostituierte; sie beobachtet den Markt genau so wie der Kunde. So viel ist er bereit zu zahlen, so viel darf sie erwarten — das ist die einzig mögliche Kommunikation zwischen ihnen. Jeder Kunde aber, der den Markt ohne die Brille der Preisbeobachtung betritt, muß enttäuscht werden.

Zahlen oder Nichtzahlen — das ist der Code der Wirtschaft. Beide Werte sind anschlußfähig, und der Code entscheidet nicht über die Entscheidung: Ich kaufe. Denn natürlich: Es gibt Bedürfnisse, die uns heißen, Geld auszugeben; sie

---

[65] Luhmann, Wirtschaft, S. 147

erscheinen zufällig. Nun ist es die famose Leistung der Preise, das Begehren mit dem Selbstvollzug des wirtschaftlichen Systems abzustimmen. M.a.W.:Preise sind die Technologie, die es ermöglicht, die Bedürfnisse der Menschen in eine statistische Information zu übersetzen, die man dann freier Markt nennt. Diese Verwandlung der ›Natur‹ des Menschen in ein »statistical pattern of marketing«[66] ist die Kulturleistung der modernen Wirtschaft.

Der Preis ist eine redundanzarme Information, in der Geschichte, Begehren und Individualität verschwinden – spezifisch soziale Kommunikation kann hier schlecht Fuß fassen. Gerade deshalb aber funktioniert das Geld so reibungslos; es ist entlastet von Menschlichkeiten. Um sich in der Wirtschaft zu orientieren, genügt es, die Preise zu kennen – sie operiert als System ohne Gedächtnis. »Wer nicht zahlen und was nicht bezahlt werden kann, wird vergessen.«[67] In der Welt der Wirtschaft gibt es deshalb keine Bettler (sie sind ja nicht chronisch knapp bei Kasse, sondern chronisch zahlungsunfähig), aber auch keine Liebe (siehe Prostitution) und keine Ideen. Was man nicht bezahlen kann, darüber muß man – als Ökonom – schweigen.

Wirtschaft als System ohne Gedächtnis – d.h. sie operiert nicht erinnerungs-, sondern algorithmengeleitet. Ihre Entscheidungen sind rechenhaft. Zahlen hat ja offenbar etwas mit Zählen zu tun. Nun kann man erkennen, was: Zählen ist nämlich das Gegenteil von Erinnern. »A memory function remembers the same response to the same signal: a counting function counts it different each time.«[68] Eben das gilt auch für Zahlungen: Geld erinnert sich nicht. Deshalb ist – auch angesichts spezieller detektivischer Beobachter wie des Finanzamts oder Bundesrechnungshofs – »Geldwäsche« möglich.

Zahlen heißt kommunizieren – orientiert an der Information des Preises. Und jede Zahlung ist ein Kommunikationsereignis mit einem genauen Zeitindex – das einzige übrigens,

---

[66] M. McLuhan, Understanding Media, S. 137
[67] Luhmann, Wirtschaft, S. 19
[68] G. Spencer Brown, Laws of Form, S. 65

was dem kommunikationstheoretischen Cliché einer Übertragung von Informationen tatsächlich entspricht. Wirtschaft
muß also als System im Horizont von Zeit verstanden werden, bestehend aus vergänglichen, flüchtigen Ereignissen der
Selektion. Zeit ist Geld, weil Geld das Medium zeitgebundener
Ereignisse ist — man denke nur an die Termingeschäfte. You
better hurry 'cos it's going fast. Termingeschäft wäre übrigens eine schöne absolute Metapher für den modernen Le-
bensstil. Denn seit Geld zeitlich codiert ist, ist Zeit so knapp
wie das Geld. Nur deshalb haben wir nie Zeit (genug), nur
deshalb beschleunigt sich die Welt. Diese Welt ist bekanntlich
so komplex, daß niemand wissen kann, was die Zukunft
bringt. Man kann sich nur noch auf ihre Turbulenzen einstellen, indem man die unbekannten Gefahren der Zukunft als
Risiken des Geldverkehrs und der Konkurrenz modelliert.

So leistet das Medium Geld genau das, was Heidegger noch
dem Existenzial der Sorge vorbehalten hatte: das Vorlaufen in
die Zukunft der Möglichkeiten. *Money makes the world go
around* — politische Klugheit ist heute überflüssig; für die
Gemeinschaft genügt die Wartung des Systems Wirtschaft, für
den einzelnen genügt die Kapitalvorsorge. Was kommt, weiß
keiner; aber es genügt dem homo oeconomicus zu wissen:
Die Welt der Wirtschaft ist in Ordnung, solange auf Zahlungen Zahlungen folgen, d.h. solange im Medium Geld kommuniziert wird.

Einem Produktionsfetischisten wie Marx konnte das Geld
natürlich nur als die Augen blendender Zauber erscheinen —
und entsprechend der Markt als ›ungeheure Warensammlung‹, die den Blick auf die Produktionslandschaft verstellt.
Und in der Tat ist der Markt ein Bild, in dem sich das System
der Wirtschaft spiegelt, gleichsam eine Zweitversion, die es
der Wirtschaft erlaubt, sich selbst zu beobachten. Konkret
heißt das: Wer wirtschaftet, beobachtet den Konkurrenten
und spiegelt sich in den Erwartungen der Zahlungsfähigen.
Man könnte sagen: Der freie Markt ist das Spiegelstadium der
modernen Wirtschaft — man denke nur an Phantasmen wie
corporate identity. »Markets are tangible cliques of producers
observing each other. Pressure from the buyer side creates a

mirror in which producers see themselves.«[69] Der Markt ist also die Wirtschaft als Schauplatz: Man beobachtet – als Produzent – den Konkurrenten; man beobachtet – als Konsument – die anderen, die auf das, was knapp ist, zugreifen, indem sie zahlen. Dabei kann man lernen: Geld hat den Sinn, es auszugeben. Jede Zahlung zielt auf die anschließende. Es geht also gar nicht mehr primär um ein Haben (bzw. Bedürfnisse), sondern um eine spezifische Form von Kommunikation – eben Bezahlen.

Wie gesagt: Der Sinn des Geldes ist sein Gebrauch auf dem Markt. Und mit diesem Sinn hat modernes Leben auszukommen. Um dem Leben einen Sinn zu geben, braucht man ja eigentlich Ideen wie Gott, Freiheit und Unsterblichkeit – das Problem ist nur: man kann sie unter Modernitätsbedingungen nicht mehr durchhalten. Hier springt nun das Geld ein und dient als funktionaler Ersatz für die unmöglich gewordenen Ideen – und zwar in der Prozeßform: *mehr Geld*. Das ermöglicht eine Letztorientierung, die sich auf nicht-authentische Motive stützt. Mit anderen Worten: Geld entlastet vom Eigentlichkeitszwang.

Wenn also jemand nach dem Sinn des Lebens fragt, muß man ihm sagen: Sieh doch wie das Geld funktioniert! Das Medium ist die Botschaft. Geld funktioniert nicht nur als technischer Ersatz für religiöse Motive, sondern bietet einen Symbolismus an, in den fast alle kommunikativen Akte übersetzt werden können. Kenneth Burke spricht deshalb von »Money as ›God Term‹«[70]. Sein abstrakter Formalismus suggeriert nicht den Sinn des Lebens, der von der Wirklichkeit ja immer nur dementiert werden könnte, sondern unterbreitet ein »Sinnformangebot«[71], das die Koexistenz des Heterogensten gewährt – man spricht hier gerne von Pluralismus oder Postmoderne. Das sind Namen für die unwahrscheinliche Einheit des mo-

---

[69] Harrison C. White, »Where Do Markets Come From?«, S. 543; zu Marktmotiv und Geldmedium vgl. auch Kenneth Burke, A Grammar of Motives, S. 353
[70] Burke, a.a.O., S. 355
[71] Luhmann, Wirtschaft, S. 238

dernen Lebens — anders und kälter gesagt: für die Unaufhör-
lichkeit des Kapitalismus. Fast könnte man von einem Hegelschen Dreischritt sprechen: These: Mammon — Antithese: die
Abstraktheit des Einen Gottes — Synthese: Geld als Medium.

Wenn man Unmögliches bei Behörden oder etwa Handwer-
kern dennoch möglich machen will, winkt man mit einem
Geldschein. Wenn man nicht weiß, was man einem Kind, das
ohnehin alles hat, zu Geburtstag schenken soll, gibt man ihm
Geld. Wenn man — zumindest in Amerika — zeigen will,
wer man ist, sagt man, wieviel Geld man macht. Das sind
Kommunikationsereignisse, die zeigen, wie Geld noch Einheit herstellt, wo traditionellen Sprachspielen Verstummen
droht. Geld ist also ein Symbol im genauen Wortsinne. Darauf hat Talcot Parsons seine berühmte Theorie der generalisierten Kommunikationsmedien aufgebaut.

Doch die Moderne muß für die Einheitsleistung des Mediums Geld einen Preis entrichten. Kenneth Burke hat darauf
hingewiesen, daß man das Geld nur dann als technischen Ersatz Gottes begreifen kann, wenn man zugleich seinen diaboli-
schen Effekt bedenkt. Der Teufel ist der dialektische Widerpart
Gottes, und so steckt auch im God-Term Geld etwas vom
Teufel. Jener Beamte oder Handwerker hilft mir ja nicht aus
guter Nachbarschaft, sondern weil bezahlt wird; meine Kir-
chensteuer zahle ich nicht aus Frömmigkeit, sondern weil die
Zahlung erwartet und erzwungen wird. Und jeder weiß: Bei
Geld hört die Freundschaft auf. Es läßt neben sich keine anderen Werte mehr aufkommen; sie degenerieren zu kontingenten Gründen der Zahlung.

Das Teuflische am Geld ist: es verbindet (symbolon), indem
es trennt (diabolon). Es ist deshalb das reine Medium dessen,
was man früher Entfremdung genannt hat. Und das Teuf-
lischste an der Sache ist: Diejenigen, die Geld haben und aus-
geben, erfahren es als symbolisch; diejenigen, die nicht zahlen
können und deshalb beobachten müssen, wie andere kaufen,
erfahren es als diabolisch. Diejenigen aber, die chronisch zahlungsunfähig sind, verlieren natürlich im Laufe der Zeit das
Symbolische des Geldes aus dem Blick — vielleicht nennt
man sie deshalb arme Teufel.

III. Interfaces

Panoramatische Apperzeption

Goethe berichtet in ›Dichtung und Wahrheit‹ von seinem Training zur Überwindung der Höhenangst durch Vergleichgültigung: beständiges Besteigen des Münsterturms und — aller Qual zum Trotz — freistehender Umblick ins unendliche Land. Diesen erarbeiteten Blick vergleicht er mit dem Weltaspekt der zeitgenössischen Montgolfiere und gibt damit einen entscheidenden Hinweis auf die Technik, mit der dann das 19. Jahrhundert das schwankende Schicksal der Seelenerhebung durch das Medienprojekt der Seherhebung ersetzen wird. Wie die Montgolfiere steht der Münsterturm, der nicht mehr die Fokussierung des inneren Auges auf Gottes Schöpfung leistet, sondern schon Aussichtspunkt im Gelände ist, für die technische Möglichkeit des 360-Grad-Blicks, der den Bildraum enthierarchisiert.

Goethes Trainingspensum setzt voraus, daß Gott aus dem Münsterturm ausquartiert wurde und den Sehraum nicht mehr sichern kann. Seither — und d.h. eben: im 19. Jahrhundert — suchen Menschen nach technischen Behelfen zur bürgerlichen Selbstbehauptung des Blicks. Sie muten sich selbst die Totalisierungsleistung der göttlichen Allschau zu. Auf das diabolische Projekt, Gott zu beobachten, das die Aufklärung bis zu seiner Auflösung vorangetrieben hat, folgt nun das panoramatische Projekt, *wie* Gott zu beobachten. Das souveräne Subjekt des Schauens muß seine Perspektive nun aus sich selbst und der Technizität seiner optischen Apparate begründen. In diesem Sinne definiert Stephan Oettermann in seiner immer noch maßgebenden Monographie das Panorama als »Maschine, in der die Herrschaft des bürgerlichen Blicks gelernt und zugleich verherrlicht wird, als Instrument zur Befreiung und zur

erneuten Einkerkerung des Blicks, als erstes optisches Massenmedium im strengen Sinne.«[1] Wir kommen darauf zurück.

Das Panorama ist aber nicht nur Massenmedium im unter-
haltenden Sinne, sondern ein Medium der Massen, das aus
demselben Geist geboren ist wie die Kontrolltechniken der
Moderne. Seit die bürgerliche Gesellschaft in Benthams ›Pan-
opticon‹ von Strafen auf Überwachen umgestellt hat, ist die
technische Eroberung des Weltbildraums unablösbar von der
Geschichte polizeilicher Überwachung und militärischer
Aufklärung. So hat schon im Zweiten Weltkrieg ein »Netz
von deutschen Panoramaradaranlagen«[2] den Himmel über
Europa abgetastet. Der bürgerliche Allblick wird als Kon-
trolltechnologie implementiert. In den 200 Jahren vom ersten
Aufstieg des Heißluftballons bis zum orbitalen Weltbild der
Satellitenphotos vollzieht sich die unaufhaltsame Geschichte
der technischen Optimierung dessen, was Paul Virilio ›pano-
ramatische Apperzeption‹ genannt hat.

Das Panorama ist das erste technische Medium, das auf All-
sichtigkeit zielt: Eroberung der Welt als integrales Bild. Für
seine geistesgeschichtliche Deutung ist eine Beobachtung
hilfreich, die Walter Benjamin an einem verwandten Phänomen, dem Panoptikum, angestellt hat: Er versteht es nämlich
als »Erscheinungsform des Gesamtkunstwerks. Der Universa-
lismus des 19. Jahrhunderts hat im Panoptikum sein Denkmal. Pan-Optikum: nicht nur, daß man alles sieht; man sieht
es auf alle Weise.«[3] Dieses Pensum hat dann das Kino über-
nommen. Und wir können heute sehen: Es blieb bei der

---

[1] S. Oettermann, Das Panorama, S. 9. — Wir vernachlässigen im
folgenden die erhebliche technische und rezeptive Differenz zwischen Panorama und Diorama zugunsten eines Begriffs panoramatischer Wahrnehmung. Das statische Panorama-Bild ermöglicht dem
Beobachter ja eine autonom perspektivenwechselnde Erfahrung der
Bildwelt, während das Multi-Medium Diorama für seine Bewegt-
bild-Effekte gerade einen unbewegten Beobachter voraussetzt; vgl.
hierzu Jonathan Crary, »Techniques of the Observer«, S. 22
[2] P. Virilio, Bunker-Archäologie, S. 31
[3] W. Benjamin, GS Bd. V, S. 660

Verwirklichung jener Allsicht-Träume noch ein weiterer
Schritt zu tun — der Eintritt des Beobachters in den Bildraum. Eben das vollzieht sich gegenwärtig unter dem Titel
Cyberspace.
Man will im Bild sein. Panoramatische Apperzeption
sprengt die Rahmenschau. Seither sind Schauspiele langweilig
— man will selbst im Gesehenen sein. Und willig schrumpft
der Beobachter zum blinden Fleck des integralen Bildes. Es
tritt ihm nicht mehr als imaginäre Entität gegenüber. Im
Panorama nicht anders als im Cyberspace ist der Beobachter
von Bildern umschlossen und er konstituiert ihre Totalität,
indem er sich um die eigene Blickachse dreht. »Das Panorama
ist ein entrahmtes Bild«, resümiert Albrecht Koschorke. Und:
»Der Bildraum wird absolut.«[4]
Die Formel vom ›entrahmten (sic!) Bild‹ macht deutlich,
warum die panoramatische Befreiung des Blicks von Oettermann zugleich als erneute Einkerkerung gedeutet werden
kann — am rahmenlosen Panorama gleitet das Pathos des
Rahmensprengenden ab. Und gerade deshalb gibt es einen un-
sichtbaren Rahmen: den blinden Fleck des Beobachters — soziologisch gesprochen: die *constraints* der bürgerlichen Freiheit. Der allsichtige Bürger der Moderne kann nicht sehen,
daß er nicht sehen kann, was er nicht sehen kann. An die Stelle distanzierter Bildbetrachtung im Rahmen und aus ästhetischer Distanz tritt eine Immersion in den totalen Bildraum.
Ein Sein-im-Bild verdrängt das hermeneutische Sein-zum-
Text. Das propagiert nicht erst die PR-Agentur der Cyber-
space-Industrie, sondern schon ein Alexander von Humboldt,
der sich in seiner Weltbeschreibung ›Kosmos‹ nach »Lichtbil-
dern« sehnt, die »einen magischen Effekt hervorbringen«, und
deshalb das Panorama als neues Leitmedium ausruft, »weil

---

[4] A. Koschorke, Die Geschichte des Horizonts, S. 164f. — Hier
hätte eine Medienanalyse der surrealistischen Erfahrung einzuset-
zen. Erst die technisch implementierte panoramatische Apperzeption erschließt den »hundertprozentigen Bildraum«; vgl. Benjamin,
GS Bd. II, S. 309. Das ist der *andere* andere Schauplatz.

der Beschauer wie in einen magischen Kreis gebannt und aller störenden Realität entzogen« sei[5].

Man hat verschiedentlich auf geistesgeschichtliche Zusammenhänge zwischen dem Panorama und der Ästhetik des Erhabenen hingewiesen: Allseitigkeit des Blicks, Erfahrung des Horizonts und Einziehung der Distanz zwischen Subjekt und Objekt. Denn der Beobachter steht dem Gesehenen nicht mehr gegenüber, sondern in ihm. Das Massenmedium Kunstpanorama beginnt seine Karriere in Europa um 1800 — und schon Walter Benjamins Berliner Kindheit um 1900 blickt auf es zurück. Dolf Sternbergers Titel »Panorama des 19. Jahrhunderts« ist also als *genitivus subiectivus* und *obiectivus* zugleich zu verstehen. Oettermann hat das unzweideutig formuliert:»Die Geschichte des Panoramas umfaßt ein Jahrhundert, das neunzehnte — und nur dieses. Vor- und Nachläufer lassen sich wie überall finden, sie sind bedeutungslos.«[6]

Als Vorläufer von Kino und Cyberspace, d.h. als spezifisch neues Medium, wird das Panorama in dem Augenblick erkennbar, da die Leinwände durch Projektionen ersetzt werden. Eben dann zeigt sich: Das neue Medium resümiert die Formprobleme seiner Zeit. Das meint auch Walter Benjamins Bemerkung aus den 30er Jahren: »Für den [...] Vergleich der Panoramen mit dem Kino ist es wichtig, daß das Kino heute alle Probleme der modernen Gestaltung als seine technischen Daseinsfragen auf die kürzeste, konkreteste, kritischste Weise formuliert.«[7] Dasselbe gilt heute für die Techniken der Simulation.

---

[5] A. v. Humboldt, Kosmos, S. 266. — Nach H. Blumenberg, Die Lesbarkeit der Welt, S. 296, »hat Humboldt technische Grenzüberschreitungen im Auge, die Tafelbild und museale Darbietung hinter sich lassen, um eine Totalität der Einbezogenheit in die Landschaft technisch zu gewinnen: als Runduminszenierung, Panorama, Diorama, Neorama. Daß er damit nur Übergangsformen zur totalen Information ins Auge faßte, Annäherungen an Simulationen der Realität, konnte er nicht ahnen«.

[6] S. Oettermann, a.a.O., S. 7

[7] Benjamin, a.a.O., S. 658

Die Medienevolution vom Massenmedium Panorama zum Massenmedium Film folgt zwingend aus der Beschleunigung des Verkehrs, der neuen Optik des schnellen Reisens und einer ihr entsprechenden Informationstechnik kontextloser Details. Vom Panorama bis zur Virtual Reality treten die neuen Medien in den Dienst »einer gesteigerten Fluktuation der Bilder und einer Multiplizierung der ›Ansichten‹. Die Beschleunigung des transitorischen Elements in der Struktur des Panoramas erforderte geradezu die Entwicklung einer Bilderindustrie«[8] — Medientechniken der Bewegungssimulation.

Um Bewegung zu simulieren, muß man eine Technik entwickeln, die Optik und Kinematik synthesiert. Dann erst sind Reisen möglich, ohne sich von der Stelle zu bewegen — audiovisuelle Fahrzeuge. Ihr Prototyp ist das Panorama. Der statische Beobachter ist von dynamischen Bildwelten umgeben, die dadurch entstehen, daß »Bewegung durch Bewegung dargestellt wird« — man mobilisiert die Aufnahmeapparatur, die Optik wird selbst kinetisch. Mit dieser Erfindung des Travellings vollendet die Filmkunst das Jahrhundert des Panoramas. Rudolf Arnheim, der die Urszene kinematographischer Panoramaaufnahmen festgehalten hat (Paul Virilio ›kopiert‹ sie stillschweigend), charakterisiert sie ganz im Sinne jener Synthese von Optik und Kinematik als den technischen Trick, »das gleiche Bild in panoramahafter Bewegung vor dem Auge des Beschauers vorüberziehen zu lassen, so daß etwa der Eindruck wie von einem fahrenden Wagen aus entsteht.«[9]

Man sieht nun Bilder einer Landschaft, als ob man sie durchreiste. Doch bewegt, mobil gemacht wird nicht der Körper, sondern das Bild. Vom Panorama bis zum Cyberspace verwandeln sich Reisen, Entdeckung und Abenteuer in eine technisch implementierte Halluzination. Und in Anlehnung an Walter Benjamins berühmte Definition der Aura

---

[8] G. Hess, »Panorama und Denkmal«, S. 172
[9] R. Arnheim, Kritiken und Aufsätze zum Film, S. 27f. — Vom »Raumfahrteffekt« durch die Simulationstechniken moderner Planetarien heißt es bei Blumenberg, Die Genesis der kopernikanischen Welt, S. 141: »Standpunkte im Universum sind wählbar geworden«.

könnte man sagen: Diese Phantasmagorien sind technisch reproduzierbare Beschwörungen einer Ferne, so nah sie sein mag. Die Reisebilderindustrie ist die Form, in der das Bürgertum des 19. Jahrhunderts eine rigorose Industrialisierung der Ferne betreibt.

»Aquarien der Ferne und Vergangenheit«[10] hat Benjamin die Panoramen der Moderne genannt und daran die das phantasmagorische, halluzinatorische Wesen dieser Bilderwelt durchdringende Beobachtung geknüpft, eigentlich sei die beschworene Ferne gar nicht fremd und die erweckte Sehnsucht treibe nicht ins Unbekannte, sondern nach Hause. Der panoramatische Blick öffnet sich nicht dem Anderen, Fremden, sondern rezipiert es als exotischen Geschmacksverstärker des bürgerlichen Welt-Bildes.

Der politische Klartext solcher Beobachtungen ist unzweideutig: Kolonialismus. Nicht nur, daß Szenen deutscher Kolonialpolitik bevorzugt zu panoramatischer Darstellung gelangten. Viel wichtiger ist, daß politisch-industrieller Expansionsdrang und ästhetische Darstellung des Außereuropäischen eines Sinnes sind: Die Maler des 19. Jahrhunderts sind so kolonialistisch wie die Unternehmer — sie sind selbstbewußte Bürger, die auf den Rest der Welt ausgreifen.

In seinen Lebenserinnerungen hat Werner von Siemens an einem prägnanten Beispiel die wahren Standards der Moderne bezeichnet: Im Krimkrieg operierten die feindlichen Lager mit Berliner Telegraphenapparaten, die aufeinanderfolgende Fabrikationsnummern hatten. Das ist der medientechnische, Kolonialismus ist der politische Augengrund des panoramatischen Blicks. Dolf Sternberger bemerkt hierzu sehr schön: »Die Ausblicke aus den europäischen Fenstern haben nun ihre Tiefendimension vollends verloren, sind nur Teile einer und derselben Panoramawelt geworden, die sich ringsumher zieht und überall nur bemalte Fläche ist.«[11]

---

[10] W. Benjamin, GS Bd. IV, S. 240. — Entsprechend nennt Blumenberg, Genesis, S. 141, das Planetarium ein »Mausoleum des gestirnten Himmels als Ideal der reinen Anschauung.«
[11] D. Sternberger, Panorama des 19. Jahrhunderts, S. 53

Mit einem Wort: Expansionistische Unternehmer und kolonialistische Politiker haben den Welt*markt* allererst konstituiert, als dessen phantasmagorische Spiegelung das Panorama
dann Welt*reisen* halluziniert. Doch, wie gesagt, die beschworene Ferne ist nicht fremd, die technisch induzierte Sehnsucht
zieht nicht ins Unbekannte — jede Panoramareise gleicht der
anderen. Das entspricht präzise dem Paradox des Tourismus:
Die fortschreitende verkehrstechnische Erschließung der Erde, die das Reisen erleichtert, macht eben damit die eigentliche
Erfahrung des Reisens unmöglich. Die *Eröffnung* der Welt als
Schauplatz bürgerlicher Selbstbehauptung und Selbstverklärung *schließt* sie zugleich zur Panoramafläche zusammen.

Panoramen sind Apparaturen der Phantasmagorie, die die
Ferne der Welt ins Interieur bannen — sie spiegeln die Welt
wie Leibnizens fensterlose Monaden. Damit rückt das Panorama in Konstellation mit den von Walter Benjamin herausgearbeiteten medientechnischen Schlüsselphänomenen der
Moderne: Passage und Phantasmagorie. »Das Interesse am
Panorama ist, die wahre Stadt zu sehen — die Stadt im
Hause. Was im fensterlosen Hause steht, ist das Wahre. Übrigens ist auch die Passage ein fensterloses Haus.«[12]

Die monadologische Spiegelung der Welt im Panorama ist
eine ausgezeichnete Möglichkeit der Moderne, sich selbst historisch zu werden, indem sie ihre Stationen von einem imaginären Standpunkt am Ende der Geschichte aus betrachtet.
Historismus, Posthistoire und panoramatischer Blick sind
verschiedene Symptome derselben »Säkularisierung« der Zeit
im Raum. Oettermann hat in diesem Zusammenhang von
einer »Verräumlichung der Paradiesvorstellung«[13] gesprochen
— das Glück vermutet man nicht mehr in der Zukunft, sondern jenseits des Horizonts, der damit zur Demarkationslinie
der Sehnsucht wird.

Die Apparaturen der Phantasmagorie treiben aber bald
noch einen Schritt weiter; d.h. genauer: Sie gehen einen
Schritt zurück von jener »Verräumlichung der Paradies*vor-*

---

[12] Benjamin, GS V, S. 661
[13] Oettermann, a.a.O., S. 15

stellung« zu einer barocken »Restauration paradiesischer Zeit-
losigkeit«. Wie Geschichte barock in den Schauplatz, so wandert sie modern in die Panoramafläche hinein. »Der zeitliche
Bewegungsvorgang [wird] in einem Raumbild eingefangen
und analysiert.«[14] Wohlgemerkt: Nicht das Panorama ist barock — darauf insistiert Oettermann zurecht. Doch umgekehrt gilt: Daß die barocke Geschichtsauffassung mit Fug als
»panoramatisch« bezeichnet werden kann, zeigt ihre Aktualität für eine Konstruktion der Moderne an.

An den beliebten panoramatischen Darstellungen großer historischer Augenblicke ist etwas Prinzipielles zu lernen: Ein
Schnitt wird in die Zeit gelegt, der Augenblick angehalten,
die Szene arrangiert; die Geste erstarrt — wie in den lebenden
Bildern, in denen Menschen Allegorien nachstellen. Alles
Gedächtniswürdige wird derart zusammengetragen. Doch
auch der Alltag der Moderne tritt unter die Anschauungs-
form des Genres. »Die Welt der menschlichen Beziehungen
im späten bürgerlichen 19. Jahrhundert ist wie ein Getümmel
von Genreszenen.«[15]

Das ist eine für das bürgerliche Bewußtsein charakteristische
Form, den kapitalistischen Schauplatz zu verklären: die Welt
als ungeheure Warensammlung und Ensemble von Genresze-
nen. So ist Baudelaire für Walter Benjamin genau deshalb der
Heros der Moderne, weil er die Phänomene des Marktes in
eben dieser Perspektive mustert. »Der Schriftsteller, der den
Markt einmal betreten hatte, sah sich dort um wie in einem
Panorama.«[16] So sieht der Held des 19. Jahrhunderts aus: ein
Flaneur im Panorama des Warenmarktes. Was sein panora-
matischer Blick zusammenträgt, schafft die ungeordnete Fülle

---

[14] Benjamin, GS Bd. I, S. 271
[15] Sternberger, a.a.O., S. 61
[16] Benjamin, GS Bd. I, S. 537. — Als Beobachter des Marktes ist
der Flaneur Nachfolger des Hoffmannschen Vetters, der durch sein
Eckfenster »mit einem Blick das ganze Panorama des grandiosen
Platzes« übersieht. Die Beobachtung des Marktes kann »einen kleinen Schwindel verursachen [...], der dem nicht unangenehmen De-
lirieren des nahenden Traums« gleicht — E. T. A. Hoffmann,
Werke Bd. IV, S. 382f.

der Sensation; diese »skrupellose Mannigfaltigkeit«[17] wird
dann zum Prinzip aller Massenmedien.

Treten wir nun ein paar Schritte zurück, um zu sehen, ob
das Panoramatische — jenseits der Massenmedienevolution
— rettungswürdige Momente enthält. Benjamin hat eine derartige Rettung im Kapitel ›Kaiserpanorama‹ seiner ›Berliner
Kindheit um Neunzehnhundert‹ versucht. Dabei verfolgt er
eine Strategie der geistigen Verkleinerung: Benjamin ›rettet‹
das Panorama gerade als — um 1900 — veraltetes Medium;
und er ›rettet‹ es für ein spezifisches Publikum, nämlich für
die Kinder. Damit steht das Kaiserpanorama für eine doppelte
Schwellenerfahrung ein: den Eintritt in die Welt der erwach-
senen Bildung und den Eintritt ins 20. Jahrhundert.

Wir können hier auf autobiographische Details nicht weiter
eingehen, sondern wollen nur die technische Schlüsselbeob-
achtung Walter Benjamins herausarbeiten: Man sieht die Bilder in diskreten, voneinander abgesetzten »Stationen« der Betrachtung; und — eigentlich ein Störmoment — das jeweilige
Bild zieht »ruckweise« ab und hinterläßt für Augenblicke
eine »Lücke«. Benjamin betont also gerade diejenigen Momente, die eine Bewegungsillusion zerstören — was er am
Panorama liebt, sind seine medientechnischen Defekte. Das
heißt aber die Dinge gegen den Strich lesen. Denn natürlich
zielte das Panorama auf eine Immersion in den Bildraum und
letztendlich auf die totale Bewegungsillusion, die dann der
Film technisch implementierte. Hier wird man deshalb — aller platonischen Rettung veralteter technischer Phänomene
zum Trotz — Dolf Sternberger folgen müssen, der die Me-
dienform Panorama und den wissenschaftlichen Schlüsselbegriff des 19. Jahrhunderts, nämlich Entwicklung, ineinander
gespiegelt hat. Entwicklung heißt dann: ein Bild wird panoramatisch ausgewickelt. Panorama der Entwicklung ist
demnach — wie schon die Formel ›Panorama des 19. Jahrhunderts‹ — als *genitivus obiectivus* und *subiectivus* zugleich

---

[17] Benjamin, GS Bd. V, S. 659. — Dem entspricht präzise die ästhetische Erfahrung des Kaleidoskops; vgl. hierzu, mit Bezug auf
Baudelaire, J. Crary, a.a.O., S. 22f

zu lesen. Die derart panoramatisch sich entwickelnde Natur
braucht natürlich keinen Schöpfer mehr — eher schon eine
Maschine, die sie lückenlos aufzeichnet. In genauer Gegen-
führung zu Benjamins Beschreibung von Station, Ruck,
Lücke und zitterndem Bild im Kaiserpanorama heißt es deshalb bei Sternberger, es sei für alle »Panoramen der katastro-
phenlose Übergang von Bild zu Bild«[18] charakteristisch.

Die Welt als kontinuierliches Panorama der Entwicklung
— es lag nahe, daß Weltdarstellungen im 19. Jahrhundert aufs
Medium Panorama rekurrierten. Der schon erwähnte Entwurf einer physischen Weltbeschreibung heißt ›Kosmos‹ ja
nicht nur deshalb, weil er das Naturganze zum Gegenstand
hat; vielmehr soll die schöne Ordnung des Ganzen als solche
»voll umfänglich« der Anschauung dargereicht werden. Explizit bindet Alexander von Humboldt die Möglichkeit eines
lebendigen, populären Begriffs vom Ganzen der Natur an die
Entfaltung der Medientechnik seiner Darstellung. Und das
Panorama steht ihm als Implementierung des Naturforscher-
traums vor Augen.

Doch sein Plan weist weit darüber hinaus — auf die Nach-
folgemedien in unserer Gegenwart. So heißt es in einem Brief
vom 24. Oktober 1834 an Varnhagen von Ense: »Ich habe
den tollen Einfall, die ganze Welt [...] in einem Werke darzustellen [...]. Jede wichtige und große Idee [...] muß neben
den Tatsachen hier verzeichnet werden.« Humboldts
Wunsch, genährt vom ersten Massenmedium der Moderne,
dem Panorama, erfüllt sich erst heute. Sogenannte Hypermedien ermöglichen nun tatsächlich die dynamische Vernetzung
von Ideen und Tatsachen, Kommentaren und Bildern, die im
Zeitalter des Panoramas noch ein Traum bleiben mußte —
aber auch erst in ihm geträumt werden konnte. »Der eigentliche Zweck ist das Schweben über den Dingen, die wir 1841
wissen«, schreibt Humboldt am 28. April dieses Jahres an

---

[18] Sternberger, a.a.O., S. 141. — Blumenberg, Lesbarkeit, S. 19,
leitet den Begriff der Entwicklung aus dem Entrollen von
Schriftrollen ab.

Varnhagen von Ense — 150 Jahre später heißt dieses Schweben Navigation im Cyberspace.

Die Welt als Benutzeroberfläche

Gregory Bateson hat Information definiert als »any difference that makes a difference«. Das stellt auf Unterscheidung und Binarisierung als Grundoperation des Weltverhaltens ab und setzt voraus, daß Medien das Rauschen des Realen mit Sinnformen kompatibel machen. Die neuesten Medien aber leisten etwas, was im Medium Sprache unmöglich ist — nämlich die digitale Abtastung des Realen in seiner stochastischen Streuung. Dem entspricht ein Begriff von Außenwelt als bloßer Datenkonfiguration. Man könnte deshalb von einer Unschärferelation zwischen Information und Bedeutung sprechen. Denn Mitteilungen der neuen Medien, v.a. der Massenmedien, sind nur Abfallprodukte ihrer Autopoiesis. Wichtiger als was mitgeteilt wird, scheint das Daß der Kommunikationen, in denen sich das Mediensystem selbst reproduziert. Aber gerade dadurch wird sichergestellt, daß Kommunikationen laufen, auch wenn man sich nichts zu sagen hat.

Die Effekte eines Mediums sind völlig unabhängig vom Programm. Mit dieser Einsicht hat Marshall McLuhan den Gegenpol zur qualitativen Inhaltsanalyse markiert. Bei der Evolution neuer Medien ist immer zu beobachten, daß sie sich zunächst an älteren Medien orientieren, bevor sie sich am Maßstab der eigenen technologischen Möglichkeiten messen. Schließlich nehmen die neuen Medien dieses ursprüngliche Abhängigkeitsverhältnis in eigene Regie und funktionieren als Medien von Medien. Der Inhalt eines Mediums ist immer ein anderes Medium. Und es ist einer der wichtigsten Effekte des Inhalts, vom Medium abzulenken. Der Terminus Medienverbund besagt, daß es keine Einzelmedien mehr gibt. Und da alle technischen Medien heute digitalisierbar sind, können alle Daten im selben Speicher abgelegt werden. Der Medienverbund funktioniert dann als computergesteuertes Algorithmensystem. Eben das aber ist das Betriebsgeheimnis einer Kultur, die sich heute anschickt, ihre alteuropäische Identität wie eine Schlangenhaut abzustreifen. Das entzaubert den ›objektiven Geist‹ als Inbegriff von Medienkoppelungen.

Seit Massenmedien eine instantane Koordinierung der Weltgesellschaft in der Gegenwart ermöglichen, gilt, daß Zeitstrukturen wichtiger sind als Konsensstrukturen. Geschwindigkeit zählt mehr als Argumente. Die Heterogenität intellektueller Herkünfte verblaßt vor der Homogenität einer Zukunft, die planetarisch im Zeichen der neuen Medien steht. Zunehmend vollzieht sich die Weltpolitik als Medienästhetik. Die Aufnahmeapparaturen dringen derart tief in die Wirklichkeit ein, daß jedes Bild die Spur des Mediums selbst trägt. Insofern ist die berühmte These McLuhans, das Medium selbst sei die Botschaft, technisch wohlbegründet.

Was die Enthusiasten der amerikanischen Postmoderne als neue Unmittelbarkeit des Bewußtseins verkennen, ist also ein Medieneffekt. Denn daß allenthalben Zeithorizonte kollabieren und die Instantan-Formen von Spektakel und Happening vorherrschen, entspricht präzise den technologischen Vorgaben der audio-visuellen Medien und der durch sie geprägten Environments. Die Welt der neuen Medien hat von Subjekt auf System umgestellt. Und der Regelkreis Mensch-Welt entzaubert die philosophischen Subjekt-Objekt-Beziehungen. Vor der elektronischen Schwelle unterstellte eine analoge Schau noch ein Subjekt der Vorstellung — heute arbeiten digitale Schreib/Leseköpfe Projekte der Darstellung ab. Was einmal Geist hieß, schreibt sich heute im Klartext von Programmen an.

Wo Gutenberg-Galaxis und die neue Medienwelt aufeinandertreffen, scheiden sich die Geister konkret in Programmierer und Programmierte — hier die Designer, dort die User. Während sich alteuropäische Geister noch ans Buchstäbliche der Literatur, an Autorschaft und Copyright und an Fetische wie das Schöpferische klammern, operiert man unter neuen Medienbedingungen längst formal-numerisch und algorithmengeleitet. Hypermedien brauchen keinen Autor, und Datenprocessing macht Genie überflüssig. Bücher werden von Bildschirmen verdrängt; das *face to face* weicht dem Interface.

Und die alten semantischen Fragen nach Bedeutung, Repräsentation und Intentionalität gleiten an einem elektronischen Datenfluß ab, der Effekte inszeniert — sonst nichts. Tradition läßt sich unter neuen Medienbedingungen wie Emergenz und Instantaneität nicht mehr fortschreiben — allenfalls in einem abendländischen Abschlußsaldo anschreiben. Deshalb spielen auch Ideologien (wie die ihnen geltende Form der Kritik) keine Rolle mehr, seit sich gesellschaftliche Macht in technischen Standards, Frequenzen, Reichweiten und Schaltplänen organisiert.

An die Stelle der linearen Rationalität der Gutenberg-Galaxis tritt heute ein Denken in Konfigurationen. Die adaequatio-Lehre der Wahrheit wird vom konstruktivistischen Kriterium des »Passens« einer Theorie abgelöst; Rekursion ersetzt die Kausalität, Pattern recognition ersetzt die Klassifikation. Und wo immaterielle Pixelkonfigurationen in Computersimulationen den Schein einer stabilen Gegenständlichkeit auflösen, wird die Frage nach einer Referenz sinnlos. Gerade auch die umsorgte Natur, das berühmteste Reflexionsprodukt der alteuropäischen Kultur, wird unter neuen Medienbedingungen als programmierte Umwelt erkennbar. Unter Bedingungen der neuen Medien und Computertechnologien hat der Mensch Abschied genommen von einer Welt, die durch Repräsentationen geordnet war, und von einem Denken, das sich selbst als Repräsentation der Außenwelt verstand. Die technischen Medien der Informationsgesellschaft sind das unhintergehbare historische Apriori unseres Weltverhaltens; Programme haben die sogenannten Naturbedingungen der Möglichkeit von Erfahrung ersetzt.

Modernität ist für Lyotard die mit der Erfindung anderer Realitäten einhergehende Entdeckung »du peu de réalité de la réalité«[19]. Am Realen hatte das, was man Realität nennt, stets nur geringen Anteil. Daß die Simulationskultur heute das Realitätsprinzip außer Kraft setzt, besagt deshalb nicht auch schon, daß wir in unwirklicheren Welten lebten. Verändert hat sich aber das Maß des Wirklichen. Manipulation ist nun

---

[19] Lyotard, Le Postmoderne, S. 24

ein rein deskriptiver Begriff, der sich nicht mehr ideologiekritisch auflösen läßt — denn es fehlt ein symmetrischer Gegenbegriff. Wenn Bilder aus alphanumerisch definierten Pixels aufgebaut sind, hat Manipulation ja immer schon stattgefunden.

So zerbrechen die Horizonte der aufgeklärten Welt unter Medienbedingungen. Sichtbarkeit wird als Selektionsprodukt erkennbar. Bilder aus aller Welt ersetzen das Weltbild. Entsprechend werden Machtpraxis und Politik heute in einer Logistik der Wahrnehmung enggeführt. Dabei wirken die allgegenwärtigen Bildschirme als Bild-Schirme auch in dem Sinne, daß sie einen — Philosophen würden sagen: ontologischen — Vorrang des Bild-Seins vor dem Sein durchsetzen.

In der Flut errechneter Bilder droht den Repräsentanten der alteuropäischen Kultur ein »Verlöschen der Welt in den Bildern«[20]. Diese Angst reagiert auf die fortschreitende Ablösung technischer Bilder von so etwas wie Natur. Grundsätzlich stellen die Technologien der Simulation ja die Differenz von Realem und Imaginärem in Frage. Simulation ist der Grenzwert einer computergestützten Datenmanipulation auf der Basis einer abstrakten Befehlssyntax, die affirmiert, was nicht ist. Was heißt dann aber noch Übung, was Ernstfall? Unter neuen Medienbedingungen gibt es ja keinen Unterschied mehr zwischen der technischen Implementierung eines Spielbefehls und der eines realen Kommandos. Wir kommen darauf zurück.

In der technischen Wirklichkeit der neuen Medien ist der Mensch nicht mehr Herr der Daten, sondern wird selbst in Rückkopplungs-Schleifen eingebaut. Man denke nur an den Astronauten, der als *cyborg* seiner Kapsel funktioniert — der kybernetische Organismus macht heute Ernst mit Ernst Jüngers visionärem Begriff der organischen Konstruktion. Die Imperative einer Mensch-Maschine-Synergetik gelten längst nicht mehr nur in der Traumzeit des Kinos, sondern auch in

---

[20] H. Müller, Kommentar zu Traktor, S. 15 . — Diese Erfahrung bringt, ganz ohne Abendlanduntergangston, Myron Krueger, Artificial Reality, S. 41, auf die Formel: »The visual is dead!«

der Echtzeit szientifischer Visualisierungen: »Effektive Simulationen können nur erreicht werden, wenn der Mensch sich als ein Bestandteil des Modellszenariums versteht, sich sozusagen in die Rolle eines mikroskopischen Bausteins versetzt und in der Welt der Modelle agiert.«[21]

Das Programm ist eine Schrift, die an Apparate adressiert ist. Und stetig wächst der Anteil der Kommunikation, der an Maschinen statt an Menschen gerichtet wird. So läßt sich thesenhaft sagen, daß alle Identitätsprobleme der alteuropäischen Kultur aus eben jenen Anforderungen einer neuen Mensch-Maschine-Synergetik resultieren. Signalisiert wird das von Begriffen wie Interface und Benutzeroberfläche. Auch Design, das Zauberwort der Postmoderne, meint ja nichts anderes als die Überbrückung der Kluft zwischen Technik und Psychologie, also den Entwurf von Benutzeroberflächen. Der Welt als Datenfluß gegenüber formiert sich unser soziales System als *key-board society* — man trifft nur noch auf Benutzeroberflächen.

Menschen sind heute nicht mehr Werkzeugbenutzer, sondern Schaltmomente im Medienverbund. Deshalb setzen sich immer mehr Computermetaphern für Selbstverhältnisse durch — wir rasten in Schaltkreise ein. Die Bedingung dieser neuen Medienwirklichkeit liegt in der physiologischen Analysierbarkeit und physikalischen Rekonstruierbarkeit des Zentralnervensystems. Das ZNS erscheint als Steuerungssystem eines gigantischen Datenprozesses, das eine stabile Wirklichkeit errechnet. Wenn aber schon das menschliche ZNS Wirklichkeit »computiert«, ist es nur konsequent, das menschliche Urteil über computergestützte Modelle zu vermitteln. An dem schon heute klar erkennbaren Endpunkt dieser Entwicklung wird die Datenverarbeitung ohne Menschen stehen: Schaltkreise implementieren ihre syntaktischen

---

[21] J. Brickmann, »Simulationen in virtuellen Szenarien von Molekülen«, S. 153. — Rechnergestützte Simulationen ermöglichen nicht nur eine Art ›Vorauserfahrung‹, sondern auch eine Überbietung der natürlichen Anschauung; zur Vorgeschichte dieser Entthronung des Menschenauges vgl. Blumenberg, Genesis, S. 53, 117f, 144f

Regeln, das Programm ersetzt die Urteilskraft. Die alteuropäische Frage nach dem Geheimnis des menschlichen Geistes
hat dann eine sehr profane Antwort gefunden: Speichern und
Manipulieren von Datenketten.

Natürlich: Über all das kann man erschrecken. Man kann es
aber auch − angesichts jener Orthopäden der Vernunft, die
uns immer wieder zur Vollendung eines philosophischen
Projekts der Moderne drängen − als große Verschonung erfahren. *Gadgeteering*, die Synergie von Mensch und Maschine,
bringt die Befreiung von der philosophischen Zumutung der
Freiheit. Weit davon entfernt, die Verkabelung der Welt nach
Orwells Formular als Machination der absoluten Kontrolle
zu perhorreszieren, genießen die Computer-Kids die Konnek-
tion im elektronischen Netz. Hacker programmieren in einer
Traumzeit. Und längst hat man auch in den Hirnen com-
puterspielender Kinder die Alpha-Wellen eines bestimmten
Schlafzustandes nachgewiesen. Offenbar handelt es sich hier
um den Rückzug in einen elektronischen Mutterleib. Die
rechnergestützte unaufhörliche Bilderflut, mit der man spielen kann, leistet das Pensum einer 24-Stunden-Mutter. Hier
entstehen neue mythische Geschichten. Doch dabei ist eines
entscheidend: Das halluzinatorische Universum des Computers besteht aus abzählbaren, aber noch unbekannten, ineinander verschränkten Räumen, in denen jedes Element eine
Bedeutung hat.

Case − aus William Gibsons genialem Werk ›Neuromancer‹ − ist der Bastian der Unendlichen Computergeschichte
einer Weltflucht in den Cyberspace. »The matrix« − der
Schaltplan eines Weltrechners, der die konsensuelle Halluzination körperloser Bewußtseine ermöglicht − »has its roots
in primitive arcade games, in early graphics programs and military experimentation with cranial jacks.«[22] Case ist verloren
im Datenraum und folgt nun dem Traum der Programme.
All das ist Science fiction nur in dem Maße, als Fiktion selbst
zum Aggregatzustand von Wissenschaft geworden ist. Denn
die Cyberspace-Matrix ist in der Tat nicht nur aus dem Geist

---

[22] W. Gibson, Neuromancer, S. 67

militärischer Gehirnchirurgie, sondern auch aus dem Geist primitiver Computerspiele geboren. Das Abenteuer eines Computerspielers ist eine Reise durchs Gehirn des Software-Designers. Die ihm entsprungene Welt des Rechners ist logisch konstruiert, aber prinzipiell unüberschaubar. So entsteht beim Spieler die Sucht, immer weiter zu entdecken, also Licht in die Black box zu bringen. Kurzum: Der gute Spieler macht sich zum Algorithmus — nichts anderes heißt heute: ein Abenteuer bestehen.

Harmlose Videospieler und fanatische Hacker sind die ersten Subjekte einer neuen Ästhetik des Risikos und der Kontrolle. Die Synergie von Mensch und Maschine wird zum Agon. An die Stelle der alten Ästhetik des Erhabenen tritt das gefahrlose Spiel mit Grenzsituationen. Riskanz wird technisch ausdifferenziert und als Schauplatz eines permanenten Eignungstests organisiert. Diese technische Ausdifferenzierung von Riskanz ermöglicht also ein gefahrloses Spiel mit der Gefahr. Deshalb können sich die elektronisch Drogenabhängigen Risiken ersparen, die sich grundsätzlich der Computersimulation entziehen — also die Risiken des Anderen.

Die neuen Medien haben einen eigentümlichen Objektstatus. Psychoanalytiker sprechen hier von Übergangsobjekten. Gerade der Computer im Kinderzimmer macht anschaulich, wie ein solches Marginalobjekt zwischen ›physisch‹ und ›psychisch‹, zwischen ›belebt‹ und ›unbelebt‹ situiert ist. Neue Medien und Computer stammen ebensowohl aus dem Selbst des Benutzers wie aus der Außenwelt. Und es ist diese Sensation des Übergangs, die jene Lust des Angeschlossenseins trägt. Computer faszinieren als Perfektionsmedien; sie stimulieren den Narzißmus der Benutzer. Wer macht sich nicht lustvoll zum Servomechanismus seines Rechners, wenn dieser ihm die Herrschaft über das Symbolische vorspiegelt? In der Tat könnte man von einem Computerspiegelstadium sprechen; denn was anders zeigt uns der Hacker an seinem Terminal als einen häßlichen, zerstückelten Körper, der sich in einer aus eleganten Algorithmen geborenen künstlichen Welt des Bildes seiner Ganzheit versichert. Man könnte die elektronischen Gadgets (mit Deleuze) Wunschmaschinen nennen,

denn sie funktionieren analog zu Partialobjekten. Damit machen sie aber auch »Übertragung« möglich. Diese Übertragung — und nicht etwa das Broadcasting — macht die neuen
Medien zu Suchtmitteln.

Alle neuen Medien sind Erweiterungen des Menschen, die
ihn so lange narkotisieren, bis er zu ihrem Servomechanismus
geworden ist. Wir lassen uns von den Entäußerungen men-
scheneigener Funktionen in einem anderen Material faszinieren. Nun ist das Zentralnervensystem ein elektrisches Netzwerk, das den Verbund der Körpermedien, also der Sinne, re-
guliert, und dessen Äquilibrium stets aufs neue gesichert
werden muß. Deshalb erzwingt jede technologische Innova-
tion als Erweiterung von Menschenvermögen eine neue Ver-
schaltung der Organe. Wie gesagt: Unter Bedingungen der
neuen Medien ist der Mensch nicht mehr Benutzer von
Werkzeugen und Apparaten, sondern Schaltmoment im Medienverbund. Er tritt in organische Konstruktionen ein.

Hacker am Terminal, Kids im Spiel mit errechneten Bildern
— sie optimieren die Schnittstelle Mensch-Maschine. Der
Grenzwert dieser Obsession ist elektronische Telepathie: das
totale *Interface*, vor dem das *face-to-face* zergeht. Schon unmittelbar nach dem Zweiten Weltkrieg hat Teilhard de Chardin
das weltweite Netzwerk der Übertragungs- und Verbreitungsmedien als Antizipation eines universalen, telepathisch
›vermittelten‹ Bewußtseins gedeutet — er sprach von einer
»Syntonisation« der Gehirne. Telepathie ist in diesem Zusammenhang also nicht bloß eine Metapher für Telekommunikation. Vielmehr erweist sich Telepathie als *umbrella term*
für Kommunikationsphänomene, die bisher als obskur und
wissenschaftsunfähig galten: Das Unbewußte kommuniziert
auf elektromagnetischen Wellen. Und gleichzeitig bemerkt
man auf der Ebene sozialer Systeme, daß technische Medien
die »mentale Koppelung«[23] von Gesellschaften beschleunigen
und steuern — eben das meinte Teilhard de Chardins Syntonisation der Gehirne.

---

[23] E. Jantsch, »Erkenntnistheoretische Aspekte«, S. 186

Hier ist nun nur noch ein weiterer Schritt zu tun, der als te-
lepathische Vollendung der Telekommunikation zugleich
einen scholastischen Gedanken verwirklichte. Dem Mittel-
alter war nämlich die Vorstellung vertraut, daß Engel ohne
Vermittlung der Sprache kommunizieren; sie lesen die Gedanken des anderen in seinem Hirn. Genau darauf zielen
heute biokybernetische Kommunikationssysteme, die ZNS
und Computer direkt verschalten, d.h. die Datenflüsse des
Gehirns direkt steuern — Stichwort Biochip. »Um von Gehirn zu Gehirn zu kommunizieren, bedürfte es eines Bio-
computers als eines zweckmäßigerweise gleich ins Gehirn
implantierten Kommunikationsorgans.«[24]
Daß der Mensch in synergetische Verhältnisse zu Maschinen
tritt, ist demnach nur ein — wenn auch spektakulärer — Spezialfall einer allgemeinen Vermischung von Organischem und
Anorganischem. Proteine lassen sich heute mit Metall verbin-
den und neu designen, um die Chip-Architektur zu raffinie-
ren. Natur tritt als Konstruktionselement in die Technik ein.
Neuromancer und Terminator II sind nicht nur geträumt.
Der schöne Film The Total Recall thematisiert das »wirehea-
ding«: die direkte Stimulation von Hirnregionen mit Elektro-
den und Implantaten. Dieser direkte Zugang zum Gehirn ermöglicht psychodelische Effekte, die leicht zu einer Art elektronischer Drogenabhängigkeit führen. Lucy in the Sky with
Diamonds, die psychodelische Farborgie im Drogenrausch,
wird von der rechnergestützten Reise durch den Star Gate
Corridor ersetzt: *cyberdelia*. Ängstlichere, wissenschaftliche
Gemüter ergötzen sich an der kalten Schönheit der Fraktale.
So technisch genießt sich die Informationsgesellschaft. Ihre
Autopoiesis läßt Menschen als Sexualorgane ihrer Medien
funktionieren. Und was wir Welt nennen, plättet sich zur integralen Benutzeroberfläche. Das Lamento über die Extremfäl-
le dieser Entwicklung ist alt: amerikanische Couch-potatoes,
die den größten Teil ihres bewußten Lebens vor dem Bild-

---

[24] H. G. Helms, »Gesellschaftliche Veränderungen«, S. 185. —
Zum Stand der Bio-Elektronik vgl. J. Weber, »Der Natur auf der
Spur«, S. 36f und K.-P. Zauner, »Vorbild Natur«, S. 236

schirm verbringen; und − sehr viel interessanter − die japanischen Otaku, junge Menschen in den trostlosen Suburbs,
die nur noch über ihre Terminals mit der Außenwelt kommunizieren. Der sitzende physische Körper erscheint als Störmoment kreatürlicher Hinfälligkeit in der totalen Mobilmachung
des telematischen Körpers. Wir kommen darauf zurück.

Otaku und Couch-potatoes sind die ruhmlosen Brüder jener Militärtechniker und Weltraumingenieure, deren virtuelle
Körper im halluzinatorischen Raum errechneter Bilder eine
Menschen unerreichbare Empirie manipulieren − sei's auf
der Venus, sei's im Vulkankrater, sei's in radioaktiv verseuch-
ten Gebieten. Und wer ist nun der Mensch? Jener vor dem
Bildschirm sitzende, oder mit *data glove* und *head-mounted
display* ausgestattete Körper − oder sein »›afferent ange-
schlossener‹ Doppelgänger« in der virtuellen Realität? Lem
hat diese neue synergetische Medienwirklichkeit der VR
schon vor 30 Jahren präzise als »Teletaxie« beschrieben; sie
ermöglicht es, »den Menschen an einen beliebig gewählten
Ausschnitt der Realität derart ›anzuschließen‹, daß er sie so
erlebt, als befände er sich tatsächlich in ihr.«[25]

Wollte man die Pathologie der telematischen Gesellschaft
auf prägnante Begriffe bringen, so könnte man von *information addicts*, von *sensory junkies* sprechen. Bilder, Daten, Bits
sind die Stimulantien ihres Lebens. Und ihr fanatisches Fernsehen oder Computerspielen dienen der Abwehr von *sensory
deprivation*. Was droht, sobald man *power off* drückt, ist die
Nacht der Welt. In diese Nacht scheint das Licht der Kathodenstrahlröhre. Aller Trost scheint von den Strahlen des
Bildschirms auszugehen. Und wer darüber erschrickt, mag
sich anders trösten: Auch das Böse − der Film Poltergeist hat
es gezeigt − ist nur ein Licht aus dem Fernseher.

Reizspiele auf Oberflächen befriedigen die moderne, stets
von Langeweile umlagerte Begierde nach Neuem. Schon Po-
lybios wußte, daß man Aufmerksamkeit am besten durch
bunt wechselnde Bilder fesseln kann. Von bloß kaleidoskopi-
scher Buntheit unterscheiden sich die bewegten Bilder der

---

[25] S. Lem, Summa Technologiae, S. 365f

Kinematographie nun dadurch, daß sie zugleich das Pensum
des Realismus übernehmen. Filme stabilisieren den Referen-
ten, sagt Lyotard sehr schön. Gemeint ist: Die technischen
Bilder üben die Syntax des Realen ein; »ces structures d'ima-
ges et de séquence forment un code de communication entre
tous. Ainsi se multiplient les effets de réalité ou si l'on préfère
les fantasmes du réalisme.«[26]

Film spricht in Bildern, die eigentlich wie eine Schrift ange-
ordnet sind. »Sie werden aufgefaßt, nicht betrachtet.« Rede
kann hier nur noch die »Weisungen, die vom Bild ausgehen«[27], wiederholen. Deshalb wollte die Kritische Theorie
versuchen, die neue Medienwirklichkeit als Hieroglyphen-
schrift zu entziffern. Die Imperative einer primitiven Bilder-
sprache herrschten über unser Dasein — so schien Kultur zur
›Kulturindustrie‹ entstellt. Im Kern reagieren derartige Emp-
findlichkeiten v.a. auf die spezifischen Effekte der Reklame.
Denn ihre Bilder sind unwiderlegbar; man kann an sie nicht
mit ›ja‹ oder ›nein‹ anknüpfen. Eben darin erweist sich die
Reklame als Urphänomen der Massenkommunikation —
schon David Riesman hat ihre Medien »tutors of consumption«[28] genannt.

Vor diesem Hintergrund ist es ganz einfach, abstrakten ›exi-
stenzialontologischen‹ Bestimmungen wie dem »Man« Martin
Heideggers einen ganz konkreten medientechnischen Sinn zu
geben. ›Man‹ ist der Inbegriff jener »signals from others«, die
Riesmans moderne Existenz der *other-directedness* konditionie-
ren. Eingetaucht in die Konsumtion von Datenflüssen erfahren sie Ereignisse nur noch durch einen »screen of words«.[29]

---

[26] J. F. Lyotard, Le Postmoderne, S. 19
[27] Th. Adorno, Eingriffe, S. 75, 77
[28] D. Riesman, The Lonely Crowd, S. 193
[29] A.a.O., S. 21. — Genau diese Metapher findet sich schon in
Charles Horton Cooleys Charakteristik der Tageszeitung: »What a
strange practice it is, when you think of it, that a man should sit
down to his breakfast table and, instead of conversing with his
wife, and children, hold before his face a sort of screen on which is
inscribed a world-wide gossip!« In diesem Zusammenhang charakterisiert Cooley Massenkommunikation durch die prägnante Di-

Seither ist die Aufnahme von Neuigkeiten auch nicht mehr
an Aufmerksamkeitsleistungen geknüpft. Information wird
in der Datenflut fast nur noch über ihre Unterhaltungsquali-
tät seligiert. Exakt darauf reagieren heute Wissensdesigner mit
dem Konzept des Infotainment. Die Sensation einer Information hängt viel weniger von ihrer Bedeutung als von ihrer
Prozessierung ab. Massenmediale Information informiert also
weniger, als daß sie erregt — nämlich weitere Massenkommunikation. Vielleicht sollte man genauer sagen: Massenmedien informieren, ohne zu orientieren — Arnold Gehlen hat
das »reich unterrichtete Weltfremdheit«[30] genannt.

Realität ist ein Produkt von Selektionen und hat ihr Maß an
der Publizität; ihre Veröffentlichung verschafft Ereignissen
einen Zuwachs an Wirklichkeit durch Erweiterung ihrer
Kommunikativität. Dabei tritt das Ereignis zunehmend in ein
Spiegelverhältnis zu seiner massenweisen Publikation. Das
Handeln reflektiert dann immer schon auf seine Berichterstattung. Die Nachrichten des Tages können deshalb eher auf
Weltbegebenheiten als auf die Nachrichten des vorigen Tages
verzichten. »Es mag eine Art von Sendekultur entstehen, die
ihre Bestätigung nur noch darin hat, daß sie in den Sendungen vorausgesetzt wird.«[31] Zumal der Politik erspart die Re-
alitätsdefinition der Massenmedien den Kontakt mit dem Realen. Dieser Zusammenhang läßt sich mit der von Heidegger
eingeübten Denkfigur des ›verdeckenden Zeigens‹, des verhül-
lenden Enthüllens prägnant bestimmen. So kann man im
Blick auf die von Verbreitungsmedien veröffentlichte Meinung von einer Art Blendung durch Evidenz sprechen. »In
dieser Funktion der verdeckenden Offensichtlichkeit tritt die

---

stinktion von »distinction« und »diffusion«: Social Organization, S.
83, 85. Je größer der Zwang zur Diffusion, desto geringer die
Chance der Distinktion. Was Baudrillard heute als obszönes Deli-
rium der Kommunikation beklagt, hat Cooley also schon Anfang
unseres Jahrhunderts an der Morgenzeitung ›abgelesen‹.
[30] A. Gehlen, Einblicke, S. 310. — Über indirekte Erfahrung und
das Gerücht als Aggregatzustand massenmedialen Weltwissens vgl.
auch O. Marquard, Aesthetica und Anaesthetica, S. 94
[31] Luhmann, Soziologische Aufklärung Bd. III, S. 32

öffentliche Meinung an die Stelle dessen, was für ältere Gesellschaften Tradition bedeutet hatte.«[32]

Doch die Realitätssteigerung durch massenmediale Publizität zeigt noch einen anderen, hoffnungsvolleren Rückkopplungseffekt. Denn was lehren die revolutionären Ereignisse der jüngsten Vergangenheit in Osteuropa anderes als eine Synergetik von neuen Medien und emanzipatorischer Gewalt. Die »physische Präsenz« frustrierter Massen ist ja erst durch die Medien in jene »ubiquitäre Präsenz« — eben die Telepräsenz — verwandelt worden, die das Ancien régime des Kommunismus zum Einsturz gebracht hat. Niemand geringerer als der Öffentlichkeitstheoretiker Habermas bemerkt hierzu, daß sich die Geschichte der Freiheit zweihundert Jahre nach der Französischen Revolution »*im Modus* einer Fernsehübertragung vollzogen hat.«[33]

Dem westlichen Beobachter war die gesendete Revolution ein willkommenes Divertissement. Sie hat einen idealen Anlaß zur medienspezifischen Überdramatisierung geboten. Neuigkeit, Diskontinuität und Konflikt bewährten sich als Selektionskriterien in der Datenflut — Neuigkeit, weil es im Westen nichts Neues gibt; Diskontinuität, weil der Senderahmen von Massenmedien das Erwartbare schlechthin ist; Konflikt, weil er den Gegensinn als Anschlußkommunikation erregt. Man könnte sagen: Massenmedien sind Techniken der Erwartung des Unerwarteten. Gerade weil ihre Sendeprinzipien zur Stereotypisierung und Kristallisation tendieren, setzen sie voraus und stellen sie sicher, daß ständig etwas geschieht.

Die neuen Medien sind deshalb nicht nur »tutors of consumption«, sondern auch Fluchthelfer aus der Langeweile der Klein-, Schlaf- und Trabantenstädte ins Zeichenleben der Netzwerke. So gibt es schon heute reine Terminal-Existen-

---

[32] Luhmann, Soziologische Aufklärung Bd. V, S. 181
[33] Habermas, Strukturwandel, S. 49; vgl. Luhmann, Soziologie des Risikos, S. 151f; vgl. in diesem Zusammenhang auch die Bemerkung von D. de Kerckhove, medientechnisch hochgerüsteter Rock'n'roll habe die Berliner Mauer zum Einsturz gebracht — »Von der Bürokratie zur Telekratie«, S. 70

zen, die das Paradoxon des statisch Mobilen verkörpern. Die
japanischen Otaku etwa treten mit der Außenwelt nur noch
über technische Medien in Kontakt; bis auf den lästigen eigenen Körper und seine Subsistenzbedürfnisse haben sie ihre
simulierte Umwelt so optimiert, daß sie gar nicht mehr aus
der Medienwirklichkeit heraustreten wollen. »They live in
the simulacrum of a self-referential system which is not sub-
jected to content. Central is the awareness: there are media.«[34]
   Gewiß, das sind extreme Existenzen. Doch man sollte sie als
Emissäre aus der Zukunft begreifen, die uns erste Kunde von
der Auflösung des Hier und Jetzt in einer Art Teletopologie
(Virilio) geben − von der Verwandlung des Lebens in einen
telekommunikativen Datenprozeß. Das wird dem nicht mehr
phantastisch klingen, der schon erfahren hat, wie heute die
Immobilie schlechthin, das Wohnhaus, elektronisch mobilgemacht wird: Den neuen Häusern wird Intelligenz implementiert, Wohnen zum *information processing*. Und ›makro-
kosmisch‹ übernimmt dann ein Öko-Computer das Pensum,
das Philosophen noch der Sprache aufgelastet haben: Haus
des Seins zu sein.

In Mediengewittern

Ernst Jünger bemerkte vor dem Zweiten Weltkrieg einmal,
die totale Mobilmachung werde weit weniger vollzogen, als
daß sie sich selbst vollziehe. Voraussetzung sei die Bereitschaft, mobilgemacht zu werden. Damit ist gemeint, daß es
sich hier nicht um eine rein technische Frage der Regie handelt. Die totale Mobilmachung geht über die Sphäre des militärischen Befehls hinaus; sie erscheint als Rüstung im − wie
gleichgesinnte Philosophen sich dann gerne überstürzen: metaphysischen Sinn. Diffuse Begriffe wie ›metaphysisch‹ und
›Bereitschaft‹ sollen andeuten, daß eine absolute Erfassung
der potentiellen Energie, also Rüstung bis in den feinsten Le-
bensnerv, visiert wird. Die totale Mobilmachung leitet die

---

[34] V. Grassmuck, »Otaku«, S. 209

vernetzten Energieflüsse durch einen einzigen Griff am Schaltbrett dem Krieg zu. Und das heißt eben auch: In ihrem Horizont sind alle Technologien waffenfähig.

Der Zweite Weltkrieg hat dann gezeigt, daß dies nicht nur essayistische Spekulationen eines abenteuerlichen Herzens waren. 1978 machten die Amerikaner die Probe auf die totale Mobilmachung. Die Übung Nifty Nugget unterstellte einen Überraschungsangriff des Warschauer Pakts auf Westeuropa und simulierte dann den Transport von 400 000 Mann und 350 000 Tonnen an kriegswichtigem Material über den Atlantik. Die wesentliche Erfahrung dieses gigantischen Tests war die der Undurchführbarkeit im Ernstfall. Gerade die polemologischen Fortschritte seit dem WK II führen immer tiefer in die Unplanbarkeit. Diese Schwierigkeiten potenzieren sich noch dadurch, daß die Perfektion der Waffentechnik, die heute in der Dimension von Mikromillimetern und Nanosekunden funktioniert, die militärische Aktion der Heisenbergschen Unschärferelation unterwirft: Tyche ist zur Kriegsgöttin geworden. Und eben auch die Mobilmachung modernster Armeen erreicht heute sehr rasch eine kritische Schwelle, jenseits derer sich die Clausewitz'schen Friktionen zu chaotischem Verhalten des militärischen Systems potenzieren.

Die Bedeutung des Zufalls hält Schritt mit der Perfektion der Technik. Deshalb war Nifty Nugget untauglich, ein Mobilmachungsmodell für den WK III zu liefern. *Sub rosa* kamen die Militärs denn auch überein, im Ernstfall mit den alten Plänen aus dem Zweiten Weltkrieg zu improvisieren. Vor diesem Hintergrund erscheinen Falkland-Krise und Golf-Krieg als Versuche, die simulierte High-Tech-Mobilmachung wenigstens einmal auf begrenztem Schauplatz einer Realitätsprüfung zu unterziehen. Dieser Test wird immer dringlicher und zugleich unvollziehbarer. Denn seit die Perfektion der Militärtechnik eins ist mit ihrer Medialisierung, wird es immer schwerer, zwischen Krieg und Kriegsspiel, Ereignis und Inszenierung, Ernstfall und Simulation zu unterscheiden. So zeigte schon der Golf-Krieg deutliche Ansätze eines Videokriegs, in dem die empirische Realität nicht mehr als eine Seifenblase im Cyberspace ist.

Wie ein Palimpsest ist der Geschichte des modernen Krieges die Geschichte der neuen Medien einbeschrieben. Napoleons Gebrauch der optischen Telegraphie und die Entwicklung der Armbanduhr zur Truppenkoordination im Burenkrieg sind noch anekdotische, einfache Beispiele dafür. »Es läßt sich ohne Mühe erkennen, wie die großen kriegerischen Ereignisse (d.h. die gewaltsamen Reorganisationen der politischen Räume) im Verlauf der alten und neuen Geschichte mit Destabilisierungen der Zeit- und Ewigkeitsinstitutionen durch neue Kommunikations- und Speichertechniken zusammenhängen: Die Errichtung des römischen Reiches und der Papyrus, die Kreuzzüge und das Papier, der Dreißigjährige Krieg und der Druck, die Revolutionskriege und die neuen Schnelldruckverfahren, der Erste Weltkrieg und das Telefon, der Zweite Weltkrieg und das Radio, der Vietnamkrieg und das Fernsehen.«[35] Als Endpunkt dieser Entwicklung wird heute die militärtechnische Einheit von Befehl, Kommunikation, Kontrolle und Wissen erkennbar: C^3I.

Zwischen Napoleons Mediengenie und dem elektronischen Schlachtfeld liegt die Heraufkunft der Kybernetik. Ende des 19. Jahrhunderts spekulierte Elmer Sperry über Anwendungen des Foucaultschen Gyroskops in Kontrollgeräten. Und schon 1911 konnte die US Navy seinen Kreiselkompaß erfolgreich testen. Im selben Jahr erfand Sperry einen mechanischen Analogrechner, der eine komplexe mathematische Gleichung implementierte, die eine automatische Korrektur des Kreiselkompasses ermöglicht. »Five years later Sperry introduced another analog computer, the ›battle tracer‹, in his target-bearing and turret-control system. This computer performed logical operations on inputs from four electric motors to plot both a ship's and its target's course and speed, the tracer moving across a nautical chart to simulate the ship on

---

[35] M. Schneider, »Luther mit McLuhan« in: Diskursanalysen I, S. 22; ähnliche Beispiele ließen sich häufen — vgl. etwa Zielinski, Audiovisionen, S. 88, über die Kinematographie im Dienste ballistischer Untersuchungen.

the sea, a small carriage making pencil marks representing the movements of the target.«[36]

Norbert Wieners Cybernetics konnten also nicht nur theoretisch auf Maxwells Essay »On Governors«, sondern auch sehr handfest auf Sperrys militärische Zielkontrollgeräte rekurrieren. Die Logistik der Wahrnehmung umfaßt auch die Manipulation der Datenprozesse als Waffe. Der Schutz Englands vor den deutschen Luftangriffen erforderte Flakgeschütze mit Flugzeugpeilung durch Radar (− Radartechnik ist im Grunde Radiotechnik, also implementierte Kommunikationstheorie −) oder Ultrakurzwellen. Feuerleitung ist Kommunikation, die an Maschinen und nicht an Menschen gerichtet ist. Diese »control by informative feedback«[37] basiert auf statistischen Messungen der Feindflugbewegung, die mathematisch in Regeln der Geschützsteuerung transformiert werden. Das Flakgeschütz ist demnach: a) ein Beobachter, der einen statistischen Bewegungsablauf registriert; b) eine lernfähige Maschine; c) ein Rechner, der durch Rückkopplung zum Programmwechsel fähig ist. Schon die ersten Flakgeschütze, die mit Scheinwerfern kombiniert sind, die den Himmel ›scannen‹ (− das besorgen heute phasengesteuerte Radarsysteme −) und ihn in einen Natur-Bildschirm verwandeln, machen deutlich, daß Waffen Medien und Medien Waffen sind. Speers Lichtdom aus Flakscheinwerfern zieht daraus nur die ästhetische Konsequenz.

Die ersten Bildschirme waren Radarschirme, die den Luftweltkrieg überwachten und steuerten. Auch die Kathodenstrahlröhre des Vorkriegsfernsehens der BBC diente viel weniger der Zerstreuung der Briten als der Implementierung ihrer optischen Frühwarnsysteme. Und der nächste Rüstungsschritt bestand dann darin, die Überwachungs- und Steuerungsgadgets in die Projektile selbst einzubauen − heute spricht man von ›embedded systems‹. »1936 hatte die elektronische Kamera ihren ersten großen Auftritt bei den Olympischen Spielen in Berlin. Gegen Ende des Krieges

---

[36] J. R. Beniger, The Control Revolution, S. 322
[37] N. Wiener, Cybernetics, S. 113

wurde sie mit einer höheren Auflösung, sprich mehr Detail-
schärfe — nämlich 441 Zeilen — bei den Tests der V-2 Raketen verwendet: Zuerst, nur zur Beobachtung, um dann — in
der Konsequenz — auch als Fernsehlenkkopf mitzufliegen.«[38]
Paul Virilio hat aus dieser militärtechnischen Entwicklung
hin zu sehenden und rechnenden Projektilen die Konsequenz
gezogen, die Geschichte des Krieges primär auf dem immateriellen Niveau einer von der Evolution der Kommunikati-
ons- und Speichermedien bestimmten Metamorphose der
Wahrnehmungsfelder zu analysieren. Wenn Virilios Kriegs-
geschichte dann aber rückblickend die Funktionen von Waffe
und Auge identifiziert, verschleift sie die Pointe, daß sich seit
WK II für die in Kampfhandlungen Involvierten inmitten des
Optischen selbst ein Vorrang des Taktilen durchsetzt.
Schießkunst wird obsolet, wo automatische Waffen blind in
sog. Perimeter des Feuers (Feuerlinien) schießen.

»So ist das Schlachtfeld der napoleonischen Kriege nach und
nach zu einem Blackbox geworden.«[39] In der taktilen Umar-
mung der Stahlgewitter wird Sicht unnötig. Man bekommt
den Feind gar nicht mehr zu Gesicht. Und wo Bombentep-
piche ausgerollt werden, verliert die Unterscheidung von
Kämpfern und Nichtkämpfern ihren Sinn. Um so wichtiger
wird die elektronische Freund-Feind-Unterscheidung, die sich
von der hinfälligen Urteilskraft des Menschen emanzipiert
hat. So heißt es in einem imaginären Rückblick auf die Waffensysteme des 20. Jahrhunderts über die elektronische
Kommunikation zwischen Maschine und Maschine präzise:
»Das mit Radiowellen angerufene Flugzeug oder auch das
unbemannte Geschoß antwortete mit seinem Sender erwar-
tungsgemäß, oder es wurde als Feind angegriffen.«[40] So löst

---

[38] Klaus vom Bruch, in: Videokunst in Deutschland 1963 – 1982,
S. 110; vgl. zur Vorgeschichte dieser Systeme Zielinski, Audiovisionen, S. 100, 130

[39] Virilio, Krieg und Kino, S. 160

[40] S. Lem, Waffensysteme des 21. Jahrhunderts, S. 64. — P. Virilio, Bunker-Archäologie, S. 199, 202, spricht in diesem Zusammenhang von »Kommunikationswaffen«.

sich der Kernbestand des Militärisch-Politischen, die Unterscheidung von Freund und Feind, in menschenferner Maschinenkommunikation auf.

Moderne Kriege stellen ein informationstheoretisches Experiment dar; sie entzaubern den Menschen als Human factor, d.h. als bloßes Engineering-Problem. Seit er in Feedback-Schleifen eingebaut wird, nimmt sich seiner eine neue Wissenschaft, die Ergonomie, an. Sie optimiert das Environment von Datenpiloten. Dabei ist es fast gleichgültig, ob sie in Kampfflugzeugen durch Feindesland oder am Computer durchs Datenlabyrinth navigieren. Nur noch Pattern recognition kann die Datenprozesse des elektronischen Zeitalters bewältigen. Informationsüberlastung ist heute der Normalfall der Weltwahrnehmung. Entsprechend muß eine Theorie der neuen Medien ihre Kategorien an extremen Fällen von Datenverarbeitung gewinnen. So hat James Gibson, während des Krieges von der Air Force beauftragt, die Informationsverarbeitung von Piloten beim Landeanflug zu untersuchen, die Strömung und rapide Transformation von optischen Daten als Bedingung geistesgegenwärtiger Orientierung erkannt[41].

Heute geht man konsequent zum computergestützten Blindflug über und gestaltet die Cockpits undurchsichtig, um Kampfpiloten beim Ablesen und Bedienen des Steuerpaneels nicht durch Sinneseindrücke einer sog. Außenwelt zu stören. Hier liegt die Spitzenleistung von Menschen in der Synergie mit ihrer Maschine darin, nicht den eigenen Sinnen, sondern den Displays zu glauben — Menschenmaß wäre tödlich. Virilio hat das schon am Kampfpiloten des Vietnam-Kriegs sehr schön deutlich machen können: »Hob er den Kopf, so sah er den Kollimator der Windschutzscheibe mit (optisch-elektronischem oder holographischem) Digitalanzeiger, senkte er ihn, sah er den Radarschirm, den Bordcomputer, das Radio und den Videomonitor, der es dem Piloten erlaubte, vier oder fünf Ziele zugleich und schließlich die eigenen Ge-

---

[41] Vgl. J. Gibson, Ecological Approach to Visual Perception

schosse zu verfolgen, die mit Kameras oder Infrarotsteuerung ausgestatteten Sidewinder-Raketen.«[42]

Ein Beispiel, das besonders deutlich zeigt: Der Krieg ist der Vater aller Medien. Jeder, der heute einen Airbus A 320 oder eine Boeing 767 besteigt, nimmt teil an der friedlichen Vervollkommnung der Luftwaffe. Piloten »fliegen« längst nicht mehr in einem handgreiflichen Sinne. Ihr Job ist ein Monitoring hochkomplexer Informationssysteme, ihre spezifische Leistung ist die Überwachung von Steuer-Environments — eine Art gleichschwebender Aufmerksamkeit der Kontrolle. Und seit die Bordcomputer den Piloten zum Flug-Manager promovieren, ist die Begrüßung »your Captain speaking« nur noch ein tröstlicher Anthropomorphismus an Bord der Maschine. Zu unserer Sicherheit fliegt nicht er, sondern ein Flight Management System (FMS)[43].

Enigma, das Rätsel, hieß die Maschine, die es dem deutschen Oberkommando im WK II erlaubte, seine Befehle in hochkomplex codierter Form an seine Streitkräfte auszugeben. Enigma funktionierte wie eine automatische Schreibmaschine, die jede Tasteneingabe durch ein System hintereinandergeschalteter Rotoren transformierte. Um die Enigma zu knacken, reichte es nicht aus, zu wissen, wie sie konstruiert war. Um ihre Befehle zu dechiffrieren, mußte man je ihren inneren Zustand kennen — scheinbar unmöglich bei einer Billion möglicher Konfigurationen im Rotorensystem. Intelligente Menschen, die legendären polnischen Codeknacker, waren daran gescheitert. Alan Turing kam auf die Idee, diese Aufgabe einer intelligenten Maschine zu überantworten. Seine diskrete Denkmaschine war wie geschaffen für die Dechiffrierung des Rätsels jenes deutschen Oberkommandos. Sie löste es wie ein Physiker das Welträtsel: »Das System, nach dem eine Botschaft entziffert wird, entspricht den Gesetzen des Universums, die abgefangenen Nachrichten der erreichbaren

---

[42] P. Virilio, Krieg und Kino, S. 182
[43] Vgl. Beniger, The Control Revolution, S. 237; D. Stolze / M. Schlingelhof, »Elektronische Pfadfinder«, S. 46; vgl. S. S. Fisher, »Wenn das Interface im Virtuellen verschwindet«, S. 46

Evidenz, der für einen Tag oder eine Botschaft gültige Schlüssel wichtigen Konstanten, die bestimmt werden müssen.«[44]

Turings Vergleich zwischen Physik und Kryptographie markiert eigentlich einen Paradigmenwechsel: Nicht mehr Physik, sondern Informatik ist seit dem WK II die militärische Grundwissenschaft. Unmittelbar nach dem Zweiten Weltkrieg arbeitete ein Electronic Numerical Integrator and Computer, eben ENIAC, den Pentagon-Auftrag ab, durch Extrapolation der einzigen harten Ereignis-Daten, eben Hiroshima und Nagasaki, die Effekte eines Nuklearkriegs zu kalkulieren. Das ist der terminus a quo militärischer Computersimulationen. Seither bilden Militär, Informatik, Simulationstechnik und Wahrscheinlichkeitskalkül ein Dispositiv, das noch die menschenfreundlichsten Software-Utopien bestimmt. Hardware-Standards und Disk Operating System knüpfen auch unsere harmlosen Aufsätze an jene Stunde der Geburt des Metamediums aus dem Geist des Krieges. »Der Geist des Militärs steckt in jedem Mikrochip, in der Ökonomie der Leiterbahnen, in den Imperativen der Anweisungsfolgen, mit denen jeder Algorithmus, jedes Anwendungsprogramm formuliert wird.«[45]

John von Neumann, Vater unserer Rechner und eilfertiges Genie im Dienste des Department of Defense, hat sich — gegen Norbert Wiener, den Vater der Kybernetik — zum Fürsprecher der *closed circuits* gemacht, in denen Menschenentscheidungen keinen Ort mehr haben. Seither — genauer: seit Wieners Aufsatz »A Scientist Rebels« in der Januar-Nummer des Atlantic Monthly 1947 — gibt es nur noch hilflose Protestgebärden gegen die neue Arkandisziplin Rechnerarchitek-

---

[44] A. Turing, Intelligence Service, S. 98

[45] P. Glaser, »Das Innere der Wir-Maschine«, S. 232; das war auch schon die Einsicht des Computerfreaks Ted Nelson, Computer Lib, S. 151: »The really interesting stuff in computers all came out of the military.« Das gilt für die weltweite Informations-»Matrix« ARPANET als Kopfgeburt des Department of Defense ebenso wie für die Simulation als weiche Variante von Operations Research; zum Ursprung von OR und »hypergame models« vgl. Woodhead, Hypertext & Hypermedia, S. 89f, 140

tur. Daß auch in benutzerfreundlichste Interfaces Dispositive
der Macht eingelagert sind, sieht Timothy Leary, der recht-
zeitig vom Medium Droge auf die Droge Medium umgestellt
hat, sehr deutlich: »Das phönizische Alphabet wurde erfun-
den, um Informationen vor griechischen Kaufleuten und anderen Rivalen zu verhehlen. Jedesmal, wenn ich dieses Alphabet auf einer Tastatur sehe, starrt mir eine Phalanx phöni-
zischer Soldaten entgegen. Man sieht den Ausdruck des Tri-
umphes auf dem Gesicht eines DOS-Hexers, wenn seine Finger hurtig eine lange Schlange alphabetischer Befehle eintip-
pen.«[46] Am Schleier dieses Arkanwissens beißt auch die
Apple-Maus, die Leary etwas überhastet zum Guerillakämp-
fer der neuen Medienwelt promoviert, keinen Faden ab.

In dem noch immer lesenswerten Buch von Watzlawick,
Beavin und Jackson findet sich eine hellsichtige Anmerkung
über die militärische Pragmatik menschlicher Kommunikation: »Wenn ernsthafte Spannungen zwischen zwei Ländern
entstehen, werden als erstes gewöhnlich die diplomatischen
Beziehungen abgebrochen, um dann zu Analogiekommuni-
kationen wie Mobilisierung, Truppenkonzentrationen und
dergleichen überzugehen. Das Absurde an diesem Vorgehen
ist, daß die digitalen Kommunikationen (die diplomatischen
Beziehungen) gerade in dem Augenblick abgebrochen werden, in dem sie notwendiger sind denn je. Der ›heiße Draht‹
zwischen Washington und Moskau dürfte in dieser Hinsicht
prophylaktisch sein, wenn er auch in offizieller Lesart nur
der Beschleunigung von Kommunikationen in Krisenzeiten
dient.«[47] Die Hot line wurde bekanntlich nach der Cuba-
Krise installiert. Diese war rasch als Kommunikationskrise
unter Bedingungen knapper Zeit erkennbar. Die Kommunikationskrise verschärfte sich im Vietnamkrieg (— Fernsehen
versetzte ihn traumatisierend in amerikanische Wohnstu-
ben —) zu einem Kommunikationsdebakel, das mit der militärischen Niederlage gleichbedeutend war. Seither gilt die

---

[46] T. Leary, »Das interpersonale, interaktive, interdimensionale
Interface«, S. 279
[47] Watzlawick u.a., Menschliche Kommunikation, S. 102 Anm

Kommunikation in Krisenfällen als Schlüsselproblem militärischer Computersimulationen.

Bei den technologischen Spitzenprodukten der Militär- und
Raumfahrtindustrie läßt sich der Aufwand für die Inszenierung von dem für den Ernstfall kaum mehr unterscheiden.
Bei der nuklearen Waffentechnologie wird vollends die Zur-
schaustellung zum einzig erträglichen Realitätsgrad ihrer Wir-
kung. Zunehmend ersetzt die Täuschung die Abschreckung
im Kriegsspiel. Von den Panzerattrappen der Alliierten an
der Küste Ostenglands bis zu denen Saddam Husseins im
Golf-Krieg — eine militärische Filmgeschichte visueller Des-
information. Simulation und Dissimulation: Waffen, als ob es
sie nicht gäbe, und das Als ob von Waffen, die es gar nicht
gibt. Die Logistik der Wahrnehmung umfaßt, wie gesagt,
auch die Manipulation der Datenprozesse als Waffe. Früher
gab es noch militärische Simulationen im Sandkasten und mit
Zinnsoldaten: ikonische Darstellungen der wirklichen Welt.
Computerelektronik aber kennt keinen Unterschied mehr
zwischen den Datenprozessen des Kriegsspiels und der
Kommandozentrale — und natürlich auch der Hobbyspiele
am Heimcomputer.

Beim Scud-Angriff auf Riad saßen die Journalisten im Pres-
sezentrum des Hotels Hyatt und bewunderten in der Echt-
zeitübertragung von CNN den Kometenschweif der Raketen,
deren Ziel sie selbst waren. Die Betroffenen sahen dieselben
Bilder (nämlich ihrer ›Betroffenheit‹) zur selben Zeit (eben in
Echtzeit) wie die Fernsehzuschauer in aller Welt — und sonst
nichts. Im Golf-Krieg gab es keinen Ort mehr, an dem man
— jenseits der Medienwirklichkeit — ›vor Ort‹ gewesen
wäre: Taumel des ›live‹ im Video-Krieg. So beschränkte sich
die kritische Kriegsberichterstattung denn auch auf eine Art
Content analysis des CNN-Programms. Der Schauplatz des
Kampfes konstituiert sich auf den Monitoren. Angesichts dessen scheint die Frage nach einer schmerzlichen, blutigen, leta-
len Realität des Krieges hinter den Medienschleiern naiv. Seit
Video und Rechner in die Waffen selbst eingebaut sind und
Computersimulation Echtzeit-Kriegsspiele parallel zur militärischen Aktion ermöglicht, gibt es kein Jenseits der techni-

schen Medien mehr. Und seit Raketen die eigene Zielfindung
live übertragen, kann der Leichtsinn, Medien für ein Mittleres
zwischen Mensch und Wirklichkeit zu halten, tödlich sein.
Moderne Waffen sind Kommunikationswunder. Intelligente
Bomben steuern sich selbst ins Ziel und liefern zugleich Vi-
deobilder des Vollzugs; Rechner starten Abwehrraketen, die
dann einen vollautomatischen Elektronik-Kampf führen. Maschinen kommunizieren mit Maschinen. Sobald eine Scud ge-
startet war, begann ein maximal siebenminütiger hochkomplexer Datentransfer zwischen Frühwarnsatelliten, AWACS-
Flugzeugen, phasengesteuerten Bodenradargeräten und dem
Patriot-eigenen Radarsystem[48]. Präzision durch Maschinenkommunikation. Nichts schwächt deshalb eine Streitkraft
nachhaltiger als die Zerstörung ihrer Fernmelde-Einrichtun-
gen. Eben solch ein ›chirurgischer‹ Eingriff ließ den Golf-
Krieg als Blitzkrieg erscheinen. Übrigens hatte Deutschland
auf dieser ›postalischen‹ Ebene ja auch längst den immer wieder angemahnten Beitrag zum Golf-Krieg geleistet: Telekom
darf für sich reklamieren, in Zusammenarbeit mit Spacenet
den Datentransfer zwischen Washington und Riad überhaupt
erst ermöglicht zu haben.
Während des Ersten Weltkriegs setzte Woodrow Wilson
das sog. Creel-Kommitee ein, das die öffentliche Meinung
durch Poster und Filme auf den Krieg einstimmte – Reklame als Medium der Mobilmachung. George Creel ver-
sprach dem Präsidenten »the world's greatest adventure in
advertising«[49]. Das Radio schuf dann erstmals ein Arsenal der
Simulation von Welt, die uns von der mühsamen Wirklichkeit entlastet; authentisches Sendematerial erspart die Welterfahrung. Die alles verknüpfende Resonanz des Radios, die
auf eine Koexistenz der Medien und Sinne vorausdeutet, qua-
lifizierte es zum Medium der Propaganda. Propagiert wird
aber keine bestimmte Ideologie, sondern ein unsichtbares
Environment – the medium is the message. Das Faktum der

---

[48] Vgl. Der Spiegel 5/1991, S. 152
[49] Zit. nach Beniger, The Control Revolution, S. 350

weltweiten Übertragung tritt an die Stelle des Inhalts. Hitler
und Churchill waren Homunkuli des Radios.

Der Zusammenhang von Krieg, Technologiebeschleunigung
und Medienevolution hat sich dann im Kalten Krieg verstetigt, der nur noch auf einem Schlachtfeld der Daten und Bilder ausgetragen wurde. Und heute verändert das Electronic
news gathering das Wesen der Nachricht im Innersten: Was
sich ereignet, ist inszeniert. Ereignisse geschehen, weil Medien
sie aufzeichnen und ausstrahlen. Neuerdings hat auch Jürgen
Habermas bemerkt, »daß sich das vom Fernsehen konstru-
ierte Bild der Politik weitgehend aus Themen und Beiträgen
zusammensetzt, die bereits für die Medienöffentlichkeit produziert« werden[50].

Die digitale Revolution hat die Weltwahrnehmung total
kontrollierbar und manipulierbar gemacht. Stammten die Bilder ölverschmierter Kormorane aus Saudi-Arabien oder aus
dem Archiv? Zeigten die CNN-Bilder eine zerbombte Fabrik
für Babynahrung oder für bakteriologische Kampfstoffe? Waren die Leichen, die das rumänische Fernsehen zeigte, echt?
Doch so hat man früher nach einem Wesen hinter der Er-
scheinung gefragt. Unter neuen Medienbedingungen werden
solche Fragen sinnlos. Das Ereignis ist rein im Bild, nicht dahinter. So entsteht Posthistoire: synthetische Geschichte.
Deshalb überfordert man die Massenmedien, wenn man
authentische Berichterstattung über eine Wirklichkeit erwartet, die längst gelebte Unwirklichkeit geworden ist − eine
Stufung von Scheinbarkeiten. So gibt es auch keine Wahrheit
des Golf-Kriegs. Und die Tränen der Redlichkeit über ein
»Cannae der westlichen Medien«[51] sind umsonst vergossen.

---

[50] J. Habermas, Faktizität und Geltung, S. 455
[51] H. Schwilk, Was man uns verschwieg, S. 120

IV. Medienästhetik

Die Kunst der gegenstandslosen Welt

Man kann die Geschichte der Weltentstehung, nach einem bekannten Muster, mit der Formel beginnen: Am Anfang war ein Befehl. Und dieser Befehl läßt sich, mit Spencer Brown, spezifizieren: Draw a distinction! Denn ohne Unterscheidungen gibt es keine Bestimmungen — vor einer ersten Startdifferenz gäbe es demnach nichts, nicht einmal Nichts. Man kann die Geschichte aber auch mit dem beginnen, worin Unterscheidungen angebracht werden: Am Anfang war Rauschen. Und das heißt dann etwa *random noise, unmarked space* oder Gegenstandslosigkeit.

Diese zweite Version kann in den primordialen Unterscheidungen nur eine Verletzung der Welt sehen. Niemand hat sie konsequenter vertreten als Malewitsch. Für ihn sind die Differenzierungen, die aus dem Nichts des Rauschens ein Etwas machen, bloßer Schein — Zerstäubung der Welt durch ihre wissenschaftliche Registrierung. Während also für das rationale Denken gilt: Distinguo ergo sum, sucht der Suprematismus das Wahrnehmbare außerhalb der antiphysischen Differenzierungen auf. »Wenn es aber keine Unterschiede [...] gibt, so muß es doch eine goldene Gleichheit, eine goldene Null geben oder richtiger: die Gegenstandslosigkeit.«[1]

Das Distinguo als operatives Prinzip des neuzeitlichen Cogito hat also die Welt verletzt und das Sein verdunkelt. Für Malewitsch ist das aber nicht bloß Metaphysik-Kritik, sondern handfeste Weltgeschichte. Denn was haben die modernen Vernichtungskriege mit dem deutschen Idealismus zu tun? Sehr viel dann, wenn Idealismus heißt: Angriff auf die Welt mit einem vorstellenden, vergegenständlichenden Denken. Diese schroffe Kritik eint in der Zwischenkriegszeit scheinbar so unterschiedliche Denker wie Malewitsch, Hei-

---

[1] K. Malewitsch, Suprematismus, S. 60

degger und Benjamin. Neuzeitlicher Verstand sei gegen-
standsbefangen; gerade die Vorstellungen, die der Mensch von
der Natur habe, sperrten ihn von ihr ab. Man könnte auch
sagen: Der Schlaf der idealistischen Vernunft, den man vor-
stellendes Denken nennt, gebiert die Ungeheuer der gegenständlichen Welt.

Wenn aber Denken selbst die Welt blockiert, muß man von
noesis auf *aisthesis* umstellen: Nur auf dem Schauplatz der
Kunst kann »der gordische Knoten der Gegenständlichkeit
durchhauen« werden. Das heißt aber zunächst, das Gegenständliche aus der Kunst selbst auszutreiben. Denn Wirklichkeit gegenständlich wiedergeben heißt sie töten — das ist Malewitschs Lesart von nature morte. Gerade die Austreibung
des Gegenständlichen verwandelt nun das Ästhetische in ein
Medium von Aufklärung: »Vielleicht wird in der Zukunft die
Wahrheit der gegenstandslosen Kunst die gegenständliche
›Wirklichkeit‹ als Trugbild entlarven, wird zeigen, daß diese
nichts weiter ist als Theaterkulisse, als Fiktion.«

Der destruktive Charakter des Suprematismus ist also weit
davon entfernt, das Programm der Gegenstandslosigkeit aufs
Ästhetische zu reduzieren. »Der Weg des Menschen muß befreit werden von allem gegenständlichen Gerümpel, das sich
in den Jahrtausenden angesammelt hat.« Alles was nicht auf
dem technischen Niveau der neuesten Motorenwelt ist, kann
der suprematistischen Welterfahrung nur störend dazwischenkommen; die abgestorbenen Formen der Tradition fesseln die Entfaltung des neuen, elektrifizierten Kollektivleibs.
Für Malewitsch muß deshalb die neue Architektur ihr Maß
an den neuen Medien, Energie- und Kommunikationsformen
nehmen: »Die Straßen sollten von Handkarren, Pferde-
droschken, Eseltreibern befreit werden wie unsere Augen
von der Wahrnehmung der Erscheinungen aus dem Geiste
vergangener Kunst. [...] Jetzt (d.h. 1924, N.B.), da das Auto-
mobil bereits durch den Aeroplan abgelöst wird und Tele-
graph und Telefon durch den drahtlosen Funk, jetzt wird es
höchste Zeit, die Städte von den Spinnweben der Telefon-
und Telegraphenleitungen zu säubern, wie man Wohnungen
von Spinnweben säubert.«

So macht der destruktive Charakter des Suprematismus reinen Tisch mit der Weltgegenständlichkeit, um der Wirklichkeit der Wellen Platz zu schaffen. Dabei kann er sich ans Schema der monotheistischen Weltentgötterung halten. Denn seine Parole der Gegenstandslosigkeit säkularisiert das Bilderverbot. So wie der Eine Gott mit den vielen Göttern der Heiden aufräumte, so liquidiert das Weiß der suprematistischen Leinwand die Tradition der Weltgegenständlichkeit: Die Christen, heißt es bei Malewitsch ausdrücklich, »haben damit ihre Wahrnehmung der gegenstandslosen Welt zum Ausdruck gebracht«[2]. Von hier aus scheint dann nur noch ein weiterer Schritt möglich: die Abstraktion bis zum Austritt aus der Malerei voranzutreiben. *Au-delà de la peinture* hieß denn auch Max Ernsts Parole. Und Greenberg hat die Formel gefunden, mit der Kunstgeschichte noch einmal sich einverleiben konnte, was ins Jenseits der Malerei wollte: *post-painterly abstraction.*

Diese Bilderlosigkeit erweist sich in ihrer Geschichte aber als Mehrebenenphänomen: Sie ist 1.) Resultat eines Tabus — eben des monotheistischen Bilderverbots; sie ist 2.) Ausdruck des okzidentalen Rationalismus, der es säkularisiert. Bilderlosigkeit ist 3.) — und das ist ihr spezifisch moderner Aspekt — Effekt einer großen Krise der Anschauung, die die Wissenschaften im 19. Jahrhundert erfaßt. Und sie ist 4.) Ausdruck eines historischen Schiffbruchs der Phantasie, d.h. der Unfähigkeit der Einbildungskraft, sich dem technischen Herstellen gewachsen zu zeigen. Den Phantasieschwund und die Fehlanzeige wissenschaftlicher Anschauung kompensiert eine Bilderflut, die durch Techniken massenweiser Bildreproduktion ermöglicht wurde. Baudrillard spricht von der Erektion einer »réalité sans image«[3]. Dabei gilt es festzuhalten, daß die bilderlose Realität gerade das Produkt eines unaufhörlichen Bilderstroms ist: Die technisch reproduzierbaren Bilder gehen der Welt voraus, die sie abzubilden scheinen. Wenn aber die Bilder das Ereignis besetzen und vorprägen, entfällt das we-

---

[2] A.a.O., S. 54, 79, 211, 225, 229, 237
[3] J. Baudrillard, L'échange symbolique, S. 83

sentliche Charakteristikum des Bildes — nämlich abbildend einzustehen für etwas Abwesendes. Die Bilderflut steht im Dienst des vorstellenden Denkens und seiner Gegenständlichkeit, die sie abbildet, und bedient damit ein unspezifisches Bildbedürfnis, das aus einer allgemeinen *sensory deprivation* geboren scheint.

Daß sich alle hieraus ergebenden ästhetischen Fragen als Formprobleme des Films begreifen lassen, ist der phantastische Salto mortale, mit dem Walter Benjamin versucht hat, aus der Paradoxie von Bilderlosigkeit und Bilderflut herauszuspringen. Sein berühmter Aufsatz über das ›Kunstwerk im Zeitalter seiner technischen Reproduzierbarkeit‹ ist genau gleichzeitig mit Heideggers Vortrag ›Der Ursprung des Kunstwerks‹ (1935/36). Statt die traditionelle Kunst in den neuen Medien aufzuheben, mutet Heidegger ihr nochmals zu, die Wahrheit entspringen zu lassen. Daß van Goghs Gemälde Bauernschuhe zeige, wie sie in Wahrheit seien, ist schnell zum Spott geworden. Darüber hat man meist vergessen, daß es Heidegger um die Leistung dessen geht, was man Werk nennt: »Werksein heißt eine Welt aufstellen. [...] Welt ist nie ein Gegenstand, der vor uns steht und angeschaut werden kann. Welt ist das immer Ungegenständliche«[4]. Zwischen diesen Extremen einer ungegenständlichen Welt des Kunstwerks und der technischen Formenlehre einer Medientheorie liegen alle denkbaren Positionen aktueller Ästhetik.

Noch einmal zurück zum Anfang der Welt. Erstarrt ist der Streit zwischen der christlichen Formel der creatio ex nihilo und dem antiken Bescheid, daß aus nichts nichts wird. Was hier als Nichts gedacht, bzw. nicht gedacht wird, entzieht sich dem religiösen wie dem wissenschaftlichen Weltverhalten. Der christliche Schöpfungsgedanke verdeckt ja die »Schwierigkeit, daß, wenn Gott aus dem Nichts schafft, gerade er sich zum Nichts muß verhalten können. Wenn aber Gott Gott (u.d.h. das Absolute, N.B.) ist, kann er das Nichts nicht kennen«, und die moderne Wissenschaft kann als nüchterne Konstitution und Durchdringung der Weltgegenständ-

---

[4] M. Heidegger, Holzwege, S. 33

lichkeit im Nichts nur ein Phantasma fehlgeleiteten Sprach-
gebrauchs sehen. Mit einem Wort: Der Eine Gott kann und
die »Wissenschaft will vom Nichts nichts wissen.«

Das sind die berühmten Thesen aus Heideggers Antrittsvor-
lesung von 1929. Sie beschreibt die Erfahrung des Nichts als
ein Schweben, in dem das gegenständliche Seiende entgleitet.
Man kann ›Was ist Metaphysik?‹ als philosophischen Kommentar zu Malewitschs ›Gegenstandsloser Welt‹ lesen. Auch
für Heidegger setzt das Schweben der Nichts-Erfahrung eine
radikale Emanzipation von der Bilderwelt des vorstellenden
Denkens voraus; auch sein Urmodell der Ungegenständlichkeit ist das monotheistische Bilderverbot: »das Freiwerden
von den Götzen« heißt nun philosophisch »das Sichloslassen
in das Nichts«[5].

Für Malewitsch gibt es allerdings eine konkrete Praxis, die
es ermöglicht, die Oberfläche des Gegenständlichen zu durch-
stoßen und zur Erfahrung des Nichts (an Seiendem) zu
kommen: »Ein Maler, der in der gegenständlichen Vorstellung vom ›Was‹ befangen ist, befreit es, sobald er es auf seine
Bildfläche überträgt, zum ›Nichts‹.« Damit ist das Bild das
befreite Nichts des Dargestellten − allerdings noch befangen
im Schein des Gegenständlichen. Daraus ergibt sich die Definition des Suprematismus als »befreites Nichts der Gegenstandslosigkeit«. Dabei meint ›Nichts‹ jenen *unmarked state*
der Welt, bevor sich menschliches Vorstellen mit seinen Unterscheidungen einschaltete; und Befreiung meint konkret ein
Abschütteln der festgeprägten Formen unserer abendländischen Kultur, eine Überwindung ihres »Chaos verzerrter
Formen und farbiger Bonbonnieren« durch einen »Klassizis-
mus der Gegenstandslosigkeit«: »Das weiße Quadrat ist der
Schlüssel zum Beginn einer neuen klassischen Form, eines
neuen klassischen Geistes.«

Das suprematistische Programm zielt aber nicht auf eine
Schule malerischer Abstraktion, sondern auf die Erfahrung
einer gegenstandslosen Welt jenseits bisheriger Kunst. Man
könnte sagen: Für Malewitsch ist auch eine rein abstraktive

---

[5] M. Heidegger, Was ist Metaphysik?, S. 27, 39, 42

ästhetische Gegenstandslosigkeit noch zu ›gegenständlich‹.
Suprematismus macht sich zum Medium der kosmischen
Verflechtung, der *great chain of being* in ihrer Ungeteiltheit
und Gleichheit; das weiße Quadrat ist die Ikone einer wie-
dergewonnenen »Ganzheit des ›Nichts‹«, das ja immer begriffen werden muß als ›Nichts an gegenständlich Seiendem‹. Die
weiße Ikone des Nichts läßt alles Gegenständliche entgleiten
und bringt gerade so vor das Seiende im Ganzen.
    Also Heidegger avant la lettre. Tatsächlich hat schon Male-
witsch eine sehr starke Konzeption der ontologischen Differenz. Der Suprematismus soll ja auf »das wahre Wesen des
Seins im Gegenstandslosen« verweisen. Alles Gegenständliche
ist nur Trugbild und Schein, in dem »das Sein selbst immer
verborgen« bleibt. Radikaler läßt sich die ontologische Differenz nicht fassen: Gegen die sichtbare Welt behauptet der Suprematismus das Sein als Kunst[6] — eben das meint (im Gegensatz zu ›Darstellung‹) ›Suprematie‹.
    Malewitschs ästhetische Praxis einer Transformation der
sichtbaren Welt in Ungegenständlichkeit hat ihr Vorbild am
Heilsversprechen des bilderlosen Gottes, der zum Nichts an
Weltgegenständlichkeit befreit: Mein Reich ist nicht von dieser Welt. Dieses religiöse »Null-Heil« säkularisiert der Suprematismus zum ästhetischen »Heil Null«. Die Befreiung des
Nichts vollzieht sich konkret in der Konstitution eines ästhetischen Null-Mediums. Ich entwende diesen Begriff aus dem
polemischen Kontext der Fernsehkritik H. M. Enzensbergers.
Er hat ja gezeigt, daß alle Klagen über das Fernsehen einfach
schon deshalb »gegenstandslos« sind, weil es ein Medium der
Gegenstandslosigkeit ist. Wie alle neuen Medien sendet das
Fernsehen unabhängig vom Programm; es hat nur die Kom-
plementärfunktionen der Bedeutungsverschonung und der
Erlösung von *sensory deprivation*. Damit tendiert es zum
Nullmedium; es gewährt die Trivialvariante suprematisti-
scher Gegenstandslosigkeit. So steht der Bildschirm für En-
zensberger in Idealkonkurrenz mit Malewitschs »Schwarzem

---

[6] K. Malewitsch, a.a.O., S. 48, 75, 125, 137, 178, 186

Quadrat aus dem Jahre 1915, das, streng genommen, alle Sendungen des Nullmediums überflüssig macht.«
Flimmerkiste ist ein alter, despektierlicher Name für das Fernsehgerät. Er trifft das Wesentliche. Das beweist der Infans vor dem Bildschirm. Was dort erscheint, kann ihm nichts bedeuten, denn er ist schon rein hirnphysiologisch unfähig, die Bilder zu decodieren. Dennoch, so bemerkt Enzensberger sehr schön, lösen »die bunten, flackernden, leuchtenden Flecke unfehlbar und dauerhaft ein inniges, man möchte sagen, ein wollüstiges Interesse aus.«[7] Diese Drogierung des Sensoriums muß mit jener Entlastungsfunktion der Bedeutungsverschonung zusammengesehen werden. Ein Cartoon des ›New Yorker‹ hat das schon 1951 auf die unüberbietbare Formel gebracht: »One nice thing about television, you don't have to pick out where to look.«
Alle neuen Medien sind technische Behelfe gegen die große Drohung der *sensory deprivation* von Nacht und Stille: leuchtende Punkte und Figuren vor dem Hintergrund von absolutem Schwarz. Ob nun der vierjährige Malewitsch in Gewitternächten auf den Blitz wartet, der die Finsternis zerreißt, oder der Philosoph Nietzsche von leuchtenden Lichtbilderscheinungen berichtet, die, gleichsam als entoptische Phänomene, das vom Blick in die Nacht der Natur versehrte Auge heilen — stets geht es darum, das unerträgliche Nichts an Sinnesdaten in ein ›pregnant void‹[8] umzudeuten. Das entoptische Phänomen der vom absoluten Schwarz evozierten leuchtenden Punkte dient auch Heidegger als absolute Metapher des zu Denkenden — es steht »in der hellen Nacht des Nichts der Angst«[9]. Im selben Schema, nur spiegelverkehrt, situiert Malewitsch die Aufklärung. Ihr Licht hat die Natur verdunkelt; so hebt sich dann der endliche Verstand des Vorstellens als »weißes Feld [...] gegen die allgemeine Dunkelheit ab«[10]. Was

[7] H. M. Enzensberger, Mittelmaß und Wahn, S. 96, 103
[8] D. Anfam, Abstract Expressionism, S. 149
[9] M. Heidegger, Was ist Metaphysik?, S. 34
[10] K. Malewitsch, a.a.O., S. 156

derart erscheint, ist die sichtbare Welt als Trugbild. Suprematismus zielt auf die Umkehrung dieser Umkehrung: die Offenbarung einer ›weißen Natur‹ im Gegenstandslosen. Doch auch das Medium des Heils Null fordert eine Minimaldifferenz; um das absolut Andere darzustellen, braucht man das Andere des Anderen als Hintergrund. Dem Sarg seiner Lieblingsschülerin ist Malewitsch mit einer schwarzen Fahne gefolgt, auf die ein weißes Quadrat genäht war.

Die gegenstandslose Welt des Suprematismus ist eine Welt mit Nullgewicht − Malewitsch denkt Gegenstandslosigkeit also konkret als Aufhebung der Schwere. In der ästhetischen Erfahrung des Weißen sollen die Menschen aus dem Schlaf der gegenständlichen Vorstellungen erwachen. Das präsupponiert einen Begriff von Technik, die in der Überwindung der Schwerkraft ihre höchsten Triumphe feiert. »Der Ingenieur zergliedert, zerstäubt ständig das Gewicht, löst sich selbst auf in der Zerstäubung der Ganzheit.« Völlig losgelöst von der Erde scheinen ja alle entscheidenden technischen Wirklichkeiten zu Beginn des 20. Jahrhunderts: Elektrizität, Radio, Flugzeug. Hinter der suprematistischen Utopie großer kosmischer Feiern steht konkret die erstmals sich abzeichnende technische Möglichkeit, in den Weltraum vorzustoßen: Menschen verlassen die Erde und schicken sich an, dauerhaft in Raumschiffen zu wohnen. Was man heute als Flughafenarchitektur perhorresziert, ist die uns unkenntlich gewordene Erfüllung eines Avantgarde-Traums: »Die neuen Behausungen der neuen Menschen liegen im Weltraum. Die Erde wird für sie zu einer Zwischenstation, und dementsprechend müssen Flugplätze angelegt werden, die sich den Aeroplanen anpassen, also ohne säulenartige Architektur.«

Die neuen Medien und Technologien reißen den Menschen in kosmische Fernen hinaus − das ist das Eine. Zugleich verwandeln sie das Gegenständlich-Schwere in schwebende Trajektorien und »Meteore der Bewegung«. Das Erwachen aus dem Schlaf der Vorstellungen emanzipiert den Menschen in die »neuen abstrakten Beziehungen« von Wellen, Erregung und Strahlung. »Die suprematistische Kunst offenbart in allem die Erregung und den kosmischen Zusammenhang aller

Erregungserscheinungen. Die Geburt von Körpern in der
Faktur der Bewegung.«

Das ist Malewitschs gegenstandsloses Bild der Welt: skalen-
invariante Erregungswirbel, die sich aus Kraftfeldern zusammensetzen, die um Erregungszentren rotieren. Materialität ist
demnach nichts als Bewegungsintensität und Streuungsdichte.
Unterm suprematistischen Blick verwandelt sich deshalb das,
was bisher als katastrophischer Naturprozeß erschien, in eine
chaotogene »Ordnung elementarer Erregungen«[11]. Wirklichkeit ist demnach ein rein emergentes Phänomen: Erregungs-
effekt. Für die ästhetische Praxis besagt das, daß der Künstler
zum Medium wird. Er nimmt das Diktat der kosmischen
Wellen auf: das thermische Rauschen.

Rauschen meint zunächst Abweichung, Störung, Entfernung vom Gleichgewicht; und so beginnt die irreversible
Zeit. Michel Serres hat diese operative Unordnung, *le para-
site*, einmal als »generalisiertes *clinamen*«[12] bezeichnet und
damit die gegenstandslose Welt der Wellen und Strahlungen
in den Kontext der antiken Atomistik zurückgestellt. Die
Physik des Lukrez bietet eine definitive Fassung der antiken
Turbulenz-Studien, die mikroskopische Ordnungen in ma-
kroskopischem Chaos aufzeigen. ›De rerum natura‹ erzählt,
wie minimale Abweichungen, winzige Beugungen der gera-
den Bahn kosmogonische Wirbel erzeugen. Die Urkörper
stürzen nicht einfach nach ihrem Gewicht senkrecht ins
grundlos Leere: »incerto tempore ferme / incertisque locis
spatio depellere paulum«[13].

So entsteht die epikuräische Welt aus kleinen Gefällen, win-
zigen Neigungen. Ihr entspricht eine Wissenschaft des Zufalls,
der Turbulenzen und Bifurkationen. Gerade indem sich die
Urmaterie durchs *clinamen* vom Gleichgewicht entfernt, tritt
sie in Prozesse der Selbstorganisation ein. »Bei Lukrez ist die
Ordnung der Welt, die aus der Neigung auf einem Wellenfeld

---

[11] A.a.O., S. 59, 149, 173, 238
[12] M. Serres, Der Parasit, S. 289
[13] Lukrez, De rerum natura, II. Buch, Verse 218f

resultiert, eine Ordnung durch Fluktuation.«[14] Was Cicero
Epikur dann als kindliche Erfindung vorgehalten hat, ist in
der Chaosforschung heute wissenschaftsfähig geworden: der
Gedanke, daß die wohlgeordnete Welt aus einer »turbulenta
concursio«[15] entstanden sei. Dieser Positivierung der Turbulenz entspricht bei Lukrez die versöhnte Welt der *foedera na-
turae*. Auch der Mensch ist dann nichts als ein Wirbel in tur-
bulenter Natur.

Leonardo hat dieses Konzept fruchtbarer Turbulenz erstmals zum ästhetischen Darstellungsprinzip erhoben. Wenn
heute wieder auf die Modernität seiner Methode, Erkenntnis
durch Bildentwürfe zu induzieren, hingewiesen wird, so findet das eine eindrucksvolle Bestätigung in den Wasserbewegungsstudien, die Leonardo im Zusammenhang mit technisch
konkreten, hydraulischen Projekten in Norditalien angestellt
hat. Für ihn gilt tatsächlich, was Paul Valéry in seinem Dialog ›Eupalinos‹ einem fiktiven Triton aus Sidon zuschrieb:
»Er stellte sich leidenschaftlich die Natur der Winde und der
Wasser vor, die Beweglichkeit und den Widerstand in diesen
Flüssigkeiten. Er dachte nach über die Entstehung von Sturm
und Windstillen; den Verlauf von lauen Strömungen«[16] —
heute nennt man das Turbulenzforschung.

Novalis hat das Flüssige als »das sensible Chaos«[17] definiert.
Der Sinn dieser Formel wird dem Betrachter von Leonardos
Kreidezeichnung ›Sintflut über einer Stadt‹ rasch deutlich.
Die Sintflut wird als Überlagerung verschieden großer Wirbel dargestellt. Dabei folgt Leonardo dem fraktalen Prinzip
der Skaleninvarianz: Turbulente Strömungen haben Wirbel
aller Größen. Die spiralförmige Rotation der Wirbel steht im
Zentrum seiner Wasserbewegungsstudien, die dann zu Prototypen von Bewegtheit und Beschleunigung vorstoßen: »Beob-
achte die Bewegung der Wasserfläche, sie tut es den Haaren

---

[14] M. Serres, a.a.O., S. 283
[15] Cicero, De finibus, I. Buch, 20. — Vgl. zum folgenden N.
Bolz, Chaos und Simulation
[16] P. Valéry, Werke Bd. 2, S. 73
[17] Novalis, Schriften Bd. III, S. 100

gleich, die zweierlei Bewegung haben: die eine gehorcht dem Gewicht des Haares, die andere den Windungen der Locken; so hat das Wasser seine strudelnden Locken: ein Teil davon gehorcht dem Ungestüm des eigentlichen Wasserlaufs, der andere den zufälligen und zurückgeworfenen Bewegungen.«[18] Die Sintflutdarstellung steigert das dynamische Spiralprinzip zu einer Art deterministischem Chaos. *Con furore* lautet Leonardos Charakterisierung dieser Darstellungsform. Sie bietet Prototypen der Erregung, die dann auch der Darstellung von Monströsem und wilden Leidenschaften dienen: »Torsion aus Effort«[19]. Auch für Leonardo entstehen und vergehen Welten chaotisch, turbulent, in einer Folge von Erregungsformen. Ununterscheidbar ist dann aber das Szenario des Weltuntergangs vom Bild der neuen — eben: chaotogenen Ordnung. Sie führt weit weg vom Kontinent des Menschen. Das konnte einem nicht entgehen, der selbst mehrfach Untergänge heil durchschritten und dann von kriegerischem Handeln auf stereoskopisches Beobachten umgeschaltet hatte: »Leonardos Zeichnung in Windsor: der Weltuntergang in großer Ordnung und Schönheit, wie eine kosmogonische Blüte, von einem fremden Stern geschaut. [...] Von hier aus sind Mutationen möglich, die über den Menschen hinausführen.«[20]

*

Während sich die Kunst mühelos am Leben erhält, seit man Arnulf Rainers kluger Maxime folgt, ein Kunstwerk verstehen heiße, es zu kaufen, ist es mit Ästhetiken, die noch Theorien der Kunst sein wollen, fast unbemerkt zuende gegangen. Adorno hat eine negativistische Letztposition markiert: Kunst als Asyl eines Denkens des Nichtidentischen; Marquard hat eine stoische Letztposition markiert: Kunst als Zu-

---

[18] Leonardo da Vinci, Sämtliche Gemälde und Schriften zur Malerei, S. 321
[19] B. Blass-Simmen, Sankt Georg, S. 127
[20] E. Jünger, Maxima — Minima, S. 15

flucht einer Theoria, die ein Sehen des Nichtgesehenen einübt. Der Grundgedanke von Marquards ästhetischer Theoria ist positiv dialektisch: Seit das Realitätsprinzip von einem Simulationsprinzip absorbiert wurde und Wirklichkeit die Realisierung des Fiktiven selbst ist, kann Kunst ihr Pensum der Andersheit nur noch als Antifiktion erfüllen. Marquards Kriterium für ein künstlerisches Sehen des Übersehenen bleibt allerdings rätselhaft — im Grunde beschwört er ein magisches Vermögen des 19. Jahrhunderts: »wirkliche Erfahrung«[21].

Der Grundgedanke von Adornos ästhetischer Theorie ist negativ dialektisch: Das Pensum der Vergeistigung fordert von der Kunst, die eigene Bilderwelt unters Bilderverbot zu stellen. Doch wie können Bilder dem Bilderverbot entsprechen? Moderne Kunstwerke sind keine Erscheinungen des Absoluten, sie beanspruchen keine kultische Kraft. Ähnlich sind sie nicht dem Absoluten oder der Welt, sondern sich selbst. Damit machen sie sich also in der Tat weder ein Bild von dem, was im Himmel, noch von dem, was auf der Erde ist. Insofern gilt Adornos Satz: »Die ästhetischen Bilder stehen unterm Bilderverbot.« Durch dessen Filter gelangen nur »die nicht abbildlichen ästhetischen Bilder«[22]. Das heißt im Klartext: Ästhetik im Zeichen des Bilderverbots akzeptiert nur Bilder, die nicht abbilden — die abstrakte Malerei der Moderne führt das jedem vor Augen. So deutet Adorno die moderne Kunst als ästhetische Bilderwelt eines universalen Karfreitags. Man hat in diesem Zusammenhang mit einem Terminus, der nicht nur die Malereien von Malewitsch bis Reinhardt, sondern auch Adornos ästhetische Theorie sehr schön resümiert, von *endgame art* gesprochen. Die Moderne erscheint so als Geschichte der letzten Bilder.

Diese Volten und Nöte philosophischer Ästhetiken zeigen an, daß sich zumal die bildende Kunst des 20. Jahrhunderts ei-

---

[21] O. Marquard, Aesthetica und Anaesthetica, S. 98
[22] Th. Adorno, Ästhetische Theorie, S. 159, 416. — Entsprechend denkt Adorno Kunst als ein wesentliches Erscheinen, das nicht als Kommunikationsstruktur dargestellt werden kann und den Beobachter ignoriert; vgl. a.a.O., S. 167.

nem Zangenangriff von Bilderverbot (Vergeistigung) und Bilderflut (technische Reproduktion) ausgesetzt sieht. Seit Malewitsch das Leben der reinen Bildfläche feierte, reagiert Malerei darauf mit der Gestaltung von Sichtbarkeit überhaupt. Damit gewinnt die ästhetische Praxis einen neuen konzeptuellen Zug: Die Reflexion aufs Medium und den Code der Kunst gewinnt Vorrang vor der Darstellung. Nur wenn man begreift, daß nun das Medium die Botschaft ist, wird verständlich, wie die suprematistische Sprengung der Farbgrenzen, die Emergenz ins Weiß, eine neue Wirklichkeit der Farbe stiften will. Die Bilder repräsentieren nichts Reales mehr, sondern die Leinwand selbst ist eine Repräsentation des weißen Raums. Das unendliche suprematistische Weiß prozessiert die Wahrnehmungswellen so, daß sie nicht auf die Grenze von Gegenständen treffen. Die alte Weltgegenständlichkeit kann der neuen Wahrnehmung virtueller Realitäten nur störend dazwischenkommen. Deshalb ist Malewitsch so fasziniert von Satelliten-Entwürfen, die uns verheißen, die Erde hinter uns zu lassen und einzutauchen in die neue Welt der elektromagnetischen Wellen.

Der suprematistische Raum heißt heute — prismatisch gebrochen von Militärtechnologie und Unterhaltungsindustrie — Cyberspace. »Keine Ebenbilder der Wirklichkeit«, hieß das erste suprematistische Gebot. Und lange blieb unklar, wie Malewitschs Fülle der Objektlosigkeit jenseits der weißen Leinwand vorzustellen sei. Die *theologische* Lesart Adornos hat diese Wüste der befreienden Gegenstandslosigkeit als Schauplatz bilderloser Bilder gedeutet und damit den *technologischen* Grundzug der ästhetischen Moderne verdeckt. Malewitsch hat aber keinen Zweifel daran gelassen, daß die Austreibung der Gegenstände unsere Wahrnehmung der neuen Wirklichkeit der Wellen anpassen soll. Seine gegenstandslose Welt ist der vom Schutt des 19. Jahrhunderts gereinigte Schauplatz der telematischen *techne*. Seine Gestalt wird von den Trajektorien des unermeßlich beschleunigten Verkehrs und von den Wellen der Kommunikation bestimmt — das entzieht sich »wirklicher Erfahrung«.

Malewitschs sehr instruktive ›Analytische Tafel‹ ist in drei Felder unterteilt, die in Bildcollagen jeweils die Quintessenz von Kubismus, Futurismus und Suprematismus darstellen: Das erste Feld zeigt die kubistische Dekonstruktion des perspektivischen Raums durch ein geistig-konstruktives — im Kern neukantianisches — Raum-Zeit-System; das futuristische Feld zeigt Inkunablen von Geschwindigkeit, Mobilmachung und Maschinisierung. Die suprematistischen Bildchen dagegen sind nicht mehr mitten in Feuer und Bewegung aufgenommen, sondern geometrisierende Luftaufnahmen zweiter und erster Natur — sie ähneln computersimulierten Landschaften. Konstruktivistische Architektur, elektrische Wellen und die Fernoptik der Aeronautik konstituieren den suprematistischen Raum — Cyberspace avant la lettre.

Malewitschs Modernität ist die einer reinen Konstruktion aus geometrischen Formen, die das Chaos der Gegenständlichkeit ausschließt. Als Reaktionsbildung darauf formiert sich aber auch eine Kunst des verfemten Teils, die am ausgeschlossenen Chaos, am Abfall und den irregulären Farben ansetzt — man könnte von einer Ästhetik der katabolischen Effekte sprechen. Max Bense nennt das ›Rezeption des Schrotts‹. Zugleich gibt es tachistische Versuche, der Welt der elektromagnetischen Wellen nicht durch einen gegenstandslosen Konstruktivismus der Form, sondern durch eine »desorganisierte Präparation der selbständig gewordenen Substanz« gerecht zu werden. Kunst verzichtet auf organisierte Gestaltung, um die mikrophysikalische »Entformung« der Welt zu verarbeiten[23].

Form vs. Substanz, geometrische Konstruktion vs. Chaos der Natur, Technoästhetik vs. katabolistische Ästhetik — das scheint eine vollständige Disjunktion zu sein. Doch seit einigen Jahren gibt es die computertechnische Möglichkeit, das Irreguläre selbst geometrisch zu vermessen — allerdings nicht-euklidisch. Modern war es ja leicht, Galileis Gewißheit zu verspotten, Mathematik sei die Sprache der Natur. So ist eine der witzigsten Stellen in Swifts ›Voyage to Laputa‹ ja der Versuch einer geometrischen Beschreibung der Schönheit einer Frau. Genau das aber ist heute mit den einfachen Itera-

---

[23] M. Bense, Das Auge Epikurs, S. 15f

tionsgleichungen der fraktalen Geometrie möglich. Die
Schleifenprogramme einer neuen prozessualen Mathematik
versöhnen Geometrie und Chaos auf den Bildschirmen der
Computer in der eigentümlich kalten Schönheit der Fraktale.
Diese computergestützte fraktale Ästhetik beendet das Weltalter der euklidischen Sensibilität. Seit der Erfindung der
Photographie ist Kunst ja eine Reaktionsbildung auf die
neuen technischen Medien. So waren die Phasenbilder von
Muybridge und Marey vor dem Ersten Weltkrieg die Sensation der Pariser Ateliers; sie eröffneten einen nichteuklidi-
schen Raum — und die Malerei folgte akkurat wie in Duchamps ›Akt, die Treppe herabsteigend‹.

Mit dem bösen Blick, dem er viele seiner scharfsinnigen Beobachtungen verdankt, hat Hans Sedlmayr die Revolution
der ästhetischen Moderne auf zwei komplementäre Gesten in
der äußersten Randzone der Kunst reduziert: 1) die Fetischisierung des Beliebigen, 2) das Bild der rein-geistigen Realität.
»Die beiden ›Gesten‹ — das schwarze Viereck auf weißem
Grunde des Malewitsch und das ›verrückte‹ Ding des
Duchamp — bezeichnen wirklich zwei Eschata, zwei letzte
Möglichkeiten der ›modernen Kunst‹ [...]. Und es sind offenbar *Idole* der Kunst«[24]. Man könnte die Korrelation noch
weiter verdichten, denn Duchamps Kampf gegen die Physiologie der Bilder legt es nahe, auch die Fetischisierung des Beliebigen als eine Form der Entgegenständlichung zu deuten —
er spricht selbst von einer *réinstauration de l'objet dans un
nouveau domaine*. Reinstauriert wird das beliebige Objekt
nämlich auf dem Niveau der reinen Ausstellbarkeit. Genau
dann kann alles zum Kunstwerk werden, wenn Gegenständli-
ches nur noch kontingenter Anlaß zur Reflexion auf das Medium ist. Das steckt hinter Duchamps Spiel mit dem Code
Kunst / Nichtkunst. Deshalb trifft ihn die Frage ›Ist das noch
Kunst?‹ nicht.

Max Bense hat die Ästhetik der *ready mades* durch das »Rahmenprinzip« definiert, das den ästhetischen Zustand semio-
tisch definiert und seine Diskontinuität gewährleistet. Dieses

---

[24] H. Sedlmayr, Die Revolution der modernen Kunst, S. 139

Rahmenprinzip des Ästhetischen wird ganz einfach erfüllt;
z.B. durch eine Ausstellung, zwei Buchdeckel, oder eben –
einen Rahmen. Es sichert Grenzen und Kontext zugleich. Für
Bense stellt Duchamps *ready made* eine »extreme, gewissermaßen rapportierende Verwendung des Rahmenprinzips«
dar. Entscheidend ist nun, daß Bense diese Duchampsche
Verwendung des Rahmenprinzips vergleicht mit der »in die
computertechnischen Graphikgenerierungen eingeführte *Ra-
sterung* der Zeichen- bzw. Bildfläche, mit deren Hilfe das Maß
eines ›ästhetischen Zustandes‹ als Maß einer (statistisch vorgegebenen) *Verteilung* bzw. die selektive Herstellung einer solchen Verteilung als eine gesteuerte Generierung über einem
vorgegebenen Rastersystem erreicht wird«[25]. Damit sind wir
im Reich der errechneten Bilder: digitale statt analoge Abbildung, Scanning statt Mimesis. »I want to be a machine«, heißt
es lapidar bei Andy Warhol – Bedingung von Pop Art ist
die Eliminierung des Handgemachten. Allenfalls wird der
zeichnenden, nachahmenden Hand noch eine ökologische
Nische der Handmade-Nostalgie eingeräumt (Arnulf Rainer).
   Ganz gleichgültig was auf den Bildschirmen erscheint – es
sind numerische Bilder, die per definitionem nur virtuelle
Realitäten präsentieren können. Repräsentation und Abbildung sind einfach deshalb unmöglich geworden, weil jedes
Pixel auf dem Screen einzeln berechnet und manipulierbar
wird. So wächst inmitten der Flut synthetischer, numerischer
Bilder eine neue Bilderlosigkeit. »Mathematisch-systematische
Denkstrukturen sind Schuß und Kette der Computer-Bilder
von Graphik und Animation, und die Pixel-Konstellationen
von Video im allgemeinen sind die Resultate der Systematisierung des Bildes im 19. und 20. Jahrhundert, die mit den ersten Schritten hin zum Konstruktivismus bei Pointillisten,
Konstruktivisten und Suprematisten angefangen und sich in
konkreter Kunst und Rasterbildern fortgesetzt hat. Die ver-
größerten Pixel-Strukturen ähneln Mondrian- und Male-
witsch-Bildern auf verblüffende Weise«[26]. Die Computer-

---

[25] M. Bense, Die Unwahrscheinlichkeit des Ästhetischen, S. 122
[26] O. Piene, »Das Schöne und das Tüchtige«, S. 267f

technik ermöglicht eine statistische, numerische Ästhetik, die alle ästhetischen Zustände in einem Zahlennetz darstellt. Dabei zeigt sich, daß die Redundanz die Unerträglichkeit hoher Unwahrscheinlichkeit puffert, nämlich: unwahrnehmbar zu sein. Erst dadurch wird das Unwahrscheinliche zum — wortwörtlich, aber das heißt eben heute: numerisch — ästhetischen Zustand. Alle möglichen Bilder sind derart mathematisch beschreibbar. Dem entspricht umgekehrt — und das hat Spencer Brown in seinen ›Laws of Form‹ sehr schön gezeigt —, daß sich Mathematik um so klarer artikuliert, je visueller ihre Sprache ist.

Das romantische Zauberwort sollte erst erklingen, wenn nicht mehr Zahlen und Figuren, d.h. Graphen, Schlüssel aller Kreaturen wären. Umgekehrt wird heute ein Schuh daraus: Das Numerische emanzipiert sich vom Alphabetischen und stimuliert eine neue, rechnergestützte Einbildungskraft. Schöpferische Gestaltung ist nichts als eine Selektion aus Permutationsmöglichkeiten. Ein Programm gibt statistische Mengenverhältnisse vor, und der Designprozeß verfährt probabilistisch. »Nicht Übung macht den Meister, sondern das Sequenzer-Programm.«[27] Deshalb ist die Welt der neuen Medien keine romantische; sie eröffnet sich in mathematischen Konstruktionen der Vision. Gute Science fiction ist deshalb oft nicht mehr als Medientheorie in Erzählform: »His vision was spherical, as though a single retina lined the inner surface of a globe that contained all things, if all things could be counted. — And here things could be counted, each one. He knew the number of grains of sand in the construct of the beach (a number coded in a mathematical system that existed nowhere outside the mind that was Neuromancer).«[28]

Wie die suprematistische Leinwand hat der elektronische Bildschirm Vorrang vor den gezeigten Bildern. Das gilt auch urbanistisch. »Architektur war einmal aus soliden, opaken Materialien gemacht; aber jetzt entsteht sie aus Neon und

---

[27] B. Ungerer, in: c't April 1992, S. 3
[28] W. Gibson, Neuromancer, S. 304

Elektrizität. Architektur ist keine ›Substanz‹ mehr.«[29] Städte
wie Las Vegas und Tokyo zeigen heute schon, was auf die
Plakatwelt folgen wird: Häuserfassaden sind nur noch Rahmen für überdimensionale Screens; man könnte von einer
Bildschirmarchitektur sprechen. So hat Jean Nouvel vorge-
schlagen, den leeren Raum in der Mitte des wiedervereinten
Berlin als Informationsenvironment aus Neonbändern und
elektronischen Laufschriften zu gestalten. Das sind Funda-
mentaldaten für eine aktuelle Lehre von der Wahrnehmung
— aisthesis. Der Videoclip ist das ästhetische Urphänomen.
Und computergestütztes Graphikdesign ist die Kunst der Gegenwart — man könnte auch sagen: macht sie überflüssig.
Denn auch dies lehrt die Geschichte der neuen Medien: Ästhetik hat sich von der Kunst entkoppelt.

Environmental Design

1907 markiert die Gründung des Deutschen Werkbundes den
Anschluß der Gestaltung an die Industrie — man könnte von
einer Geburtsstunde des Industrial Design sprechen. Kunst
orientiert sich neu in der Welt der Maschinen. Von daher
versteht sich auch ein Wort, das Walter Gropius später seinem Mitstreiter Johannes Itten entgegenhalten wird: »Auf-
tragsnotwendigkeit«. Dem entspricht präzise ein biographi-
scher Sachverhalt. Ernst Rathenau beauftragt Peter Behrens
mit dem Design seines Unternehmens. Und Chefassistent in
dessen Berliner Atelier ist eben Walter Gropius.
   Vor diesem Hintergrund wird deutlich, daß der Begründer
des Bauhauses zwei inkompatible Parolen ausgegeben hat: das
Startprogramm eines Einheitskunstwerks der Handwerker,
April 1919 — und seit 1922 die Neue Einheit von Kunst und
Technik. In der expressionistischen Frühphase des Bauhauses
herrscht noch das Maß des Menschen; dafür steht Johannes Itten ein. Mit dem Erscheinen Moholy-Nagys tritt die Indu-
strienorm an die Stelle des Humanum. Das Lebensgefühl der

---

[29] Arata Isozaki, zit. nach: J. Claus, Elektronisches Gestalten, S. 41

Handwerkergemeinschaft weicht der Präzision von DIN und Designwissenschaft. Und zwecks Austreibung des expressionistischen ›Frühlichts‹ aus dem Bauhaus-Programm initiiert Theo van Doesburg, der im April 1921 nach Weimar umgezogen war, eine Zusammenkunft von Dadaisten und Konstruktivisten.

Weimar vor 70 Jahren — der Konstruktivisten-Dadaisten-Kongreß tagt vor dem Hintergrund einer eigentümlichen Welterfahrung. Nicht die Philosophie in ihrer Nachträglichkeit, sondern das Zeitalter selbst in seiner Fortschrittlichkeit malt grau in grau. Und das gerade weil die Menschen unter Bedingungen neuer technischer Reproduktionsmedien einem Bombardement von Sensationen, einem flächendeckenden ›Nachrichtendienst‹ ausgesetzt sind. Das Zeitalter beschleunigt in die Farblosigkeit hinein — so erfährt Moholy-Nagy »das Grau der Großstädte, der schwarz-weißen Zeitungen, des Foto- und Filmdienstes«. Und er spricht vom »farbenaufhebenden Tempo unseres heutigen Lebens. Durch dauerndes Hasten, schnelle Bewegung schmelzen alle Farben zu Grau.«[30]

Vor diesem Hintergrund muß man die Projekte einer Neuen Typographie sehen. Sie lösen sich von der homogenen Fläche und dem eintönig kontrastlosen Satzspiegel des Buches und begreifen den Druck als System optischer Relationen. Wahrnehmungspsychologie und Psychophysik werden zu Grundwissenschaften der neuen Typographie. Moholy-Nagy zielt auf eine Verwandlung des grauen Texts der Gutenberg-Galaxis, der Typographie nur als spröde Vermittlungstechnik kannte, in das bunte Bild-Text-Kontinuum der neuen Medien, als dessen Urphänomen man das Plakat ansehen kann. Die Neue Typographie des Bauhauses will nicht nur vermitteln, sondern darstellen. Deshalb fordert Moholy-Nagy formal einheitliche Buchstaben und fest definierte »Grundsätze einer Formkristallisation«[31]. Dabei geht er von technischen Standards der Massenkommunikation aus, wie sie durch Telegrammtext, Bildtelegraphie, Fotografie usf. vorgegeben

---

[30] L. Moholy-Nagy, Malerei Fotografie Film, S. 13
[31] Moholy-Nagy, in: Krisztina Passuth, Moholy-Nagy, S. 312

sind. Die zweite Konsequenz jener Umstellung von Vermittlung auf Darstellung liegt darin, den Letterntyp als Moment
der optischen Raumorganisation zu begreifen. »Der Haupt-
faktor des typographischen Fortschritts ist nicht Typenform,
sondern optische Organisation der Fläche.«[32]

Moholy-Nagys Ölbild ›Gelbe Scheibe 1921‹ realisiert dieses
Programm einer typographischen Organisation des optischen
Raums in paradigmatischer Weise. Hier hat wohl Schwitters'
Emanzipation der Buchstaben aus dem konventionellen
Wortzusammenhang und ihre Verwandlung in freie ästhetische Kompositionselemente bahnbrechend gewirkt. Das Bauhaus hat diese Impulse zu einem Programm der »neuen visu-
ellen Literatur« verstetigt. Gemeint ist ein Medium ›synopti-
scher‹ Kommunikation, das Abschied von der linearen Rein-
heit der Gutenberg-Typographie nimmt. An die Stelle der
homogenen Buchstabenfläche soll ein Spiel der typographischen Kontraste treten. Urmodell dafür ist natürlich die Verknüpfung von Text und Fotografie. Moholy-Nagy spricht in
diesem Zusammenhang meist von »Typofoto« oder »Foto-
text«. Gemeint ist damit aber nicht einfach ein beschriftetes,
unterschriebenes Foto, sondern eine typographische Synthese
von exakter Mitteilung und visueller Darstellung, deren Objektivität keine Hermeneutik mehr braucht. Darstellungsziel
ist eine »visuell-assoziativ-begrifflich-synthetische Kontinuität«.[33] So beschreibt man heute aber auch die Performance
von Hypermedien − wir kommen darauf zurück.

Utopien sind um so präziser, je enger sie an den technischen
Stand der Dinge anschließen. Und weil Moholy-Nagy Typographie eben schon im modernen Medienverbund denkt −
also angeschlossen an Film und Funk −, hat auch seine phan-
tastischste Vision nach 70 Jahren beste Chancen, technisch
implementiert zu werden: »die optophonetische Setz-
maschine«: »Jemand diktiert, und der gedruckte Text fließt
aus der Maschine.« DTP mit Spracherkennungsprogramm

---

[32] Moholy-Nagy, in: Sibyl Moholy-Nagy, Laszlo Moholy-Nagy,
ein Totalexperiment, S. 44
[33] Moholy-Nagy, Malerei Fotografie Film, S. 37f

macht es demnächst möglich. Wie gesagt: Moholy-Nagy isoliert die neuen Medien nicht, sondern sieht sie im Verbund. Die entscheidenden Vorgänge spielen sich nämlich zwischen den Medien, bei der Transposition von Daten aus einem Medium in ein anderes ab. Und an den Schnittstellen entstehen nicht nur neue Darstellungsformen, sondern auch neue Speichertechniken, die Buchsammlungen und Bibliotheken überflüssig machen. Das neue Speichermedium ist bei Moholy-Nagy 1923 noch eine »Film- und Plattensammlung«[34]; bei Vannevar Bush 1945 ist es eine Memex genannte relationale Datenbank aus Mikrofilmen; und heute ist es die Hypermedia-Shell des Computers. Der Bedarf an neuen Speichermedien wächst unaufhörlich, denn wir wollen nicht nur Daten aus aller Welt, sondern auch alle Daten − seien sie szientifisch oder alltäglich. Diese »ungeheure Verbreitung des Nachrichtendienstes« durchdringt alle Poren des Lebens. Vor 70 Jahren konnte man noch schreiben: »Was wäre das für eine Überraschung, wenn man z.B. einen Menschen, von seiner Geburt angefangen, täglich bis zu seinem Greisentode filmen könnte!«[35] Heute ist diese Überraschung Video-Alltag.

Halten wir zunächst einmal fest: Moholy-Nagy sieht die neuen Medien und Technologien im Horizont des ›ungeheuren Nachrichtendienstes‹, den man heute ISDN nennt. Damit ist etwas für die aktuelle Medienästhetik Entscheidendes getroffen: Es geht nicht um Kunst, sondern um Environmental Design. Das steht wohl auch hinter Gropius' Begriff des Einheitskunstwerks. Insgesamt signalisiert das Bauhaus-Programm hier zwei entscheidende Wendungen des Denkens: 1.) Ästhetik orientiert sich nicht mehr an Kunst, sondern an Kommunikationsmedien. Konkret zeigt sich das in der multimedialen Gestaltung von Werbung. Grafik-Design entsteht genau in dem Augenblick, da Reklame zum Objekt von Wissenschaft wird. Und 2.) an die Stelle der traditionellen ästhetischen Theorie soll eine Designwissenschaft treten. Was Futurismus, Konstruktivismus und Bauhaus verbindet, ist das

---

34 Moholy-Nagy, in: Passuth, a.a.O., S. 310, 336
35 Moholy-Nagy, Malerei Fotografie Film, S. 34,36

hohe Bewußtsein von maschineller Funktion, industrieller
Konstruktion und neuen Materialien. Diese technische Ästhetik wird im Computerzeitalter wieder aktuell. Als Maschi-
nenästhetik räumt sie mit allen kraftlosen Humanismen auf
und entfaltet die Spielräume der technologischen Antiphysis.
Statt im Namen einer beschädigten Natur Abstinenz von der
Technik zu predigen, übt sie in eine Mensch-Maschine-Syner-
gie unter neuen Medienbedingungen ein.

Natürlich läßt sich das Bauhaus-Programm nicht umstands-
los auf die Computerszene übertragen. Doch wird umgekehrt
erst aus der Erfahrung der Digitalisierbarkeit aller Daten
deutlich, worauf Moholy-Nagys Medienexperimente zielten.
Es geht ihm nämlich vor allem um Medientranspositionen
zwischen Graphismus, Ton und Film. Im Anschluß an die
Bruitisten und Mondrians Überlegungen zur neuen Gestaltung in der Musik befreit er die Töne aus ihrer Disjunktion
zum Geräusch, indem er das Grammophon aus seiner dienen-
den Rolle als Reproduktionsinstrument emanzipiert. Akustische Gestaltung vollzieht sich nun als Einschreibung von
»Ritzschriftreihen« − das ist das universale Instrument, mit
dem alle akustischen Phänomene produziert werden können.

Die Entübelung des Rauschens, die Verwandlung der Komposition in Klangregie; die Entzauberung der Musik zur Ge-
räuschkunst (Luigi Russolo); der im Jazz erstmals flagrant
gewordene Zerfall kausaler musikalischer Großstrukturen in
Rhythmus, Statistik und Zeitreihe − das sind ästhetische
Grunderfahrungen jenseits des schönen Scheins. Hier führt
eine klar erkennbare Linie vom Futurismus über Fluxus zum
Happening, in dem sich dann ›Geräuschkünstler‹ bei ihrem
Eigennamen rufen − etwa: ›Einstürzende Neubauten‹. An
die Stelle musikalischer Komposition tritt die Organisation
von Sound: »Wherever we are, what we hear is mostly noise.
When we ignore it, it disturbs us. When we listen to it, we
find it fascinating.«[36] Die Emergenz des Akustischen aus
willkürlichen Graphismen ist ein reiner Fall von Medientransposition: Grafik wird Musik − ein Kurzschluß zwi-

---

[36] John Cage, Silence, S. 3

schen kompositorischer Imagination und Speichermedium, der jede Interpretation durch Instrumente, Menschen und ähnliche Unsicherheitsfaktoren überflüssig macht. Dieser Synthesizer heißt bei Moholy-Nagy noch — charakteristisch für sein Denken im Medienverbund — »Tonfilmapparat«.[37]

So wie das Ritzschrift-ABC es ermöglichen soll, akustische Phänomene direkt, also unter Umgehung von Interpreten und Instrumenten, einzuschreiben, so soll das Fotogramm optische Phänomene durch einen photographischen Prozeß konkretisieren, in den keine Kamera eingeschaltet ist. Direkte Aufzeichnung und Speicherung, die Eliminierung jeder interpretatorischen Zwischeninstanz, verbünden diese Fotogramme mit Schwitters' Abfallbildern. Die Medientransposition, die schon das Wort Grammo-Phon fixiert, arbeitet Moholy-Nagy nun analog am Foto-Gramm heraus: ein Graphismus speichert das Spiel des Lichts. Im Zentrum des photographischen Verfahrens steht deshalb nicht die Kamera, sondern die lichtempfindliche Schicht — Photographie heißt dann wirklich Lichtschrift. »Es scheint so, daß das Fotogramm die Brücke zu einer neuen optischen Gestaltung ist, die nicht mehr mit Leinwand, nicht mehr mit Pinsel, nicht mehr mit Farbstoff, sondern mit filmreflektorischen Spielen, mit ›Beleuchtungsfresken‹ durchgeführt werden wird. [...] Das Licht wird fast in seiner direkten Strahlung fluktuierend, oszillierend erfaßt.«[38] Das Fotogramm ist demnach eine Art graphischer Notenschrift zur präzisen Definition und Generierung von Bildern — nichts anderes aber leisten heute die Flußdiagramme eines Computerprogramms.

Immer wieder betont Moholy-Nagy die stofflosen, ›sublimierten‹ Effekte der Lichtgestaltung. Diesen Drang zur Emanzipation des Ästhetischen vom Materialgrund, das Bestreben des Künstlers, den »störenden und zerstreuenden physikalischen Trägerprozeß hinter sich« zu lassen, kann man als Perfektion des ästhetischen Prozesses selbst begreifen: Kunst befreit sich zur »Selbstdarstellung der ästhetischen Me-

---

[37] Moholy-Nagy, in: Passuth, S. 335
[38] Laszlo Moholy-Nagy, S. 60

dien«[39]. Hier zeichnet sich eine Ästhetik des Immateriellen ab, die sich konsequent vom Pigment ablöst und erst in den Pixelkonfigurationen der Computerbildschirme zu sich kommen wird. Die Sublimierung des Pigments zum Medium reiner Lichtgestaltung hat schon bei Moholy-Nagy nichts mehr mit Mimesis und Schöpfertum, sehr viel aber mit Farbenchemie, Polarisation und Interferenz zu tun — solcher »Lichtfaktur« kann die malende Hand nur noch störend dazwischenkommen. So lautet die Parole: Licht statt Farbe! Das Pigment ist eine veraltete Speicherungstechnik — Moholy-Nagy nennt es sehr schön »Lichtablagerungsstätte« — und nur ein technischer Umweg zur kinetischen, transparenten, simultanen Lichtgestaltung, die von der Laterna magica bis zum Kinematographen »direkte wege des lichtbannens« gesucht hat: »projektorisch-reflektorische spiele mit farbig flutendem licht«[40].

Von der Farbe zum Licht; vom Pigment zum Pixel; von der Leinwand zum Projektionsschirm — das ist nicht nur ein technisches Schicksal, das über die Malerei hereinbricht, sondern die immanente Dynamik des Gestaltens selbst. Dafür steht die Ikone der neuen Medienästhetik, Malewitschs weißes Quadrat auf weißer Fläche, ein: die Auflösung der Fläche in den Raum durch die Verwandlung des Bildes in einen Projektionsschirm reiner Lichtgestaltung. Die Leinwand des Malers wird konkret zur Filmleinwand. Malewitschs letztes Bild ist, so Moholy-Nagys präzise Deutung, »der ideale schirm [...] für die licht- und schatten-effekte, die — aus der umgebung stammend — darauf geworfen werden können.«[41] Und was Malewitsch noch gemalt hat, wird jetzt technisch implementiert: Projektion statt Mimesis. Projektion meint hier vor allem auch: räumlich-zeitliche Darstellung, die den Betrachter in die ästhetische Produktion einbezieht.

Die kinetische optische Gestaltung, die zunächst an alte Experimente der Medientransposition wie das Farbenklavier an-

---

[39] M. Bense, Aesthetica, S. 217
[40] Laszlo Moholy-Nagy, S. 46
[41] Moholy-Nagy, »Von material zu architektur«, S. 1/189

schließt, orientiert sich bei Moholy-Nagy an den Effekten der
Lichtreklame, weist aber schon auf die eigentümlich immaterielle Räumlichkeit von Holographien voraus. Denn die an-
gestrebten »gegenstandslosen Bildvariationen« einer mobil-
gemachten Graphik lösen sich nicht nur von der Leinwand
der manuellen Malerei, sondern zuletzt auch von den Projek-
tionsschirmen ab. »Eine prismatisch lenkbare und oszillie-
rende, zerfließende, sich ballende Flächenbewegung« soll
schließlich in eine »kinetische projektorische Gestaltung [...]
ohne direkte Projektionsfläche«[42] münden — tatsächlich Holographie avant la lettre. Diese Grunderfahrung Moholy-
Nagys wird sich dann unter Bedingungen der Videotechnik
verstärken. Video erzählt nicht; ja es geht nicht einmal um
die Darstellung von Bildern, sondern um reine Lichtgestaltung. Daß Brian Eno dies zum ästhetischen Programm erhoben hat, überrascht nicht — er ist Rock-Musiker (Roxy Mu-
sic), also Experte in der Selbstdarstellung technischer Medien;
ihr natürlicher Schauplatz ist der MTV-Videoclip.

Die Faszination direkter Lichtgestaltung verdankt sich ursprünglich neuen industriell gefertigten künstlichen Materialien, die dem Spiel von Reflexion und Projektion ungeheure
Spielräume eröffnet haben. An die Stelle der Leinwand treten
durchsichtige oder -scheinende Platten, die eine ganz neue Exaktheit der Komposition ermöglichen. Das ist der technische
Hintergrund jener Ästhetik des Immateriellen. »Es scheint, daß
die Farbe in einem Raum vor der Fläche, worauf sie tatsächlich aufgetragen ist, fast ohne Materialwirkung schwebt.«[43]

Auch hier läßt sich wieder etwas Prinzipielles über das Bauhaus-Programm lernen: Statt dem modernen Fetisch einer
autonomen Kunst zu dienen, setzt die Ästhetik der neuen Medien auf Serialisierung und Industrieanbindung. Paradigma-
tisch dafür stehen Moholy-Nagys ›Telefonbilder‹. Auch dieses Kompositum benennt eine Medientransposition: die exak-

---

[42] Moholy-Nagy, Malerei Fotografie Film, S. 24, 18f. Vgl. zu
Technik und Medieneffekt der Holographie: V. Orazem, »Holographie und Gesellschaft«, S. 302f
[43] Moholy-Nagy, Malerei Fotografie Film, S. 23

te Ausführung mathematisch harmonischer Formen nach telefonischer Instruktion. Per Telefon nämlich übermittelt Moholy-Nagy die ausgewählten Farbmuster und auf Millimeterpapier fixierten Bilddaten, die dann am anderen Ende der Leitung, einer Schilderfabrik, wieder auf das gleiche Millimeterpapier übertragen und in Porzellanemaille ausgeführt werden. Diese Telefonbilder sind also Prototypen programmierter Kunst — sie entstehen, ähnlich wie Duchamps Ready mades, fern der Hand des Künstlers und ihres auratischen ›touchs‹.

1923 erscheint das Werbeblatt ›Die erste Bauhausausstellung in Weimar‹ mit einem Manifest von Oskar Schlemmer, das alle Schlüsselbegriffe der technischen Ästhetik und Designwissenschaft versammelt: Mathematik und Konstruktion, Elektrizität und Geschwindigkeit, Entmaterialisierung und Abstraktion. Für Schlemmer ist »die Kunst ein Logarithmus«. Er exponiert sie in einem leeren Raum, an dessen Schwelle wir von bekannten Gestalten Abschied nehmen müssen: vom toten Gott und vom narzißtisch zu Tode gekränkten Menschen. Eben diese Schwelle markiert das weiße Quadrat auf weißem Grund. Post Malewitsch kann es dann nur noch heißen: »Religion ist der präzise Denkprozeß und Gott ist tot. Der Mensch, der Selbstbewußte und Vollkommene, von jeder Puppe an Exaktheit übertroffen, harrt auf die Resultate der Retorten, bis sich die Formel auch für ›Geist‹ gefunden ...«[44]

Errechnete Bilder

Wenn es eine historische Anthropologie gäbe, wäre von ihr am ehesten eine brauchbare technologische Erklärung des ästhetischen Prozesses zu erwarten, den Harold Rosenberg *dedefinition of art* genannt hat. Denn das Wesen der bildenden Kunst, ihr Ursprung und ihr Ende, ist nichts Ästhetisches. Daß gerade auch die restlos aufgeklärte Welt immer wieder

---

[44] Oskar Schlemmer, »Das Staatliche Bauhaus in Weimar«, S. 1/175

neue Idole und Weltbilder aufrichtet, hat seinen Grund darin, daß jenes nicht festgestellte, zur unaufhörlichen Metaphernbildung getriebene Tier, das sich Mensch nennt, Schutz, Sicherheit und Berechenbarkeit braucht, um überleben zu können: Die Lava der Bilderströme muß zu Schemata der Existenz erstarren. Dabei bilden sich nicht nur die Üblichkeiten der gesellschaftlichen Konvention, sondern auch jene Sedimentierungen, die man Ich oder Innerlichkeit nennt. Die sogenannte Seele archiviert die zahllosen Abbildungen von Gehirnvorgängen und Nervenreizen. Ganz konsequent hat deshalb Arnulf Rainer versucht, seine ästhetische Praxis den neuralen Erregungsskalen des Gehirns anzumessen. Die Gehirnstruktur ist ja von uralten mnemischen Bildern besetzt, die als Kategorien der Phantasietätigkeit fungieren.

Menschen sind bildbedürftig, ja bildersüchtig, weil sie Welt überhaupt nicht anders haben können als in Projektionen. Das produktive Moment des Denkens ist ein Bilderleben aus Antizipationen, Entwürfen und Erinnerungen – ein Spiel mit Ähnlichkeiten und Kontrasten. Denken kann demnach als ein Prozeß der Selektion aus den Bilderreihen im Gehirn begriffen werden. Nicht nur wird das Antriebsleben des Menschen mit Bildern besetzt – mit seinesgleichen bildet er ja auch einen kollektiven Leib, der Bilder besetzt. Die Distanz der Anschauung ist hier eingezogen: Man sieht die Bilder nicht mehr vor sich, sondern tritt in sie ein. Schon Nietzsche hat den wahren ästhetischen Menschen durch das Vermögen charakterisiert, mit seinen Bildern völlig zu verschmelzen. Aus Subjekten werden Medien, die sich nicht mehr als Weltschöpfer verkennen, sondern sich selbst als Bilder und künstlerische Projektionen des Gesamtkunstwerks Welt wissen. Das Götterbündnis Apollo / Dionysos steht für den Synergismus von Traum und Rausch, den Medienverbund von Bildern und Tönen ein. Das rein Apollinische ist ja ganz in der Bildanschauung versunken; das rein Dionysische ist völlig bilderlos. Wenn sie sich aber berühren, sprühen »Bilderfunken«[45]

---

[45] Nietzsche, S. W. Bd. 1, S. 47

Sehen ist die Berechnung von Gestalten in biologischer
Hardware. Man kann deshalb nicht in sich sehen, wie Sehen
funktioniert — Bildverstehen ist eine Black box. Das hat zur
Folge, daß man die Bildsemantik nicht technisch implementieren kann. Rechner können Bilder nicht verstehen — aber
generieren. Wir können deshalb nur sagen: Menschen sehen
25 Bilder pro Sekunde als Bewegung in Echtzeit und hören
nichts jenseits von 20 000 Hertz. Deshalb sind Bilder und
Töne quantisierbar. Und ein neues digitales Alphabet gilt
heute für Bilder, Worte und Klänge gleichermaßen. Die Pixelkonfigurationen der errechneten Bilder kennen, außer den
technischen Standards, prinzipiell keine Grenze der Gestalt-
werdung und Bildmanipulation. Wir kommen — Stichwort
picture processing — noch einmal darauf zurück.

Die ersten Bildschirme entwickelten sich aus den Radarschir-
men, die den Luftweltkrieg überwachten. Der während des
WK II in Norwegen stationierte Karl Otto Götz war mit den
Störbildern befaßt, die bei der Radarüberwachung auftraten.
Dabei entdeckte er, wie man mit der Filmaufnahmetechnik
Formmetamorphosen und Strukturverläufe darstellen kann.
Seine Experimente mit Braunschen Röhren waren ein erster
Vorstoß auf das Gebiet des Indeterminismus elektronischer
Bilder. Den nächsten ästhetischen Schritt machte dann sein
Schüler Nam June Paik, der an manipulierten Fernsehgeräten
eine Ästhetik der Störbilder entwickelte. Die Orientierung
am Störbild visiert den Gegenpol von High Fidelity. Paik hat
eine Ästhetik der geringen Bildtreue verfochten, um den Fetischismus der Elektronikindustrie zu brechen: die Reproduktion des Originalsignals. Diese Befreiung des elektronischen
Bildes von der Wiedergabetreue ist die Basis der heutigen Vi-
deo-Clip-Techniken. Und bald können Menschen computer-
gesteuerte Minibildschirme, superleichte Flüssigkristall-Moni-
tore wie Kontaktlinsen tragen. Dann wird Götz' kinetische
Elektronenmalerei als *virtual reality* zu sich kommen.

Kunst wird heute nicht mehr in einem kritischen, antithetischen Verhältnis zur Gesellschaft begriffen. Und gerade deshalb kann man sagen: Ästhetik ist zur Leitwissenschaft der
postmodernen Welt aufgestiegen. Kunst funktioniert nicht

mehr als utopische Instanz, sondern als Stimulans des Lebens, Alarmsystem der Gesellschaft und Sonde der Wirklichkeitserforschung. Achille Bonito Oliva spricht gar von einer Biologie der Kunst, begreift sie als symbolischen Ort der genetischen Selektion und »Praktik der Krise«. Damit wiederholt er Nietzsches Forderung nach einer naturwissenschaftlichen Ästhetik unter neuen Medienbedingungen. An die Stelle der autonomen Kunst der Moderne treten programmierte Sensualisierungen der Umwelt, die Elektronik als Physiologie der Medienwirklichkeit erfahrbar machen.

Ganz profan betrachtet setzt sich in der technischen Bilderflut die Optik von Massenmedien und Reklame durch. Dieses neue Medium zur einzigen ästhetischen Botschaft erhoben zu haben, war das Genie von Pop Art. Man hat zurecht bemerkt, daß damit — nach dem Heroismus des *degré zero* — der *degré xerox* erreicht sei. Dabei muß allerdings mitbedacht werden, daß diese radikale Gegenstandsgleichgültigkeit der Pop Art eine Entgegenständlichung durch Abstraktion voraussetzt. So weit sich Malerei dem technischen Stand der Dinge stellt, reflektiert sie auf ihre irreduzible Materialität — sie setzt *Pigmente gegen Pixel*. Doch auch diese neue Autonomie der Farbtuben steht im Zeichen der technischen Reproduzierbarkeit: das *International Klein Blue* ist standardisiert. M.a.W.: Auch um Materialität polemisch als solche vorzuzeigen, bedarf es technischer Vorkehrungen, der Reflexion auf Medium und Kontext.

Das Vermögen der Mimesis erlischt in den Rechnungen hochauflösender digitaler Rastergraphiken, deren einziges Element der Punkt ist. An dieser logischen Grenze von Unterscheidbarkeit überhaupt, dem Pixel, bilden sich heute die errechneten Bilder.

Sie präsentieren virtuelle Realitäten. Man kann hier nicht mehr von Abbildung sprechen, weil jedes Pixel auf dem Bildschirm einzeln berechnet und manipulierbar wird. Als die Fernsehbilder vom Mond kamen, mußten die Daten erst verarbeitet werden, um Sichtbarkeit zu erreichen. *Picture processing* meint also einmal diese digitale Emendierung fototechnisch schwacher Funkbilder. Zum andern aber ist es eine

Technik der spurlosen Fälschung: Funkbilder und Fotos werden mit einem Scanner abgetastet und in digitaler Form, d.h. als diskrete Zahlenreihe, im Computer gespeichert. Nun kann man retuschieren, ohne daß Spuren bleiben, denn die Pixel des Monitors sind kleiner als die Film-Körnung. Man kann es auch so sagen: Daß jedes Bild als Matrix von Codes manipuliert werden kann, hat den Effekt, daß es keine ›Effekte‹ mehr gibt. Am Endpunkt dieser Entwicklung wird die Kamera durch die direkte Video-Synthese numerischer Bilder ersetzt werden.

Die hybriden Wirklichkeiten auf den Bildschirmen der Rechner ahmen nicht mehr nach: Realität ist nicht hinter den Bildern, sondern in ihnen. Deshalb wächst inmitten der Flut synthetischer, numerischer Bilder eine neue Bilderlosigkeit. Darauf reagiert die bildende Kunst mit zwei extremen Gesten: a) der Künstler identifiziert sich mit dem *picture processing* und versteht sich als Kameramann — Warhol hat das in seiner Factory der unendlichen Reproduzierbarkeit vorgeführt; b) der Künstler verweigert sich der Medienwirklichkeit, fundiert seine ästhetische Praxis wieder im Ritual und beschwört als Magier die heilende Kraft des Chaos — so, unüberbietbar, Beuys. Dieses antithetische Schema mag an den Argumentationsrahmen erinnern, in dem Sedlmayr die Geschichte der ästhetischen Avantgarde exponiert hat; für ihn waren die polaren Gesten des modernen ›Nihilismus‹ ja das Schwarze Quadrat Malewitschs und Duchamps Ready made als Kunstwerk ohne Künstler. Dieser polare Stellenrahmen müßte in einer Ästhetik der Postmoderne neu besetzt werden — eben durch Warhol (Medien) und Beuys (Magie).

The whole art in the meaning of Mr. R. Wagner — also das Unternehmen Gesamtkunstwerk — hat Nam June Paik als die Anweisung verstanden, Interfaces zwischen verschiedenen Medien zu schalten. Derart wäre es möglich, die Grenzen eines Mediums innerhalb des Mediums selbst zu überschreiten. In diesem Sinne versucht das Kino heute, Aug' in Aug' mit der Videotechnik Bilder jenseits des Kinos zu zeigen. Die jüngsten Werke von Peter Greenaway und Wim Wenders dokumentieren eine spektakulär veränderte Materialität des Films: die Hybridisierung von Kino und TV.

Wenders hat seine Filme ja schon immer als Dokumentation ihrer eigenen Bedingungen verstanden. Doch das waren zumeist phänomenologische Filme, geduldige Bilderarbeiten, die sich weigerten, Geschichten zu erzählen. Diese Angst vor der Lüge des Erzählens war im Kern eine Angst vor Schnitt, Montage und Schauplatzwechsel. Doch Wenders war auch immer schon intelligent genug, seine Unfähigkeit zum spezifisch Filmischen, seine Angst vor der Selektion, in eine Ästhetik des Verschwindens umzudeuten. Als ob die historische Schwellenerfahrung Cézannes noch für die Postmoderne maßgebend wäre, wollte Wenders uns etwas zu sehen geben, bevor die Dinge verschwinden. Als Stratege des Ancien régime im Bilderkampf gebrauchte er die Kamera als Waffe gegen das Verschwinden. Sein Film *Bis ans Ende der Welt* erzählt die Geschichte von guten und bösen Bildern. Man sollte sich von Australien, Atombomben und blonden Locken nicht irreführen lassen – Aug' in Aug' mit der elektronischen Inflation inszeniert Wenders eine Apokalypse der Bilder. Die Explosion der Welt ist nur noch eine Metapher für die Implosion im Kopf. Einem Medienromantiker wie Wenders, der den Film noch als Sprache der physischen Realität mißversteht, muß das postmoderne Prinzip der Simulation das Ende der Welt bedeuten. So ist auch die Reise um die Welt nur Schein.

In einer Anfangssequenz des Films durchschlägt eine Bierflasche die Windschutzscheibe eines Autos – der Bildschirm zerbricht. Zeigt sich hier ein Ausweg aus dem Gefängnis der Bilder? Die Antwort gibt nicht Wenders, sondern eine Werbung von Sony: Die Bierflasche auf dem hochauflösenden Bildschirm läßt sich »wirklich« greifen. High-Definition-Video macht's möglich: *nothing is real*. Wenders aber spielt nicht mit den Simulationstechniken, sondern er erzählt mit den analogen Bildern des Films von der digitalen Fabrikation von Bildern: Wahrnehmungsforschung als Science fiction. Blinde werden sehend, und Träume materialisieren sich auf Monitoren. Der Skandal, von dem uns Wenders berichten will, ist der technische Einbruch in den Weltinnenraum des Gehirns. Entscheidend ist dabei ein medientechnischer *bypass*:

die Umgehung des menschlichen Auges. Das Gehirn wird direkt mit dem Kamera-Auge verschaltet. Da bleibt dem Menschen nur noch der Augenschmerz.

Das Leiden der Augen unter neuen Medienbedingungen – diese Botschaft verpackt Wenders in die Geschichte eines Reisenden, Fliehenden, der Bilder sammelt für die blinde Mutter. Operation gelungen, Patient tot. Auf die Hybris, die Blinde sehend zu machen, folgt die Strafe: Die Bilder, die sie sehend machen, töten die Mutter. Und was geschieht technisch? Entscheidend ist nicht die digitale Aufzeichnung des Realen in Video-Bildern, sondern die gleichzeitige Abtastung der Gehirnströme, die dann den Kurzschluß zwischen Gehirn und Kamera ermöglicht: *brainscanning*. Wenn man aber Bilder der Außenwelt unter Umgehung der Augen direkt ins Gehirn einspeisen kann, muß es auch umgekehrt möglich sein, die endogenen Bilder des Traums durch Brainscanning auf Monitoren zu materialisieren. Das ist für Wenders das Ende der Welt. Freud hat das Unbewußte ja den »anderen Schauplatz« genannt. Bilder der physischen Realität verblassen neben den technisch reproduzierten Bildern von diesem »anderen Schauplatz«, den High-Definition-Videos des Traums. Das ist das Menetekel, in dem der Film von Wenders sich zuspitzt.

Man kann die Bilder der Träume technisch reproduziert auf Video-Monitoren sehen – eine medientechnische Rückkopplung des Unbewußten. Unter Umgehung der Organe wird Information unmittelbar auf den Nervenbahnen abgetastet und in sie eingespeist. So tritt das ZNS in direkte Wechselbeziehung zur virtuellen Realität. Schon in den 60er Jahren hatte S. Lem dies als »Phantomatik« erträumt: »eine Kunst mit Rückkopplung«.[46] Das »Ich« wird hier zur Droge. So wie LSD immer schon Kopfkino war, erweist sich heute umgekehrt Video als Halluzination im Zeitalter ihrer technischen Reproduzierbarkeit. Wenders inszeniert diesen »anderen Schauplatz« in einer High-Tech-Version der Platonischen Höhle. Daß er gegen den bösen Zauber der digitalen Bilder

---

[46] S. Lem, Summa Technologiae, S. 327

dann die heilende Kraft der Aborigines beschwört, ist eine Peinlichkeit, die wir auf sich beruhen lassen wollen. Viel wichtiger ist nämlich die Gestalt des Menetekels selbst: das *Gehirn als Cyberspace*. Das Unbewußte tritt ins Zeitalter seiner technischen Reproduzierbarkeit ein.

Vilém Flusser hat einmal zurecht bemerkt, man versperre sich den Weg zu jenen Bildern auf den Monitoren, wenn man sie als computergestützte Kunst begreife. Es handle sich vielmehr um »exakt gewordene Träume«[47], d.h. unmittelbare Bildprojektionen des Gehirns. An diesem neuen Kreativitätspotential scheiden sich die Geister: Befreiung oder Gefängnis. Ein negativer Dialektiker würde vielleicht sagen: Gerade die Befreiung der Zahlen von den Buchstaben bannt uns ins Gefängnis des digitalen Scheins. »Das Bild emanzipiert sich vom Abbild, indem es zum Datum wird.«[48] Dieser State of the Art eröffnet nun zwei unterschiedliche Anschlußmöglichkeiten. Wim Wenders zeigt traurige Helden, die sich in einem Narzißmus der endogenen Bilder verlieren − verhext von den eigenen Träumen, denen sie nun ohne Zensur, Vergessen und Erwachen ausgesetzt sind. Formelhaft gesagt: Wenders verpackt seine Botschaft von der Krankheit der Bilder in einer Geschichte von Bildern als Krankheit. Das *happy end* verdankt sich alten Medien, sei es der Magie der Aborigines, sei es der Schrift des Erzählers. Heilschlaf und heilende Lektüre erlösen die Bildersüchtigen.

Ganz anders Greenaway. Statt aus der Bilderflut in die Schrift zurückzukehren, inszeniert er Bilder als Schrift und entfesselt die Bildkraft der Schrift − Michel Foucaults *fantastique de bibliothèque* wird technisch implementiert. Prospero's Books sind ein Archiv des Weltwissens, ein barockes Modell des *docuverse*, das uns Ted Nelson als planetarischen Effekt von Hypermedia verspricht. Greenaway's Shakespeare's Prospero ist Herrscher über ein Bilderarchiv. In ihm lagert das gehäufte Wissen des Barock, das exakt unserem postmodernen Zustand des *information overload* entspricht.

---

[47] V. Flusser, Die Schrift, S. 29
[48] F. Nake, »Die Nullösung des Bildes«, S. 39

Während Wenders noch romantisch von einem Kampf zwischen Medien fabuliert und das Buch als heilende Kraft gegen die digitale Bilderflut beschwört, sind Prospero's Books schon Hypermedia. Anstelle des Medienkampfs tritt ein *browsing between media*.

Es geht Greenaway um eine technische Implementierung der Einbildungskraft. Doch welchen Sinn hat dabei die Orientierung am späten Shakespeare? Greenaways Film wird von einer großen Analogie getragen: Der exzessive Illusionismus der barocken Bilderwelt entspricht exakt der postmodernen Medienwirklichkeit. Beide sind manieristisch, d.h. sie stellen das Artifizielle zur Schau. Beide operieren mit dem ästhetischen Rahmen-Prinzip. So ist die Bilderorganisation von *Prospero's Books* konsequent durch die ständig wechselnden Rahmen bestimmt. Während Wenders wider Willen zeigt, wie schnell *science fiction* altert, behauptet Greenaway überzeugend die Aktualität des Barock. Deshalb könnte sich eine detaillierte Interpretation von *Prospero's Books* an den Kategorien orientieren, die Walter Benjamin, der Entdecker des aktuellen Barock, in seinem »Ursprung des deutschen Trauerspiels« bereitgestellt hat. Hier nur ein Beispiel: Man hat Greenaway immer wieder vorgeworfen, er könne nicht mit Schauspielern umgehen. Dieses Vorurteil verdeckt einen entscheidenden Sachverhalt, denn Greenaway behandelt Schauspieler nicht als Menschen, sondern als Requisiten. Eben das aber ist barock — und postmodern.

Prospero ist der erste Medienvirtuose der Gutenberg-Galaxis. Und indem Greenaway seine Geschichte unter High-Tech-Bedingungen wiederholt, erweist er sich selbst als erster Medienvirtuose des elektronischen Zeitalters. Prosperos Feder verwandelt sich in den lichtempfindlichen Stift der Paintbox und zaubert mit total kalkulierten Bildern. Antizipiert hat das E. T. A. Hoffmanns Zauberer, der nicht umsonst Prosper Alpanus heißt: Er öffnet ein Buch mit »illuminierten Kupfertafeln«, die wunderliche Männlein darstellen. »Aber sowie Prosper eins dieser Männlein auf dem Blatt berührte, wurd' es lebendig, sprang heraus und gaukelte und hüpfte [...] bis es Prosper bei dem Kopfe ergriff und wieder ins Buch legte, wo es sich alsbald ausglättete und ausplättete zum bunten Bilde.«[49] Nichts anderes aber geschieht in Greenaways Film. Novalis hat einmal den Buchstaben als wahren Zauberstab bezeichnet — das war romantisch, eben *un fantastique de bibliothèque*. Im Barock der Postmoderne wird der Zauberstab medientechnisch wirklich: als Paintbox. Sie erlaubt es, auf dem Feld der numerischen Bilder das traditionelle Instrumentarium des Malers wiederzubeleben: Computermalerei.

Maler unter neuen Medienbedingungen sind sie ja beide, Wenders wie Greenaway. Doch Wenders bleibt der magische Kino-Maler, der als passiver Zuschauer des Chaos und des Raums auf die guten, auratischen Bilder der Realität wartet. Auch Greenaway ist Kino-Maler, aber nicht mehr als Magier, sondern als Manipulator — ein Prospero mit elektronischen Mitteln. Bewußt spielt er mit den Techniken der Simulation. Für Wenders dagegen bleibt Simulation das Menetekel, dem er mit der magisch beschwörenden Gebärde des Romantikers entgegentritt. Greenaways artistische Gebärde ist die des Zauberers, der seine Tricks zeigt: keine Angst vor den Techniken der Simulation und des Simulakrums. Auf Prosperos Insel verliert Bacons *house of deceits* seinen Schrecken. Das heißt aber auch: keine Angst vor der Materialisierung unserer Träume auf den Bildschirmen. Dem exakten Kinotraum folgend rüsten wir uns zur Reise in den Cyberspace des Gehirns. Denn wir sind von solchem Stoff, wie unsre Träume sind.

Zwei alte Männer in der neuen Medienwelt

Angesichts der totalen Medienwirklichkeit hat George Steiners provozierend anachronistischer Essay *Real Presences* zur Umkehr gerufen. Sein polemisches Schema hat den Vorzug der Deutlichkeit: Das Haus des gesellschaftlichen Seins ist für Steiner von heiligen Texten erbaut. Zeuge dieser Wahrheit ist das lesende Kind, dessen Wahrheit wiederum nur *eine* Bedrohung kennt: ein Sein ohne Text. Und das heißt: Die Mensch-

---

[49] E. T. A. Hoffmann, Werke Bd. II, S. 166

werdung des Menschen vollzieht sich als Alphabetisierung. So erweist sich jedermann als ein von Dichtern gesprochenes Sein. Und weil in den Intervallen der Buchstaben, die man den Menschen einschreibt, Bilder aufsteigen, kann Steiner von einer kulturstiftenden »Präfiguration durch das Imaginäre« sprechen[50].

Derart eingelassen in die heiligen Texte der Zivilisation muß der einzelne Rede und Antwort stehen. Man darf sich nämlich von Steiners Rekurs auf Kants interesseloses Wohlgefallen nicht irreführen lassen — es geht ihm um eine Ethik der Ästhetik, gerade auch dann, wenn er von einer Autonomie des Poetischen spricht. Steiner redefiniert nämlich das Verstehen als Ver-Antworten, weil er schon das vom-Kunstwerk-angesprochen-Werden als einen Anspruch begreift, dem man gerecht werden müsse (also ethisch). Das ist natürlich polemisch gegen die Textstrategien von Poststrukturalismus und Dekonstruktivismus gerichtet — Steiner will sie eben als »verantwortungslose« Spielereien disqualifizieren. Verantwortlich für den Verlust ästhetischer Verantwortlichkeit sei die Dekonstruktion von Autorschaft und poetischem Subjekt.

Der Akt der Interpretation von Kunst scheint unproblematisch, so lange er sich auf die Aufführung des Werkes beschränkt. Die Probleme beginnen auf der Ebene des Diskurses über Kunst. Denn auch ein hermeneutischer Diskurs ist ein Diskurs, der selbstreferentiell geschlossen ist und nicht ins Werk selbst transzendieren kann. Die Autopoiesis der Hermeneutik vollzieht sich ohne Kommunikation mit den Kunstwerken. Nun gibt es aber eine Deutung von Kunst, die den Fallstricken des Diskursiven entgeht — wenn nämlich Kunstwerke auf Kunstwerke antworten. Valéry schreibt seinen Faust, der Ulysses vergegenwärtigt die Odyssee, Duchamp antwortet Leonardo, die Philharmoniker interpretieren eine Partitur — das sind die legitimen Formen der Deutung des Primären. So motiviert sich Steiners Grundunterscheidung von Primärem und Sekundärem. Sie unter-

---

[50] G. Steiner, Von realer Gegenwart, S. 256f

stellt die Möglichkeit eines unmittelbaren, vom parasitären Geschwätz der Hermeneutiker und Dekonstruktivisten ungetrübten Zugangs zum Ästhetischen. Ähnlich wie Heideggers Rede vom »Stoß« des Werkes und Benjamins Theorie des »Chocks« meint Steiners Primäres Kunst als zustoßende Unmittelbarkeit. Der unmittelbare Stoß ins Unmittelbare versetzt den Steinerschen Kunstfreund nun in den Ideenhimmel des deutschen Idealismus. Denn es sind Gott, Freiheit und Unsterblichkeit, die das Kunstwerk säkularisiert — nicht weniger. Wir kommen darauf zurück.

Daß wir dem Sekundären verfallen sind, muß geschichtsphilosophische Gründe haben. Steiner bringt sie auf den Begriff der Moderne. The meaning of meaning wird problematisch, sobald Sprache als autopoietisches System begriffen wird, das keine Referenz mehr in einer Außenwelt hat. Sprache ist Code, nicht göttlicher Name. Für diesen Abbau der Phantome Ich und Sinn stehen modern die Gedichte von Mallarmé und Rimbaud ein. Definiens der Moderne ist demnach der »Bruch des Kontraktes zwischen Wort und Welt«, der Bruch mit der Ordnung des Logos. In dieser Perspektive muß dann die Derridasche Dekonstruktion des Logozentrismus als Vollendung des Unheilsprojekts der Moderne erscheinen.

Daß Steiner in souveräner Unzeitgemäßheit Partei für den Logos ergreift, führt nun aber gerade nicht zu einer Logifizierung des Ästhetischen. Im Gegenteil erweist sich Logos wieder einmal als Kampfbegriff gegen Theorie. Steiner geht wie selbstverständlich davon aus, daß alle Versuche einer theoretischen Formalisierung von Kunst gescheitert seien. Mit dieser Subreption gelangt er rasch zu einem Kunstbegriff semantischer Inkommensurabilität. Das könnte man als Tabu eines Geisteswissenschaftlers dahingestellt sein lassen, wenn Steiner seine Theoriefeindschaft nicht durch eine absurde Konstruktion stützen würde: Bekanntlich harren die Juden ungeduldig auf das Kommen des Messias. Der ständige Aufschub des Heils verlockt zur Extremierung und Systematisierung dieser Ungeduld. Und als Säkularisat der »systematisierten Ungeduld« tritt uns heute der Theorieanspruch in den Geisteswissenschaften entgegen. Wie die Juden das Kommen des Messias, so können die Dekonstruktivisten und Hermeneutiker die Parusie des Sinns nicht erwarten.

Natürlich ist George Steiner nicht so naiv, um die Naivität des Unmittelbaren als jederzeit zuhandenen Schlüssel zum Reich der Kunst zu empfehlen. Sinnvoll erscheint seine Kritik der sekundären Interpretation immer dann, wenn sie zum Gegenentwurf einer pragmatischen, anonymen — kurz: *philologischen Analyse* ausholt. Hier steht er in bester Nietzscher Tradition. Allerdings wird aus Grimms philologischer Andacht zum Unbedeutenden bei Steiner dann rasch wieder eine Heiligung des Besonderen. Auch sein Begriff der pragmatischen Analyse hat im Kern wieder rein polemische Funktion — gegen die interpretative Erstellung von Metatexten. Dabei trifft Steiners böser Blick einen entscheidenden Sachverhalt. »Die byzantinische Vorherrschaft des sekundären und parasitären Diskurses gegenüber der Unmittelbarkeit, des Kritischen gegenüber dem Schöpferischen«[51] bringt er zurecht auf den Begriff des Alexandrinismus. Leider weiß Steiner nichts von der dialektischen Sprengkraft, die in diesem hermeneutischen Konzept liegt. So hätte er bei Adorno nachlesen können, daß eben solche Zeiten zum Alexandrinismus neigen, in denen Scham sich gegen die unmittelbare Bekundung metaphysischer Intentionen sträubt: Exegese als Inkognito der Metaphysik. Wenn Steiner also konstatiert: »Wir suchen die Immunitäten des Indirekten«, so ist dem zuzustimmen — doch eben dieses Faktum wäre zu explizieren, statt es als Symptom modernen Bedeutungszerfalls abzuhaken. Der Essayismus, in dessen Medium sich die zeitgenössische Dialektik von Lukács über Benjamin bis zum späten Adorno entfaltet hat, war eine bewußte Form des Alexandrinismus.

Seine Spuren führen ins »Weimar der zwanziger Jahre« zurück — auch darin ist Steiner zuzustimmen. Allerdings stammen die Gründungstexte dieses Essayismus aus den ersten Jahren des Jahrhunderts. Georg Lukács hat die Autonomie seiner Essays in einer Formel resümiert, die zum Äußersten zuspitzt, was Steiner am sekundären Diskurs inkrimi-

---

[51] A.a.O., S. 59, 119, 127

niert: Der Essayist schreibt bei Gelegenheit von... Das Kunstwerk ist für den souveränen Kritiker tatsächlich nur *pretext* seines Kommentars. Denn seit Schlegel dem Goetheschen Meister frech einen Über-Meister zur Seite stellte, lassen sich Kritik und Hermeneutik nicht mehr als sekundäre Praktiken an Primärtexten verstehen. Doch Steiner weiß nichts von der Autonomie der kritischen Form, von der Dialektik des Essays, oder gar ihren frühromantischen Ursprüngen. Deshalb weiß er auch nicht, wie recht er hat, wenn er sagt: »Der Primärtext ist nur der ferne Brunnen autonomer exegetischer Wucherungen.«

Ihre spezifische Schärfe gewinnt Steiners Polemik gegen das Sekundäre durch theologische Terminologie: Neudeutung heißt »Häresie«, im sekundären Diskurs drohe das Schisma, und die Unendlichkeit möglicher Interpretationen sei ein »satanisches Chaos«. Wir kommen darauf zurück. Entscheidend ist zunächst einmal, daß hier eine Unterscheidung zwischen Unterscheidungen und Bedeutungen getroffen werden soll. Auf der einen Seite steht die Moderne mit ihren leeren Unterscheidungen: die Differentialität des Zeichens und die Leere des Zwischen — Mallarmés blancs, Malewitschs Weißes Quadrat, Derridas différance. Auf der anderen Seite steht George Steiner mit der »Autorität des Logos«.[52] Er macht sich zum Inbegriff dessen, was in der Dekonstruktion des Logozentrismus zerfällt. Mit einem Wort: Steiner stilisiert sich zum Gegenspieler Derridas und ruft zur Umkehr.

Wie sehr sich die Polemik dieses Essays sublimierter Wut verdankt, wird an den nicht eben seltenen peinlichen Stellen deutlich, wo Steiner seinem Ekel Klartext gönnt. Wer vielleicht noch nicht begriffen hat, was er etwa mit »Pornographie der Bedeutungslosigkeit« meint, versteht dann gewiß den Aufruf zur »Sauberkeitserziehung«, die deshalb nötig sei, weil die Dekonstruktivisten »spielerisch Dreck auf den Gegenstand ihrer Aufmerksamkeit« häuften. Das lädt nicht gerade zur Diskussion ein.

---

[52] A.a.O., S. 60, 67, 71, 163f

Was hat es nun aber mit der Autorität des Logos auf sich, die Steiner restituieren möchte? Gemeint ist das Wort, das am Anfang war, das für uns Fleisch geworden ist und das wir vergessen haben. Die Paulinische Theologie des Skandalon wandert ins Kunstwerk ein, und derart säkularisiert fällt die Auferstehung von den Toten dann mit jener Idee der Unsterblichkeit zusammen, die das große Kunstwerk durch seine Dauer beschwört — den Hermeneutikern ein Ärgernis, den Dekonstruktivisten eine Torheit. »Eine ästhetische Theorie ist immer ein Versuch, den fröhlichen, freizügigen Skandal der Wiederauferstehung unter den Begriff historischer und rationaler Form zu zwängen.« Eine ähnlich formalisierte Lehre vom ästhetischen Kreuz findet sich auch bei Adorno — dort allerdings nicht als fröhliche Wissenschaft, sondern mit dem spezifischen Leidensakzent des *eli, eli, lamma sabacthani*. Solche Säkularisierungen theologischer Attribute in ästhetischem Kontext substituieren Formbegriffe für Substanzbegriffe: »die Ästhetik ist formgewordene Epiphanie.«[53]

Derartige Formeln sind in ihrer Funktion zweideutig. Sie können (wie bei Adorno) die Säkularisierung theologischer Gehalte in der Kunst andeuten; sie dienen aber auch (wie bei Steiner) einer Retheologisierung der Kunst. Nun stellt sich Steiner aber nicht als Theologe der Kunst einem reinen ästhetischen Immanentismus entgegen. Listig unterstellt er der Kunst des 20. Jahrhunderts und ihrer Theorie eine negative Theologie des abwesenden Gottes. George Steiner gegen die Sekundären, Bedeutungsfernen — d.h. jetzt: eine Theologie der Gottespräsenz *als ob* gegen jene negative Theologie des Deus absconditus. Und hier zeigt sich der Argumentationsgewinn seines ästhetischen Gegenstandes: Die Gottes*präsenz als ob* erscheint in Kunstwerken als *real presence*.

Doch was kann das heißen: ästhetische Realisierung der Gottespräsenz als ob? Man kann diese Frage sehr klar und unzweideutig beantworten: George Steiner skizziert eine gnostische Ästhetik: »das Gebilde des Künstlers ist eine Ge-

---

[53] A.a.O., S. 193, 198, 275, 294

genaussage zur Welt.« Das Kunstwerk steht als »Gegenschöpfung« gegen das Machwerk des Demiurgen, das man Welt
nennt. Der Künstler ist der Rivale des Schöpfergottes und de-
potenziert diesen zum »otro artista« (Picasso). Der gnostische
Artist »wütet« gegen seine »Sekundarität« — damit wird er
nicht nur zum souveränen Gegenspieler des Schöpfergottes,
sondern auch zum Antipoden jener Schwätzer, die sich mit
dem Sekundären der Interpretation und Kritik arrangieren.
Hinter Steiners Formel »mundus contra mundum« steht natürlich die gnostische Urformel »nihil contra deum nisi deus
ipse« — wer eine Welt, nämlich die ästhetische Totalität eines
Kunstwerks, gegen die Welt setzen kann, muß selbst ein Gott
sein. Der Künstler als anderer Gott und Gott als anderer
Künstler — das ist die Matrix der gnostischen Ästhetik.

Freiheit als Erfahrung des gnostisch Anderen ist für Steiner
der Ermöglichungsgrund von Kunst — sei es in der Liebe, in
der Fremde, an der Unmenschlichkeit der Materie oder in der
Spannung zur Transzendenz. Deshalb gibt es Sinn, aber keine
Wissenschaft von ihm; denn aller Sinn ist religiös. Steiner
kann die Frage, ob es einen sinnvollen Gebrauch des Wortes
Sinn gibt, nur mit einem Appell an den Glauben beantworten: Wir müssen »unbedingt eine Bereitschaft aufbrin-
gen, Grundlagen ins Auge zu fassen, die jenseits des Empiri-
schen liegen.« Damit manövriert Steiner die zunächst rein ästhetische Frage nach dem Kunstwerk und seiner Deutung in
die Situation von Pascals Wette: »Setzen auf Gott«[54] oder auf
die Leere Yves Kleins, das Schwarz Ad Reinharts, les blancs
Mallarmés. So kehrt Steiner zwei Grund-Sätze Nietzsches
um: 1.) Wenn es einen Gott gäbe — wie hielte ich es aus, kein
Gott zu sein? Also gibt es keinen Gott! Dagegen Steiner: Gott
ist, und der gnostische Künstler-Gott bezeugt es durch seine
Gegenschöpfung. 2.) Nietzsche: Wir werden Gott nicht los,
weil wir noch an die Grammatik glauben! Dagegen Steiner:
Die Grammatik (Sprache, Kunst) kann Welten schaffen, weil
wir auf Gott setzen.

---

[54] A.a.O., S. 14, 24, 178, 267f

Glauben kann man nicht widerlegen. So könnte man auch den Steinerschen Glauben respektieren und auf sich beruhen lassen, wenn er nicht so aggressiv behaupten würde, mit Argumenten zu streiten. Der Begriff Mysterium, der für seine Argumentation zentral sein soll, macht eben jede Argumentation unmöglich. Er dient wiederum nur der Denunziation der Sekundären, die das Schöpferische säkularisieren. Daß wir die Knie nicht mehr beugen vor den heiligen Bildern, gilt Steiner schon als Untergang des Humanum. Doch ein Kulturhumanismus, in dessen innerster Kammer sich die schweigende Begegnung mit dem Mysterium des Seins vollzieht, mag als Religionsersatz verlocken – als ästhetische Theorie ist er eine Bankrotterklärung.

Doch kommen wir noch einmal auf die Titelthese der *real presences* zurück. Steiner behauptet eine Interdependenz zwischen der Funktion der menschlichen Sprache, der ästhetischen Erfahrung von Sinn und der Gegenwart Gottes. Was zwischen ihnen vermittelt, ist die Konzeption einer auf den Logos gegründeten Ordnung. Nun gilt es aber eines zu beachten: In diesen Real presences des Ästhetischen ist nicht etwa der geschichtliche Gott der Juden oder der erlösende Gott der Christen gegenwärtig. Es geht vielmehr um Gott als Requisit der Ideensphäre – neben Freiheit und Unsterblichkeit. Deshalb kann Steiner den Kernbestand ästhetischer Erfahrung auch als Blick auf die ›nackte Gegenwart der Freiheit‹ beschreiben. Zwar bemüht Steiner die Paulinische Antithese zwischen einer hermeneutischen oder dekonstruktivistischen Lektüre *per speculum in aenigmate* und dem ›Von Angesicht zu Angesicht‹ einer primären ästhetischen Erfahrung realer Gegenwart, doch sein Modell ist eher das eines ästhetischen Totemismus: Die großen Kunstwerke stehen uns wie »Schutzgötter« bei. Ausdrücklich attestiert er ihnen eine »talismanartige Verlebendigung des Seins«.

Die polemische Bedeutung eines Wortes wird klar, wenn man den Gegner, den es treffen soll, näher ins Auge faßt. George Steiners Insistenz auf Realpräsenz muß als bewußt anachronistische Antwort auf die neuen Techniken der Telepräsenz verstanden werden. Wie alle Kulturkonservativen seit

Kierkegaard denunziert er zunächst den Geist der Gegenwart als journalistisch: Zeit zerfalle in gleichwertige Augenblicke mit News value, die öffentliche Sprache sei unheilbar erkrankt. Das ist noch der Stand des Lamentos von Mauthner, Kraus und Hofmannsthal. Doch der eigentliche Feind Steiners ist der »rhetorische Leviathan der öffentlichen Medien«. Die Sprache der Computer sei gottvergessen, weil in der Flächigkeit des Digitalen die »vertikalen Bezüge« auf Höheres nicht mehr realisiert würden: Die elektronischen Speicher schwächen das Gedächtnis des einzelnen, die Leichtigkeit des Zugriffs raubt der Begegnung mit Kunstwerken die Tiefe. Und statt die Gegenwart Gottes im Kunstwerk zu beschwören, verfallen die Subjekte des Computerzeitalters dem Götzendienst der Information.

Doch auch das ist noch nicht der Kern des Unheils, gegen das Steiner anschreibt. Neue Medien und Computer sind Technologien, in denen sich eine rigorose Mathematisierung der Welt vollzieht. Wort und alphabetische Notation verlieren an Bedeutung, und an die Stelle des Literarischen tritt das Numerische. Das ist das Ende des alteuropäischen Menschen, dessen Menschwerdung — wir erinnern uns — sich ja als Alphabetisierung vollzogen hat. Computer, so bemerkt George Steiner einmal, »entwickeln nicht-verbale Methoden und Konfigurationen des Denkens, der Entscheidungsfindung, sogar, so ist zu argwöhnen, ästhetischer Wahrnehmung. Sie bringen eine neue Art des Gelehrtentums hervor, ein Gelehrtentum der Jungen und der ganz Jungen, die recht flexibel vor- oder anti-literarisch eingestellt sind. Bildschirme sind keine Bücher [...]. Im Zentrum des Zukünftigen steht das ›byte‹ und die Zahl.«[55] Das trifft zu. Und deshalb ist ›Real Presences‹ das Fossil eines vergangenen Weltalters.

Seit die geschichtsphilosophischen Illusionen der Moderne abgeschminkt sind, wird der Weg von den Tafeln der Sumerer zu den Chips von Silicon-Valley wieder in nüchternem Licht als Technikgeschichte erkennbar. Doch nur für die me-

---

[55] A.a.O., S. 90, 149, 155, 300

lancholischen Bewußtseine der Gutenberg-Galaxis ist das ein
Anlaß zur Resignation. Vilém Flussers Werk entfaltet die
konkrete Utopie unserer telematischen Weltgesellschaft: Inmitten einer zerstreuenden, betäubenden, zentralisierten —
und damit eben tendenziell ›fascistischen‹ — Medienwirklichkeit des Broadcasting brechen die neuen Möglichkeiten
einer dialogisch geschalteten, reversiblen, vernetzten Kommunikation auf. Flusser zielt auf eine technische Implementierung freier Anerkennungsverhältnisse. Deshalb prozediert
sein Denken als Medienanalyse — und d.h. zunächst: als Phänomenologie der telematischen Technik und der ihr ant-
wortenden Mutation des Bewußtseins. Diese Themenstellung
gründet in der Einsicht, daß jede Beobachtung das, was sie
beobachtet, zugleich manipuliert.

Es gibt kein Jenseits der Medien und Techniken; jede
Wahrnehmung verletzt die Welt. Doch das Bewußtsein davon verliert sich im *closed circuit* zwischen Menschen und
Bildern, der unsere Medienwirklichkeit konstituiert. Man
könnte von einer Subversion des Texts durch die Flut der
Bilder sprechen. Doch Flusser stimmt hier nicht ins kulturkritische Lamento über den Verfall der Kritik ein, sondern
erkennt darin eine Epochenschwelle — ja, man könnte sagen:
eine Scheidelinie, die Weltalter trennt. Denn die Flut der errechneten Bilder, die sich von den allgegenwärtigen Bildschirmen über uns ergießt, ist das Resultat einer Emanzipation des Numerischen vom Alphabetischen. An die Stelle des
alphabetisierten Alteuropa tritt die digitalisierte Weltgesellschaft. Und wir nehmen heute Abschied von den linearen
Aufschreibesystemen, die man Kultur oder Geist genannt hat.
Jene Scheidelinie zwischen Alphabetischem und Digitalem
trennt die Cartesische *res extensa* von Pixelkonfigurationen
und stochastischen Streuungen; sie trennt das Weltalter der
Literatur vom Weltalter der Algorithmen.

Von hier aus wird nun ein Rückblick auf die Geschichte der
menschlichen Einbildungskraft möglich. Flusser hat ein Vier-
Stadien-Gesetz der Phantasie skizziert: einbilden — beschreiben — analysieren — synthetisieren. Dabei ist es jeweils eine
distanzierende Geste, die den Schritt in ein neues Stadium er-

möglicht: 1) Einbildung fordert Distanz von der Umwelt;
2) Schrift setzt voraus, daß man das Eingebildete auf Distanz
hält. Und die 3) Analyse des linearen Aufschreibesystems
muß von der Weltbeschreibung zurücktreten. Schließlich
fordert die 4) Synthese errechneter Bilder die Distanz einer
Projektion aus der Analyse. Die neue Imagination ist eine
Komputation.[56]

Deshalb ist *Posthistoire* in Flussers Werk keine Leerformel.
Die ungläubige Erfahrung des Juden, der die Auslöschung
überlebt hat, grundiert diesen technikgeschichtlichen Begriff
existenziell. Am Nullpunkt post Auschwitz kann Geschichte
genausowenig wiederbeginnen wie im nulldimensionalen
Punktuniversum, zu dem die Welt im Zeitalter der Quanten-
physik und Stochastik zerfallen ist. Doch Flusser orientiert
sich in dieser Zeit nach dem Ende der Geschichte nicht nega-
tivistisch, also melancholisch, sondern mit neuen Begriffen:
Kybernetik statt Dialektik, Ökologie statt Politik, Technik
statt Gedankenlyrik. Er hat sich von seinem unendlichen
Wissen nicht zur Hermeneutik der alteuropäischen Tradition
verführen lassen, sondern zur Expedition ins Niemandsland
der neuen Medien und Technologien gerüstet. Sie führt zu
einer neuen Ästhetik, die zum einen wieder am griechischen
Grundwort *aisthesis* orientiert ist, zum anderen Kunst als Inbegriff des Unwahrscheinlichen faßt — ästhetische Form ist
der Ausnahmezustand in unserer entropischen Welt.

Flussers Ästhetik ist affirmativ in dem genauen Sinne, daß
sie Kunst als Selbstbestätigung menschlichen Daseins begreift.
Dahinter steht ein faszinierendes anthropologisches Schema,
nach dem das Dasein in Arbeit, Kommunikation und Ritus
zerfällt. In diesen Formen bewältigt der Mensch seine Verhältnisse zur Welt, zu den anderen und zu sich selbst. Flusser
versteht dabei den Ritus als ästhetische Form und Kunst als
Kategorie des Daseins — die Nähe zu Nietzsches Physiologie
der Kunst ist unverkennbar. Walter Benjamin hatte ja die
These vertreten, das Kunstwerk sei bis zur Schwelle seiner

---

[56] Vgl. V. Flusser, »Die neue Einbildungskraft«, S. 123, 125

technischen Reproduzierbarkeit noch im Ritual fundiert. Mit
Flussers Medienanalyse der High-Tech-Gegenwart ließe sich
nun antworten: Umgekehrt wird ein Schuh daraus! — das Ritual war immer schon eine Art Kunst. Damit avanciert Ästhetik zur Leitwissenschaft des Posthistoire.

Ästhetisch betrachtet, ist der Mensch unendlich mehr Möglichkeit als Wirklichkeit. Das Selbst ist nur ein Knotenpunkt
virtueller Realitäten, begreifbar nicht mehr als Subjekt in
einer objektiven Welt, sondern als Entwurf im Projektions-
raum eines rechnenden Denkens, den man heute Cyberspace
nennt. Denn gerade die telematische Technik — das war Flussers grandiose Utopie — befreit den einzelnen aus der Gefan-
genschaft der Subjektivität und sprengt zugleich den Panzer
des Anderen. Das mag dann Proxemik heißen: die Silbe Tele-
als Anweisung auf Intensität, Nähe und die Intersubjektivität
dichter Vernetzung. Dann würde hinter dem Schleier des
Anderen der Nächste erkennbar.

V. Wissensdesign

Abschied von Gutenbergs Welt der Schrift

Von den magischen Praktiken bis zu den rechnergestützten Permutationsspielen prozediert der Menschengeist als Manipulation von Buchstaben und Zahlen; was sie ermöglicht, ist Schrift. Das heißt aber: In der Welt der Bilder kann sich eine solche Form von Geist und Kreativität nicht entfalten. Hier trennen sich Weltalter. Die Gewalt dieser Zäsur eines Ikonoklasmus der Schrift hat Vilém Flusser eindringlich vergegenwärtigt: »Der ritzende Stilus ist ein Reißzahn, und wer Inschriften schreibt, ist ein reißender Tiger: Er zerfetzt Bilder.«[1] Der nächste Sprachschritt besteht dann in der Ausschaltung von Mehrdeutigkeiten — einer Art innerem Ikonoklasmus der Schrift selbst. Hier beginnt die kulturelle Erfolgsgeschichte des Alphabets. Inmitten des unerhörten Lärms menschlicher Äußerungen gibt es ungefähr vierzig Laute, die von allen Gemeinschaften als Sprachzeichen wiedererkannt werden. Diese Selektion aus dem menschlichen Rauschen wird nun graphisch repräsentiert — es resultiert das Alphabet als Symbolisierung des phonemischen Systems.

Die kulturellen Effekte der Schrift sind bekannt und rasch benannt: Schrift ermöglicht es, die Grenze der Interaktion unter Anwesenden zu überschreiten. Man kann nun Informationen auch für Abwesende und ins situativ Unbekannte hinein fixieren. Seither ist es möglich, gesellschaftlich zu kommunizieren und doch einsam zu bleiben. Was Kant als erhabene Haltung rühmt: »Gesellschaft nicht bedürfen, ohne doch ungesellig zu sein«[2], setzt eben diese Abstraktionsleistung voraus. D.h. aber auch umgekehrt: Schrift muß die fehlende Situationsevidenz, die mangelnde Eindeutigkeit von real Prä-

---

[1] V. Flusser, Die Schrift, S. 17
[2] Kant, Kritik der Urteilskraft, B 126

sentem durch Standardisierung und kommunikative Disziplin kompensieren. Wer schreibt und liest, handelt nicht,
sondern beobachtet. Damit emanzipiert sich die Kommunikation — und damit auch die Einheit ihrer Vollzüge: Gesellschaft — von der präsenzpflichtigen Interaktion. »Auch nach
der Einführung und der raschen Ausbreitung des Buchdrucks
in Europa hat es noch Jahrhunderte gedauert, bis die Gesellschaft und ihre Transformation als unabhängig von der Interaktion unter Anwesenden aufgefaßt werden konnten. Erst
um etwa 1800 kann man dieses Umdenken feststellen.«[3]

Sprache kann seit der Erfindung der Schrift größte räumli-
che Entfernungen überbrücken und auf unbestimmte Zeit
konserviert werden. Kommunikation ist nicht mehr auf eine
räumlich definierte Gemeinschaft begrenzt, und entsprechend
beginnen nun bürokratische Organisationen, komplexe soziale Systeme zu verwalten, feinmaschige Netzwerke der
Macht zu knüpfen. Aber auch unser anspruchsvoller Begriff
von Wahrheit setzt die Disziplin und Distanz der Schrift voraus. Seither schreibt sich Tradition. Und unter dem Namen
›abendländische Kultur‹ wächst ihr Repertoire exponential —
bis zur Undurchdringlichkeit.

Deshalb aber sind die kulturkritischen Klagen über die Kul-
turtechnik Schrift kaum jünger als diese selbst. Schriftförmige
Tradition ist eben nicht anthropomorph. Zumal das Buch
verdrängt den menschlichen Körper als privilegierten Ort
kultureller Weltwahrnehmung. So fällt es dem einzelnen
schwer, sich auf dem Schauplatz der Schrift zu orientieren.
»Die bloße Tatsache, daß die literale Gesellschaft über kein
System der Eliminierung, über keine ›strukturelle Amnesie‹
verfügt, macht es unmöglich, daß die Individuen so umfas-
send an der kulturellen Tradition partizipieren, wie es in
einer nicht-literalen Gesellschaft möglich ist. [...] Der Inhalt
der kulturellen Tradition wird ständig vermehrt, und sofern
er ein bestimmtes Individuum betrifft, wird dieses zu einem

---

[3] N. Luhmann, Soziologische Aufklärung Bd. V, S. 121; vgl.
Luhmann, Soziale Systeme, S. 409, 485

Palimpsest aus Schichten von Überzeugungen und Einstellungen, die aus verschiedenen historischen Zeiten stammen.«[4] Menschen als wandelnde Enzyklopädien — das ist der eine Aspekt jener Kulturkritik des Mediums Schrift. Folgenreicher noch wurden die Platonische Kritik der Schrift als Droge der Erinnerung und die korrespondierende Lehre von der unanschreibbaren Wahrheit. Bekanntlich erzählt Sokrates dem Phaidros eine Geschichte über Nutzen und Nachteil der Schrift für das Geistesleben — eine Geschichte von Theut, dem mythischen Erfinder von Arithmetik und Geometrie und *pater on grammaton*, dem der Ägypterkönig Thamus die kulturkritische Gegenrechnung aufmacht: Schrift bringe Vergessenheit, weil die Menschen im Vertrauen auf das neue Speichermedium ihr Gedächtnis vernachlässigten. Das Pharmakon Schrift, von Theut als Heil- und Zaubermittel angepriesen, erweise sich als Gift des Geistes.

Die Kritik operiert mit der Unterscheidung von echter, innerlicher und äußerer, zeichenvermittelter Erinnerung: *mneme* und *hypomnema*. Diese Unterscheidung ermöglicht dann auch die Konfrontation von schriftgestütztem Schein (Meinung) und dialogischer Wahrheit: *doxa* und *aletheia*. Die toten Buchstaben können nicht antworten. Stattdessen entwickeln sie eine gefährliche Scheinlebendigkeit; denn die Diffusion des Geschriebenen ist wahllos. Schrift, so des Sokrates Klage, schweift eben auch unter denen umher, für die sie sich nicht gehört. So dementieren Platons Schriften Schrift als Medium der Wahrheit — es soll kein *graphein* geben, das dem *logos alethes* gewachsen wäre. Doch indem er schreibt, daß sich der philosophische Funke in der Seele nicht anschreiben lasse, statuiert seine eigene Schrift allererst ein Ideal definierbarer Wahrheit, das den epistemologischen Schnitt zwischen *doxa* und *aletheia* vollzieht.

Für Jacques Derrida beginnt mit Platon deshalb eine Epoche der Verdrängung der Schrift, in der sich die Philosophie als Episteme und Wahrheit als Einheit von Logos und Phone

---

[4] J. Goody / I. Watt, »Konsequenzen der Literalität«, S. 88f

konstituieren. Eine algebraisierende Ökonomie der Aufzeichnung hat in der phonetischen Schrift das Medium gefunden, in dem der Logos sein Vorrecht sichert. Diese Geschichte des Logophonozentrismus ist aber überhaupt nur schreibbar, weil die Verdrängung der Schrift nicht ganz gelungen ist. Inmitten der reinen Präsenz und lebendigen Rede des Logos kann Derrida deshalb immer wieder Spuren von Schrift aufweisen. So ist für ihn die Bewegung des »effacement mondial du signifiant« untrennbar von der Wiederkehr der verdrängten Schrift; sie konstituiert für Derrida in eins die Philosophie und die Geschichte als Zeit des ›Menschen‹.

Vor dem Hintergrund der neuen Medien und Computertechnologien, der Magnetotheken und des großen telematischen Netzes diagnostiziert Derrida ein »essoufflement« jenes fast dreitausend Jahre währenden Logophonozentrismus. Der Untergang der Gutenberg-Galaxis, das Ende der Zivilisation des Buches kündigt den Tod der »parole pleine« als der mit Präsenz erfüllten Rede an. Derrida versteht das zugleich als Symptom einer neuen Mutation in der Geschichte der / als Schrift: Die lineare Niederschrift stirbt aus und macht, dank der elektronischen Speichertechniken, neuen Formen zeilenloser Schrift Platz.

Das Wort vom »essoufflement« des Logophonozentrismus ist mit Bedacht gewählt — es zielt auf dessen zentrales Ideologem: die »présence à soi dans le souffle«. Dieser Raum der Namen und Benennungen mußte sich immer gegen die Drohungen des Relationalen und Nicht-Phonetischen, gegen Kalkül und Maschine schützen. Schon Leibniz hat die Drohung des Kalküls, die dem Logophonozentrismus den Atem raubt, klar ausgesprochen: ad vocem referri non est necesse. Das maschinelle Kalkül reiner Signifikanten veranstaltet einen »excès du représentant«, in dem die Schrift mit der Phone bricht — das gilt von der *characteristica universalis* ebenso wie vom digitalen Computer.

Um Zeichen zu universalisieren, muß man sie desakralisieren. So schreitet die Geschichte des Wissens zu immer ökonomischeren Formalisierungen fort — terminus ad quem wäre die absolut formale Graphie. Die Grundstrategie des

abendländischen Wissens lautet deshalb: »refouler, pour
mieux le maîtriser, le signifiant«. Für Derrida prozediert Phi-
losophiegeschichte schlechthin als »effacement du signifiant«.
Dadurch gewinnt die phonetische Schrift im Abendland eine
falsche Selbstverständlichkeit, und die Einsicht in den Zusammenhang von Alphabet, Rationalität und bürgerlicher
Geschichte bleibt verstellt. Die alphabetische Schrift läßt
reine Repräsentanten zirkulieren, d.h. sie ist ein Signifikan-
tensystem, dessen Signifikate selbst wieder Signifikanten sind
− nämlich Phoneme. Die Buchstaben selbst haben keinen
Sinn. So operiert die alphabetische Schrift als Lautanalyse mit
»signifiants insignifiants«[5]. Deshalb gilt Jacques Lacans Definition, daß Signifikanten ein Subjekt immer nur für einen anderen Signifikanten repräsentieren − und nicht etwa, wie uns
Kommunikationswissenschaft und Diskursethik glauben machen, für ein anderes Subjekt.

Schrift, die mit ihrer aphoristischen Energie die Formidee
des Buches sprengt, ist zugleich Agens und Spur einer transzendentalen Differenz: Anwesenheit einer Abwesenheit, Aufschub einer Präsenz. Die Urschrift einer bloßen Marke, eines
trennenden Zugs eröffnet stets Differenz. So kann Derrida
Heideggers Struktur des ›Es gibt (− Sein / Zeit)‹ durch eine
ultratranszendentale Differenz noch überbieten: »dès qu'il y
a, il y a différance«[6]. Das Kunstwort *différance* soll diese ultratranszendentale Differenz vor jeder dialektischen Interpretation schützen. *Différance* ist geradezu als Destruktion der
Hegelschen ›Aufhebung‹ konzipiert; denn Aufhebung habe
die Differenz stets in der Selbstpräsenz des Geistes interniert[7].
Derridas *différance* hebt sich von Hegels Begriff der Differenz
durch ein radikales Denken der Endlichkeit ab − so wie es in
Freuds ›Jenseits des Lustprinzips‹ und in Heideggers ›Sein

---

[5] J. Derrida, De la grammatologie, S. 18, 41, 403f, 423, 440. Vgl. J.
Derrida, Positions, S. 47
[6] J. Derrida, La carte postale, S. 84
[7] Vgl. Derrida, Positions, S. 55, 59 und La carte postale, S. 309 −
dort die Grundformel der von Derrida bekämpften Logik der
Verdrängung: »en un différant de soi«.

zum Tode‹ vorgedacht wurde. Entscheidend ist dabei, daß Derrida im Begriff der *différance* ebensowohl die Selbstbeziehung des endlichen Lebens im Vorlaufen zum eigenen Tod (mamort) als auch die Möglichkeitsbedingung von Schrift denkt. Denn alle Zeichen sind auf den Tod bezogen. Dies zu dissimulieren, ist die Strategie der Metaphysik seit Platon: Indem sie das Sein als Präsenz denkt, verdrängt sie die Endlichkeit, den Todesbezug, den Aufschub, die Schrift. Wo »le rapport à la mort« ausdrücklich als Sein zum Tode ausgearbeitet wird, eröffnet sich Zeit als Horizont von Sein.

Derrida folgt hier Heidegger – allerdings in einer charakteristischen Freudianischen Engführung. Der Zeithorizont wird nämlich durch eine Macht des Aufschubs eröffnet, die sich wiederum der Schrift verdankt. Erst Schrift nämlich macht es möglich, Präsenz im Sinne unmittelbarer Konsumtion systematisch aufzuschieben und die Produktion durch Bildung einer Reserve zu organisieren. »Différer la présence« heißt also: Unmittelbarkeit aufschieben, um überhaupt erst einen Zeitspielraum zu schaffen. Das Leben schützt sich, indem es Besetzungen aufschiebt und Reserven anlegt. Dieser verzeitlichende Aufschub ist also ursprünglich, das heißt er ist das ›Wesen‹ des Lebens selbst. Durch eine Ökonomie des Todes schützt sich das Leben vor dem Tod. Nichts anderes hatte schon Freud in ›Jenseits des Lustprinzips‹ gelehrt: Weil die reine Lust so tödlich wäre wie die reine Realität, wird das Leben auf einen ›differierenden‹ Umweg gezwungen. Derrida erkennt diese *différance*, also die Kluft des Aufschubs und der Nachträglichkeit zwischen Lustprinzip und Realitätsprinzip, als Ort der Emergenz von Schrift.

Im Medium Schrift ist Philosophie für Derrida nichts anderes als die Bewegung der Schrift, die den Signifikanten auslöscht. Das provoziert das Programm einer ausdrücklichen Einschreibung der Philosophie. Die entscheidenden Winke finden sich wiederum bei Nietzsche, Freud und Heidegger. In Nietzsches Spur erkennt Derrida den Schlüsselbegriff einer umfassenden ›Dekonstruktion‹ von Präsenz und Bewußtsein. Spur heißt jenes immer schon Geschriebene, das überhaupt erst Äußerlichkeit und Spielraum eröffnet; das Anwesend-

Abwesende, das so etwas wie Gedächnis durch eine Art Urschrift möglich macht.

Freuds Begriff der Bahnung hat diese Nietzscheschen Intuitionen wissenschaftsfähig gemacht. Die Schrift der Bahnung ist
eine gewaltsame Einschreibung, eine vorreißende Spur, die
sich ihren eigenen Raum eröffnet, indem sie eine Differenz in
die ihr fremde Materie niederschreibt. Insofern gilt: »La trace
(pure) est la différance.« Die Spur, die differierend an der Formation einer Form arbeitet, darf also nicht mit einem sinnlich
Wahrnehmbaren verwechselt werden, weil sie dieses ja allererst ermöglicht. »La trace elle-même n'existe pas.« (An-)Greif-
bar ist nur ihr allgemeiner Repräsentant: die Schrift. Deshalb
arbeiten alle metaphysischen Versuche, im Begriff des Ur-
sprungs, der Natur oder des Einen Gottes die Spur (der Spur)
zu löschen, an der Verdrängung der Schrift. Derrida denkt
die Spur wie Heidegger das Sein in ontologischer Differenz
und im Spiel von Entbergen und Verbergen: »la trace avant
l'etant« bahnt sich, indem sie sich verbirgt; die Emergenz der
Spur ist untrennbar von der »dissimulation de soi«. Auch
Heideggers Verständnis von Sprache als Haus des Seins kehrt
bei Derrida in grammatologischer Engführung wieder: die
Einschreibung als Behausung, »l'inscription mondaine« als
Eröffnung des In-der-Welt-Seins, die Bahnung einer Urschrift,
die uns im »a priori espace-temps de la trace« situiert[8].

Dieser Vorrang der Schrift wird vom lebendigen Wort
nicht dementiert, denn es setzt die Eröffnung eines Raums
der Artikulation immer schon voraus. Deshalb ist die Spur
der Schrift im gesprochenen Wort irreduzibel. Zwischen der
ungreifbaren Urspur und dem Phantasma der lebendigen,
selbstpräsenten Rede liegt der eigentliche grammatologische
Raum: »l'espace étrange entre parole et écriture«[9]. So dechif-
friert Derrida *nomos* als die Urgewalt einer Urschrift, die die

---

[8] Derrida, De la grammatologie, S. 69, 92, 103, 190, 238, 261,
410f. Vgl. Derrida, La voix et le phénomène, S. 60, 114; L'écriture
et la différence, S. 317; Marges de la philosophie, S. 18−21

[9] Derrida, Marges de la philosophie, S. 5; vgl. La carte postale, S.
303, 343, 376f

Welt als Raum einer Einschreibung geschaffen hat, in dem die Institutionen des Zeichens ein geregeltes Spiel der Differenzen organisieren. Das entspricht im übrigen dem logischen Kalkül von George Spencer Brown, das mit dem unableitbaren Befehl beginnt, einen ›unmarked space‹ durch eine Unterscheidung zu verletzten: Draw a distinction!

Moderne Speichertechniken wie die Phono-Graphie des Grammophons haben gezeigt, daß man die gesprochene Sprache konservieren und außerhalb der Präsenz des sprechenden Subjekts funktionieren lassen kann. Solche Veräußerlichungen der Spur zeigen, daß »la mise en réserve« das Subjekt des Logos zugleich konstituiert und tilgt. Die Schrift emanzipiert sich vom Subjekt, in dem sich nun rückwirkend der Wunsch nach Präsenz bildet. Für Derrida ist deshalb das Begehren nach dem lebendigen, selbstpräsenten Wort nur eine unbewußte Technik der »dissimulation de l'archi-écriture«. Diese Urschrift ist kein Teil des Sprachsystems (und deshalb auch kein möglicher linguistischer Gegenstand), weil sie dessen Bedingung darstellt: *Archi-écriture* ist für Derrida die Bewegung der »différance comme temporalisation«[10], d.h. als jene Zeitigung, die den Spielraum des In-der-Welt-Seins eröffnet. Archi-écriture zeitigt eine »archiscène«[11], indem sie Differenz niederschreibt, d.h. die Nichtpräsenz des Anderen einschreibt.

Derrida versucht diesen Begriff der Urschrift vor jeder möglichen Verwechslung mit metaphysischen Ursprungsbegriffen zu bewahren, indem er ihn gleichsam durchstrichen anschreibt: Urschrift ist »archi-écriture sans archie«, Schrift vor der Schrift, die von den uns vertrauten Schriftformen nur verstellt wird: »l'écriture avant la lettre«[12]. So soll das Denken der Spur nicht in den Mythos einer ursprünglichen Schrift münden, sondern umgekehrt das Ursprünglich-Sein von der Spur der Schrift her begreifen. Im Herzen der halluzinierten Selbstpräsenz des Logos gibt es immer schon Spuren von

---

[10] Derrida, De la grammatologie, S. 83, 103. Vgl. Marges de la philosophie, S. 6, 8, 16
[11] Derrida, La voix et la phénomène, S. 94
[12] Derrida, Marges de la philosophie, S. 16

Schrift. Am Anfang ist der Nachtrag, das Postalische. Am Ursprung steht immer schon das Supplement. Das sind Varianten desselben Begriffs von Schrift: »l'écriture est le supplement par exellence«[13]. Deshalb führt Derridas Aufmerksamkeit auf die Schrift zu einer radikalen Umwertung des Supplementären. Denn Schrift ist ja immer der Ersatz für eine vorenthaltene Gegenwart.

Schon Freud hat in ›Jenseits des Lustprinzips‹ am Fort-Da-Spiel gezeigt, wie sich das Mensch genannte sprechende Sein über dem Abgrund der Abwesenheit bildet. Menschen sind geschlagen von Nachträglichkeit. Ihr Wunsch nach der reinen Präsenz entspricht also gerade der Unmöglichkeit eines Bei-sich-Seins. Das verkennt die abendländische Logik der Identität im Medium von Phone und Logos. Dagegen stößt Derrida, dem Leitfaden der Schrift folgend, zu einer Logik der Supplementarität vor: Eröffnung eines Spiels von Präsenz und Absenz, das uns in die Innenwelt der Außenwelt der Innenwelt versetzt – supplementäre *différance*, die im Aufschub das, was sie bloß zu ergänzen scheint, allererst erzeugt.

Im strengen Sinne wird diese Definition der Supplementstruktur nur von der Schrift erfüllt: »une possibilité produit à retardement ce à quoi elle est dite s'ajouter«[14]. Damit erhebt Derrida Saussures späte Einsicht, es gäbe keine Phoneme vor dem Graphem, zum grammatologischen Prinzip: Schrift ist der Todestrieb der Rede selbst. Steht aber am Ursprung der Sprache das ergänzende und ersetzende Schriftzeichen, und ist die symbolische Ordnung insgesamt nichts als ein System wechselseitiger Supplementarität, dann ist das spezifisch humane Vermögen der Artikulation selbst eine »faculté de supplémentarité«[15]. Damit aber befreit sich die Ergänzung(sbedürftigkeit) vom Makel des Mangels – ihre Formel lautet »sans sans sans«[16].

---

13 Derrida, De la grammatologie, S. 398
14 Derrida, La voix et le phénomène, S. 99
15 Derrida, De la grammatologie, S. 343
16 Derrida, La carte postale, S. 428

Die Gutenberg-Galaxis hat sich im Medium Buch die Form ihrer Einheit gegeben. Der Kanon des Gotteswortes und das Buch des Menschen sind die auf einander verweisenden Modelle von Tradition. Den Tod Gottes und das Verschwinden des Menschen konnte das Buch nicht überleben — es hat sich wieder in ein *textum* aufgelöst. »La question de l'ecriture ne pouvait s'ouvrir qu'à livre fermé. L'errance joyeuse du graphein alors était sans retour. L'ouverture au texte était l'aventure, la dépense sans réserve.« Seither — und das heißt eben: seit der Geburt der neuen Medien — schreiben und lesen wir anders. Rilkes Zeit der anderen Auslegung ist angebrochen; sie sprengt das lineare Modell der Gutenberg-Galaxis. »Ce qui se donne aujourd'hui à penser ne peut s'écrire selon la ligne et le livre«[17].

Die alltägliche Erfahrung des Fernsehbildes läßt als Kontrastfolie spürbar werden, welche Botschaft das Medium *phonetische Schrift* übermittelt und welchen Einschnitt es in der Medienevolution markiert. »A cool medium like hieroglyphic or ideogrammic written characters has very different effects from the hot and explosive medium of the phonetic alphabet. The alphabet, when pushed to a high degree of abstract visual intensity bursts the bonds of medieval corporate guilds and monasteries, creating extreme individualist patterns of enterprise and monopoly.«[18] So wurde die Augenwelt der Gutenberg-Galaxis vom Druck mit beweglichen Lettern geprägt: Die Ordnung der Welt gleicht dann dem Schriftsatz des Setzers — alles hat und ist an seinem Platz. Die phonetische Schrift individualisiert, trennt die Sinne und opfert jene Welten der Bedeutsamkeit, die in Hieroglyphe und Ideogramm noch gespiegelt waren. Und die eigentümliche Visualität dieses Raums der Buchstaben bestimmt nun für die Neuzeit, was Phantasie heißt.

Man hat immer wieder versucht, Kulturepochen durch Analogien mit der Ontogenese des Menschen zu erhellen. So

---

[17] Derrida, De la grammatologie, S. 130 und Derrida, L'écriture et la différence, S. 429
[18] M. McLuhan, Understanding Media, S. 23

trägt Walter Ong die Medienevolution ins Schema der psy-
chosexuellen Stadien ein. Dabei liegt ein Vergleich zwischen
dem oralen Stadium des Kleinkindes und oralen Kulturen auf
der Hand. Den Gegenpol — schon weniger evident — bildet
bei Ong das ›genitale‹ Stadium unserer gegenwärtigen
posttypographischen, elektronischen Kommunikation. Wir
wollen diese Analogisierungen auf sich beruhen lassen, denn
sie bilden bei Ong nur den Kontext einer großen Parallele
zwischen Typographie und Analität. Schreiben impliziert ein
Zusammenziehen und Einengen. Und formelhaft könnte man
dann sagen: Der Druck ist der Schließmuskel der Schrift.
»The concept of ›print‹ itself necessarily involves pressure.
The key instrument of printing is the press. A type […]
means originally the mark of a blow […]. Type is ›set‹, pla-
ced in rigid lines […]. The lines, of uneven lengths, are ›justi-
fied‹ […]. The set type is then ›proved‹ […] and it is then
›corrected‹. In the form or chase it is ›locked up‹ with the aid
of quoins […]. The form or chase is in turn locked under
pressure into a press, which itself presses the type onto the
final printed sheet.«[19]
Doch um keine Mißverständnisse aufkommen zu lassen: Interessant ist nicht die etwas krude Psychoanalyse der Typographie, sondern umgekehrt die angedeutete Einsicht in die
typographischen Ursprünge der Psychoanalyse. M.a.W.: Die
Technik des gedruckten Wortes ist eben nicht nur medialer
Schematismus der neuzeitlichen Cartesischen Rationalität,
sondern auch des Freudschen Unbewußten. Typographie ist
der neuzeitliche Inbegriff von Ordnung durch Verdrängung
— das qualifiziert sie zum Schlüsselmedium des modernen
Selbst. Es schreibt (sich in die) Geschichte (ein), indem es Typen manipuliert und Welt typisiert. Die typographische Extension des Menschen macht allererst möglich, daß sich ein
Selbst (als Autor) ausdrückt; mit ihr setzt »the modern priva-
tization of the self and the modern acute, doubly reflexive
self-awareness«[20] ein. Doch wie die Ordnung Verdrängung,

---

[19] Ong, The Presence of the Word, S. 96f
[20] Ong, Orality and Literacy, S. 173

ist der Selbstausdruck Selbstverkennung, denn er ist vom
Medium des gedruckten Wortes hypnotisiert. Deshalb hat der
typographische Mensch auch nicht den Wunsch, vom Druck
des Drucks befreit zu werden: »For most people, their own
ego image seems to have been typographically conditioned,
so that the electric age with its return to inclusive experience
threatens their idea of self.«[21]
Umgekehrt gilt für die anderen, posttypographischen Menschen: Die Faszinationskraft der neuen Medien läßt sich mit
Begriffen wie Fetischismus und Narzißmus nur unzureichend
fassen; allenfalls ließe sich der enthusiastische Medienkonsum
als funktionelles Äquivalent der Psychoanalyse begreifen. Es
handelt sich ja um Gadgets, die das Subjekt dezentrieren, die
das Selbst in Schaltplänen auflösen. Der Mensch der Zukunft
ist nicht mehr neuzeitliches Individuum, sondern Schaltmoment im Medienverbund.

»Perhaps the most significant of the gifts of typography to
man is that of detachment and noninvolvement – the power
to act without reacting.«[22] Sie eröffnet die Neuzeit als Schauplatz des ›desinteressierten‹ Kalküls. Man kann es auch so sagen: Die Technologie des gedruckten Wortes – das typographische Prinzip der Segmentierung, Fragmentierung, Analy-
tizität, Uniformität, Kontinuität, Linearität, Reproduzierbarkeit und zentralistischen Organisation – ist zum Ver-
nunftmodell der Gutenberg-Galaxis geworden. Ihr Subjekt ist
der passive, stille Leser.

----

[21] McLuhan, a.a.O., S. 289. – Ablesbar ist das vor allem an den
Klagen über den Formalismus der Kybernetik; sie offenbare Vernunft in ihrer »Nichtigkeit«. Im Bann ihrer Maschinen hören die
Menschen »virtuell auf, Subjekt zu sein«. Immerhin konzediert
Adorno, Stichworte, S. 11f, dem Computer noch die Möglichkeit
einer Entlastungsfunktion: das Denken zum »nicht schon implizi-
ten Wissen« zu befreien. Heute überwiegen wieder Stimmen, die in
den elektronischen Speichermedien nur noch teuflische Agenten
einer Aushöhlung des abendländischen Selbst erkennen wollen,
vgl. etwa G. Steiner, Von realer Gegenwart, S. 22f
[22] McLuhan, a.a.O., S. 173

In der totalen typographischen Umwelt der Gutenberg-Galaxis wird das Medium Schrift aus Selbstverständlichkeit un-
sichtbar: Der bloße Akt des Lesens versetzt in Trance, die
Printmedien überziehen die Bewußtseine mit einem Tinten-
nebel. So versinkt die Neuzeit in einen typographischen Schlaf
— und seither heißt lesen schlafen, schlafen, vielleicht auch
träumen. Nun bedarf es schon spezifisch artistischer Vorkehrungen, um überhaupt noch zum Bewußtsein des Mediums
als eines Mediums zu erwachen. »When the Symbolists began
to deal with words as things, they bypassed the print process
and accepted words as pigment, as textures, as structures«[23].
Entsprechend wertet Marshall McLuhan die neuzeitlichen
Wahrnehmungsstrukturen radikal um: Perspektivität und
Dreidimensionalität eröffnen nur scheinbar eine dynamische
und aktivistische Weltsicht, tatsächlich aber eine träge Homogenität und starre Gesichtspunkte. »There is then this great
paradox of the Gutenberg era, that its seeming activism is ci-
nematic in the strict movie sense. It is a consistent series of
static shots or ›fixed points of view‹ in homogeneous relati-
onship. Homogenization of men and materials will become
the great program of the Gutenberg era, the source of wealth
and power unknown to any other time or technology.«[24]
McLuhans Vergleich zwischen Typographie und Kino betont
die für beide Medien charakteristische Verwandlung einer Bewegung in eine Serie statischer ›Aufnahmen‹ und ›Rahmen‹.
Der so konstituierte einheitliche, homogene Raum der visuel-
len Weltperspektive ist für McLuhan aber mit der neuen elektronischen Kultur inkompatibel. Heute löst sich das linear
perspektivierte, homogene Welt-Bild in Facetten eines Mo-
saiks auf. Schon der Futurismus forderte ja eine funktionelle
Typographie, die die Gutenberg-Harmonie der Buchseite
sprengt — damit haben Boulevard-Zeitung und Reklame
Ernst gemacht. Buchstaben gewinnen hier wieder ikonische
Qualität und geradezu skulpturale Tastbarkeit.

---

[23] McLuhan, From Cliché, S. 178
[24] McLuhan, The Gutenberg Galaxy, S. 127

Die moderne Großstadt ist Plakatwelt, ein Datenfluß, in dem sich »ein Bodensatz aller Schriftformen, die je im Abendlande in Gebrauch gewesen sind, niedergeschlagen«[25] hat. Reklame heißt die technische Prägung in der Sprache. Schon Sainte-Beuve bemerkt sehr fein über die *littérature industrielle*, daß die Häufung großer Buchstaben in der Zeitungsreklame den Kompaß des Lesenden wie ein Magnetberg ablenke. Mallarmés Versuch, »die graphische Spannung der Reklame ins Schriftbild« zu integrieren, macht das neue Medium zum Inhalt des alten. In Typographiegedichten konkurrieren Schriftsteller mit technischen Speichermedien. So ist der ›Coup de dés‹ aus wechselnden Schrifttypen zusammengewürfelt. Das subvertiert die Buchform. Absolute Poesie tastet nach einer Schrift jenseits des Buches – und berührt dabei die Schrift-Bild-Welt von Reklame und Statistik. Deren Buchstaben sind eindringlich im wortwörtlichen, d.h. taktilen, Sinn. Denn Reklame ist eine Schrift, die eigentlich nicht gelesen werden soll, sondern in taktiler Rezeption ein rein reaktives Verhalten der Massen einübt.

Bücher liest man horizontal, Reklame vertikal. Der Satzspiegel ist zweidimensional, während Schrift in Zettelkästen und Datenbanken eine neue Dreidimensionalität gewinnt. Die Schrift des Buches ist à la lettre Schrift, die Graphik der Reklame, aber auch das statistische Diagramm – wir kommen unter dem Stichwort Hypertext darauf zurück – ist Schrift-Bild. »Die Schrift, die im gedruckten Buche ein Asyl gefunden hatte, wo sie ihr autonomes Dasein führte, wird unerbittlich von Reklamen auf die Straße hinausgezerrt und den brutalen Heteronomien des wirtschaftlichen Chaos unterstellt. Das ist der strenge Schulgang ihrer neuen Form.« Von nun an schützt auch Bücherlesen nicht mehr vorm Analphabetismus. Phrase und Geschwätz, Reklame und Graffito sind Ausdruck einer medientechnischen Umfunktionierung der Sprache vom Erfahrungsträger zum Verkehrsmittel. In ihnen beschriftet ein anonymer Kollektivautor die Welt.

---

[25] W. Benjamin, GS Bd. V, S. 1047

Nicht nur die Schrift wird massenhaft — die Massen schreiben. Schreibmaschinen, PCs, Photokopierer, Spraydosen —
mit diesen Gadgets beschriftet Man die Welt.
   Präzise erfüllt die heutige intellektuelle Arbeit am PC, die
Textverarbeitung am Bildschirm, eine Prognose Walter Benjamins, die das Ende der Handschrift als Aufgang der für die
neuen Medien kennzeichnenden Konstellation von Taktilität,
Befehl und Innervation der Technik begreift: »Die Schreibmaschine wird dem Federhalter die Hand des Literaten erst dann
entfremden, wenn die Genauigkeit typographischer Formun-
gen unmittelbar in die Konzeption seiner Bücher eingeht. Vermutlich wird man dann neue Systeme mit variabler Schrift-
gestaltung benötigen. Sie werden die Innervation der befeh-
lenden Finger an die Stelle der geläufigen Hand setzen.«[26]
   Die Ausschaltung der Handschrift ist der entscheidende
grammatologische Schnitt der Neuzeit. Seit »die zeigend-
schreibende Hand« medientechnisch entlastet wird, ist die
Hand nicht mehr Menschenzeichen, sondern befehlende Finger, und das Wort ist nicht mehr Menschenwort, sondern Information. Die von der Hand getragene grammatologische
Einheit von Zeigen, Zeichnen und Zeichen zerfällt. Deshalb
findet sich in Heideggers Reflexion über das zeichenlose Wesen der Lethe bei Parmenides eine seinsgeschichtliche Deduk-
tion der Schreibmaschine. »Daß die Erfindung der Drucker-
presse mit dem Beginn der Neuzeit zusammenfällt, ist kein
Zufall. Die Wortzeichen werden zu Buchstaben, der Zug der
Schrift verschwindet. Die Buchstaben werden ›gesetzt‹, das
Gesetzte wird ›gepreßt‹. Dieser Mechanismus des Setzens und
Pressens und ›Druckens‹ ist die Vorform der Schreib-
maschine. In der Schreib-maschine liegt der Einbruch des Mechanismus in den Bereich des Wortes.«
   Indem Schreib-Maschinen die Menschen-Hand zum Innerva-
tionsorgan einer Tastatur entwerten, verbergen sie, was Schreiben heißt, und entreißen die Schrift dem Menschenwort. Von
nun an hat man Hände, um Tastaturen zu bedienen. Mit der

---

[26] Benjamin, GS Bd. IV, S. 102f, 105

Heraufkunft der die Schrift anonymisierenden Schreib-
Maschinen geht die Welt von Hand, Wort und Mensch unter.
»Der moderne Mensch schreibt nicht zufällig ›mit‹ der Schreib-
maschine und ›diktiert‹ (dasselbe Wort wie ›Dichten‹) ›in‹ die
Maschine.«[27] Dem entspricht die nahtlose Integration der
Photographie in die Typographie. Denn Fotos sind schneller
und zeichnen objektiver auf als die Rede. So nimmt schon Jan
Tschicholds ›Neue Typographie‹ Abschied vom Individuum,
das sich in Handschrift und Zeichnung ausdrückte, und propagiert »die kollektive Form: Typo-Photo«[28].
    Natürlich weckt solche Technifizierung der Schrift immer
wieder Gegenkräfte. Seit die Schreib- und Bildmaschinen
Einzug in die heiligen Hallen der Poesie gehalten haben, gibt
es ein neues Interesse an Graphologie. Dafür steht Ludwig
Klages ein, dessen Meister Stefan George eine entsprechende
Antwort des Wortkünstlers auf den Siegeszug der Massen-
presse gegeben hat. Georges »bilderloser Letternkult«[29] zielte
ja auf das Oxymoron der Gutenberg-Galaxis: das persönliche
Buch. Es mußte vor der Schwelle elektronischer Schrift magische Beschwörung bleiben. Heute wird das persönliche Buch
im DTP technische Wirklichkeit. Nun trägt der Autor selbst
die editorische Verantwortung – Schreiben und Typographie bilden erstmals eine Einheit. Damit wird auch ein spezifisch typographisches Schreiben möglich, das nicht mehr linear organisiert ist – Stichwort: Hypertext.
    Schon in den frühen 20er Jahren forderte El Lissitzky die
Eliminierung des Mediums Buch zugunsten einer »Elektro-
Bibliothek«[30], und Moholy-Nagy erkannte in der Bildtelegraphie die Möglichkeit einer instantanen Illustration alles
Geschriebenen – philosophische Werke sollten heute genauso gearbeitet sein wie amerikanische Magazine. »Selbstverständlich werden diese neuen typografischen Werke in ihrer

---

[27] M. Heidegger, Parmenides, S. 119, 125f
[28] J. Tschichold, Die Neue Typographie, S. 96
[29] F. A. Kittler, Aufschreibesysteme, S. 266; vgl. auch Kittler,
Grammophon Film Typewriter, S. 125f
[30] Zit. in: Tschichold, a.a.O., S. 61

Gestalt typografisch-optisch-synoptisch von den heutigen linear-typografischen durchaus verschieden sein.«[31]

Diese Prophezeiung erfüllt sich heute unter dem Titel Hypermedia. Wie Magazine, in denen ja Notizen, Reklame und redaktionelle Artikel aufeinanderstoßen und um die Aufmerksamkeit des Lesers werben, bieten Hypertexte nicht mehr den sauberen Schriftraum des Buches, sondern reflektieren die topischen Eigenschaften des verarbeiteten Materials. Doch anders als Magazine sind Hypertexte kinetisch und interaktiv — u.d.h.: sie konfigurieren ihre Typographie im Akt des Lesens. »The computer simply makes explicit the implicit act of deeply informed reading, which unlike casual reading is truly a dialogue with the text. [...] Hypertext is the typography of the electronic medium.«[32]

Bekanntlich gestaltet sich dieser elektronische Schriftraum nach einer Fenstertechnik, die zweidimensionale Schreiboberflächen übereinander schichtet. Man könnte also sagen: Die Windows-Typographie von Hypermedia hat eine fraktale Dimension zwischen 2 und 3. Angezielt wird eine Synthese von Buch und audio-visuellen Medien. Die neuen Catchwords wie Desktop Media und Video Design signalisieren denn auch eine multimediale Typographie, die vom Buchdruck der Gutenberg-Galaxis genausoweit entfernt ist wie vom Broadcasting einer narkotischen Kulturindustrie.

»And while it is with the hard reality of computer programs that we work, it is a virtuality that we seek to create, the soft reality of the user's experience.«[33] Virtuell heißt hier: als ob. Es handelt sich also um mentale Konstrukte — völlig unabhängig von ihrem materiellen Substrat. Entsprechend ist auch ein Hypertext-Dokument keine physikalische Einheit, sondern eine virtuelle Struktur. Streng genommen existiert es nur on-line. Jeder Anwender entwirft Texte im Horizont von Zeit auf Möglichkeiten hin. Hypertexte sind also provisorisch und radikal zeitlich. Die Bedeutung eines elektronischen Texts ist

---

[31] Moholy-Nagy, Malerei Fotografie Film, S. 37
[32] J. D. Bolter, Writing Space, S. 118
[33] T. Nelson, Literary Machines, S. 2/8

sein Gebrauch in der jeweiligen Lektüre. Das *scripta manet*
gilt nicht mehr; die Textstrukturen sind kinetisch. Und das
heißt eben: Elektronische Literatur existiert nur in Echtzeit.
Das heißt aber auch: Die Zeichen auf den Bildschirmen sind
nicht mehr im traditionellen Sinne typographisch.

Daß man getrost nach Hause tragen kann, was man schwarz
auf weiß besitzt, schrumpft zu einer Sicherungsmöglichkeit
unter anderen: hard copy. Doch das in Hypermedien entwor-
fene Design von Magic paper (Ted Nelson) wird — anders als
die Desktop-Metaphorik, die dem Anwender vorspiegelt, er
operiere auch mit dem Key-board noch auf einem Stück Papier — nicht in den Bannkreis des *Paperdigm* zurückführen.
Seit Engelbarts Augmentierung des menschlichen Intellekts
drängen Hypermedien auf die restlose Eliminierung von Papier — »a life without hard copy«[34]. Das Blatt Papier erscheint hier als Engpaß des Software-Designs: Nur schnell
schaltbare, Perspektiven wechselnde Bildschirme befreien das
Denken aus diesem topologischen — und d.h. eben konkret:
typographischen — Gefängnis.

Vollendet wird dieser Prozeß der Medienevolution von einer
Mathematisierung der Schrift, die das Alphabet auf einen Ge-
genstand der analytischen Geometrie reduziert — Generie-
rung von Buchstaben durch computergestützte numerische
Analyse. So hat Donald Knuth mit Hilfe parametrisierter
Gleichungen alle Buchstaben als Kurven definiert, die von
Computern generiert werden können. Damit schrumpft Lite-
ratur zur Untermenge des rechnergestützten Graphikdesigns.

Der neue Künstler des Buchstabendesigns macht numerische
Analyse am Computer. So beschreibt Knuths System ›Meta-
font‹ Buchstabenschemata mit frei wählbaren Variablen — es
zielt auf eine rechnergestützte Vereinheitlichung aller Schrifttypen. Buchstaben werden nicht mehr physikalisch, sondern
als Instruktionsmenge gespeichert, d.h. als mathematische Beschreibung von Linien und Kurven, die unabhängig von Medium und Auflösung sind. Page description languages definie-

---

[34] T. Nelson, Dream Machines, S. 28

ren für jedes typographische Element einen ›format call‹. Die
konkrete Beschreibung einer Buchstabenform erfolgt durch
einen Ankerpunkt auf der Kontur und einen Bézier control
point (BCP), der die Richtung der Kurve kontrolliert — so
entstehen Outlinies als Serien geometrischer Kurven.[35]

Dieser radikalen Formalisierung und Operationalisierung
der Schrift hat die Saussuresche Linguistik vorgearbeitet.
Saussure konnte zeigen, daß der Wert der Lettern rein negativ
und differentiell ist. Wenn man die Ornamente wegschlägt,
läßt sich Schrift auf Binäroppositionen, die notwendigen Differenzen, reduzieren — die Antiqua zeigt das typographisch.
Letztlich genügt die Opposition von Zeichen und Hintergrund, um ein Kombinationsspiel diskreter Elemente zu ermöglichen. Schreiben ist nichts anderes als ein Arrangement
sprachlicher Gesten: How to do things with topics. Dieses
Schreibspiel mit formalen Strukturen wird im *outline processing* erstmals technisch handhabbar. Und während die
Sprachkultur der Gutenberg-Galaxis weiterhin an ihrem *to-
wer of babble* baut, hat die Welt der Computer-Freaks längst
eine neue Universalsprache gefunden: cut and paste.

Aufbruch in die Welt der Hypermedien

Die Bildungsstrategien der Gutenberg-Galaxis haben ausge-
spielt. Die Kinder der neuen Medienwelt beugen sich nicht
mehr über Bücher, sondern sitzen vor Bildschirmen. Ihr Suchen und Forschen folgt nicht mehr Zeile für Zeile der Weisheit phonetischer Schrift, sondern läuft über Gestalterken-
nung. Die Welt erscheint ihnen unter völlig veränderten
Kategorien: Der Begriff der Wirklichkeit wird durch den der
Funktion ersetzt, Konfigurationen treten an die Stelle von
Klassifikation und Kausalität, die Bedeutung erlischt im Ef-

---

[35] Eine alternative Technik beschreibt die Pixels, die ein Buch-
stabenbild auf dem Bildschirm formen — man spricht von
Bitmaps. Zu Outline Fonts und Bézier-Kurven vgl. K. P. Karmann
/ U. Hilgefort, »Schriften-Krämer«, S. 166

fekt, und ein *fine-tuning* übernimmt das Pensum der Synthesis. Denken steht zunehmend unter Instantan-Anforderungen, auf die man nicht mehr mit sequentiellen Abarbeitungsroutinen reagieren kann. »We return to [...] the icon.«[36] Vilém Flusser hat das Schreiben deshalb als archaische Geste eines antiquierten Menschseins verabschiedet: »Das offizielle Denken einer immer bedeutenderen Elite äußert sich in der Programmierung kybernetischer Datenbanken und Rechenanlagen, die eine andere Struktur haben als die Geste des Schreibens. Und die Massen werden durch die Codes technischer Bilder programmiert und in diesem Sinn wieder zu Analphabeten (der Systemanalytiker braucht nicht zu schreiben, der Computer funktioniert ohne Alphabet, und der Massenmensch hat es nicht nötig zu lesen, das Fernsehen informiert ihn ohne Buchstaben).«[37]

Auch wer noch traditionell schreibt, schreibt doch im Grunde keine Bücher mehr, sondern Mosaike aus Zitaten und Gedankensplittern. Schon 1928 beginnt ein Aphorismenband mit einer Absage an die »universale Geste des Buches«; die »wahre literarische Aktivität« müsse gerade den literarischen Rahmen sprengen und Flugblätter, Zeitschriften, Plakate als Schule jener »unscheinbaren Formen« begreifen, in der die »prompte Sprache« der Gegenwart gelernt wird. Deutlicher noch wird dann der grandiose Aphorismus ›Vereidigter Bücherrevisor‹, in dem Walter Benjamin einen kühn vorwegnehmenden Schattenriß der Schriftgeschichte vom Buchdruck bis zum DTP gibt. Er sieht schon seine Gegenwart in diametralem Gegensatz zur Gutenberg-Galaxis und verheißt das Ende des traditionellen Buches. Film und Reklame, statistische und technische Diagramme dringen ins Schrift-Bild ein und zerstören die Autonomie der Buchform. Und in großar-

---

[36] M. McLuhan, Understanding Media, S. 12; vgl. McLuhan, From Cliché to Archetype, S. 89 und N. Postman, Das Verschwinden der Kindheit, S. 93. − Vgl. hierzu aber auch B. Steinbrink, »Multimedia-Baukästen«, S. 76, über Icons als versteckte Programmierbefehle.

[37] V. Flusser, Gesten, S. 48

tiger Antizipation spricht Benjamin von einer veränderten »Schrift, die immer tiefer in das graphische Bereich ihrer neuen exzentrischen Bildlichkeit vorstößt«[38].

Hier wird deutlich: Auch Schreiben ist nur ein Spezialfall von Design. So versucht das alteuropäische Medium Buch, mit der simultanen Wahrnehmung Schritt zu halten. Doch, bemerkt Nam June Paik, auch ein radikaler Experimentalschriftsteller wie »der arme Joyce war gezwungen, die parallel weiterlaufenden Geschichten in einem Buch mit Einbahn-Richtung zu schreiben, wegen der Buch-Ontologie.«[39] Es wäre in diesem Zusammenhang lehrreich, einmal eine Geschichte des Hypertexts *avant la lettre* zu schreiben. Hypertext schließt nämlich nicht nur an die aktuellste technische Entwicklung, sondern auch an die älteste Tradition an. Das erste Kapitel seiner Geschichte müßte sich den Kommentaren von Bibel und Tora widmen. Denn was anders produzierten die mittelalterlichen Manuskripte der Mönche und Rabbis als Verknüpfungen, *guided tours* und *superlinks* zwischen den Urdokumenten und der religiösen und philosophischen Tradition: Fußnoten, Glossen, Bilder. Es ist deshalb nur konsequent, daß die Bibel-Forschung als eine der ersten auf Hypertext umgestellt worden ist. Entsprechend hat Ted Nelson den Talmud als Hypertext interpretiert — als Textkörper akkumulierter Kommentare und Kontroversen.[40]

Diese Versuche, Bücher zu schreiben, die die Buchform sprengen, sind gerade in ihrem Scheitern lehrreich. Offensichtlich ist das Informationsverarbeitungssystem Buch der Komplexität unserer sozialen Systeme nicht mehr gewachsen. Hier geht es aber nicht einfach um ein Problem wissenschaft-

---

[38] W. Benjamin, GS Bd. IV, S. 85, 104

[39] Nam June Paik, Werke 1946—1976, S. 89

[40] Vgl. T. Nelson, Literary Machines, S. 1/16. Vgl. zur Vorgeschichte von Hypertext auch Laurence Sternes ›Tristram Shandy‹, dazu M. Joyce, »Selfish Interaction«, S. 82: »Sterne exploits the decorative and self-referential qualities of the Gutenbergian medium in what we might call a *screen-based* mode.« — Des weiteren: Arno Schmidts ›Zettels Traum‹ (Zettelkasten, Teppich-Metapher); James Joyce's ›Finnegan's Wake‹; Julio Cortazars ›Hopscotch‹.

licher Darstellung, sondern um das Geschick der Postmoderne – Lyotard spricht sehr schön von einer »destina-
tion involontaire à une condition de plus en plus com-
plexe.«[41] Deshalb organisieren Autoren, die das wissen und
doch Autoren bleiben wollen, ihre Bücher nach Strukturen
und Mustern, die sie nicht-linearen Informationsverarbei-
tungssystemen entwendet haben. So sind Wittgensteins ›Philosophische Untersuchungen‹ Hypertext avant la lettre –
eine Zick-Zack-Reise über Gedankenfelder. Er konnte die extrem komplizierten Beziehungen seiner philosophischen Bemerkungen nur noch durch rigorose Verknüpfung mit einem
Zahlennetzwerk deutlich machen. Wird diese intensive Verknüpfung nun noch vom Einheitsphantom eines eigenen Ge-
dankenfeldes befreit, so entsteht Intertextualität: ein differen-
tielles Netzwerk von Textspuren, die endlos auf andere verweisen. Ein klares, wenn auch im Effekt eher bescheidenes
Beispiel hierfür bietet die Intertextualität der Hegel-/Genet-
Kolumnen in Derridas ›Glas‹. Sehr viel weiter entwickelt ist
die Hypertext-Strategie in ›Mille Plateaux‹ von Deleuze und
Guattari – ein Buch, das, wie der Titel schon sagt, aus einer
Vielzahl von Plateaus zusammengesetzt ist, die beliebig rela-
tionierbar sind und zu denen das Lesen einen *random access*
haben soll. Es ist der Versuch, in Buchform eine rhizomati-
sche Verflechtung informationeller Einheiten zu präsentieren.
Deleuze nennt das auch »Ensemble offener Ringe. Jeder kann
in die anderen eindringen. Jeder Ring oder jedes Plateau sollte
sein eigenes Klima, seinen eigenen Sound, seine eigenen
Klangfarben haben.«[42]

---

[41] Lyotard, Le Postmoderne, S. 117; vgl. a.a.O., S. 127: »Ultime
atteinte au narcissisme de l'humanité: elle est au service de la com-
plexification.« – Zu den Grenzen menschlicher Designkapazitäten
beim Management von Weltkomplexität vgl. M. S. Miller / K. E.
Drexler, »Comparative Ecology«, S. 51
[42] Zit. nach: Schizo-Schleichwege, S. 197; vgl. hierzu auch G. Deleuze / F. Guattari, Tausend Plateaus, S. 13, über das Buch als Maschine: »Ein Buch existiert nur durch das und in dem, was ihm
äußerlich ist.«

Ein eindrucksvolles Beispiel für Hypertext-Strategien in linearer Buchform ist Douglas Hofstadters ›Gödel Escher Bach‹. Das Buch argumentiert mit selbstverstärkenden Resonanzen, die durch seltsame Schleifen zwischen verschiedenen Ebenen der Reflexion / Darstellung entstehen. Die klassische Fehlanzeige eines infiniten Regresses wird elegant in eine wissenschaftliche Ästhetik der Rekursion umgedeutet. Doch auch ein Buch über seltsame Schleifen, das selbst schleifenförmig konstruiert ist, bleibt ein Buch. Gerade weil es nichtlinear aufgebaut ist, wird sich, wer es von Deckel zu Deckel liest, unweigerlich langweilen. So gilt für unser Zeitalter der Datenflüsse prinzipiell: Das Buch ist der »Engpaß menschlicher Kommunikation«[43]. Besonders deutlich wird das bei den labyrinthischen Argumentationen von Niklas Luhmann, der seine Kommunikationstheorie der Gesellschaft ebenfalls als seltsame Schleife konzipiert hat, um die Selbstreferenz zu reflektieren, die darin liegt, daß diese Kommunikationstheorie ja selbst eine Kommunikationsanweisung ist. Um die hier angezielte Komplexität ohne Informationsverlust darzustellen, wäre eben eine Simultanpräsentation in mehreren Ebenen nötig. Niklas Luhmann scheinen die kombinatorischen Möglichkeiten des Zettelkastens zu genügen, der ja, geschickt gehandhabt, ganz ähnliche Kreativitätsdienste leistet wie der Computer. Und in der Tat ist vom Hantieren mit Zettelkästen zu lernen, daß Lesen Verzetteln heißt: Man speichert Wissens-Items und gibt sie in Kombinationsspiele ein, um Komplexität aufzubauen.

Sehen wir näher zu. Zettelkästen speichern Daten, ohne sie unters Regime einer inhaltlichen Ordnung zu bringen, also ohne den Zwang zur Systematisierung und Sequentialisierung. Deshalb kann man Eintragungen unbegrenzt verzweigen und überall anschließen. Zur Orientierung genügen Siglen am Rand der Zettel. Keiner der Zettel ist an einer privilegierten Stelle plaziert. Denn was einer Notiz Informationswert verleiht, ist nicht die jeweilige Eintragung, sondern

---

[43] H. von Foerster, Sicht und Einsicht, S. 62

das Verweisungsnetz, in das sie eingefügt ist — also die
»nichtlineare, rekursive, verweisungsreiche Innenstruktur«
des Zettelkastens. Diese verleiht ihm ein kombinatorisches
Potential, über das der ›Autor‹ weniger verfügt, als daß er
von ihm überrascht wird. Insofern ist der Zettelkasten ein
Speichermedium, mit dem ich in Kommunikation trete; es
kann nämlich kommunizieren in dem Maße, als es mich mit
unvorhergesehenen, also informativen Notiz-Kombinationen
überraschen kann. »Eben dadurch gewinnt es ein von seinem
Autor unabhängiges Eigenleben.«[44]

Komplexe, hochinterdependente Theorien, die rekursiv und
heterarchisch angelegt und also nicht mehr serialisierbar sind,
lassen die Reflexion an mehreren Einstiegspunkten zugleich
ansetzen. Und jeder Reflexionseinstieg setzt mehr voraus, als
jeweils erläutert werden kann. Das läßt sich linear kaum
mehr präsentieren. Deshalb operiert Luhmann mit Vor- und
Rückgriffen. Das Ideal seiner nichtlinearen Theoriearchitek-
tur wäre es, wenn jedes Kapitel eines Buches in jedem anderen
Kapitel wieder vorkommen würde. Weil das aber in Büchern
nicht geht, widerspricht die Darstellungsform der Theorieform. Da bleibt nur der Appell an den Leser, das Buch im
Akt des Lesens umzuschreiben. Denn wie anders kann man
komplexe Sachverhalte zeigen, die nicht mit einem Blick faß-
bar sind.

Wir sind beim Thema: Simultanpräsenz des Komplexen in
Sprache. Auf der Ebene der Theorieform handelt es sich um
das Problem der Integration verschiedener Forschungs-
ansätze; auf der Ebene der Darstellungsform geht es um die
Vertextung einer Argumentation, die weder linear noch zir-
kulär, sondern eben als *strange loop* prozediert. »Es gibt kei-

---

[44] Luhmann, Universität als Milieu, S. 57, 66. — Auch diese Zusammenhänge hat bereits Walter Benjamin, GS Bd. IV, S. 103, genau
erkannt: »Heute schon ist das Buch, wie die aktuelle wissenschaftliche Produktionsweise lehrt, eine veraltete Vermittlung zwischen
zwei verschiedenen Kartothekssystemen. Denn alles Wesentliche
findet sich im Zettelkasten des Forschers, der's verfaßte, und der
Gelehrte, der darin studiert, assimiliert es seiner eigenen Kartothek.«

nen voraussetzungslosen Anfang und kein erkennbares Ende.
Die Selbstlimitierung nimmt im Nachvollzug der internen
Interdependenzen zu, zugleich entstehen aber Querperspekti-
ven und neue Abstraktionsmöglichkeiten, die das Erreichte
wieder in einen unfertigen Zustand versetzen. All dies macht
eine Präsentation mit klassischen Mitteln, etwa in der sequentiellen Form eines Buches, schwierig.«[45] Gesucht wird also
ein Medium simultanpräsenter Darstellung: »Schön wäre es,
wenn man diese leicht labyrinthische Theorieanlage in Büchern abbilden könnte, die sozusagen zweidimensional angelegt sind, also mehrere Lesewege eröffnen.«[46] Für Luhmann
muß das ein Traum bleiben, weil man in Buchform einen
Text ja nicht unterschiedlich, nämlich je nach dem gewählten
Leseweg, arrangieren kann.

Eben diese Möglichkeit aber eröffnen Hypermedien. Sie
implementieren ein Wissensdesign, das Daten gleichsam frei
begehbar macht; d.h. sie dekontextualisieren Informations-
elemente und bieten zugleich Verknüpfungs-Schemata der
Rekombination an. Problematisch ist natürlich der Maßstab
dieser Dekontextualisierung vorgegebener Datenstrukturen.
Nach welchem Schema wird die Information modularisiert?
Hypermedia präsentieren nämlich keinen kontinuierlichen
Informationsfluß wie etwa ein Film, sondern Grundeinheiten
der Information, die in Wechselbeziehung zueinander stehen.
Es geht hier um die Frage der Körnung von Information. Wie
klein darf eine Dateneinheit sein, wenn sie für den Anwender
auch isoliert betrachtet verständlich bleiben soll? Wie weit
lassen sich die Hyper-Moleküle des Wissens dekontextualisie-

---

[45] Luhmann, Soziologische Aufklärung Bd. II, S. 202
[46] Luhmann, Soziologische Aufklärung Bd. III, S. 174; ähnlich
formuliert das Problem Peter Fuchs, »Kommunikation mit Computern?«, S. 7: »Die Sprache in ihrer sukzessiven Temporalität
kann sich den Simultaneitätsgegebenheiten komplexer Kommunikationsprozesse kaum anschmiegen. Wenn diese noch miterfaßt
werden sollten, müßte gewissermaßen palimpsestförmig geschrie-
ben werden.« Eben das aber ist jetzt möglich: Hypertext ist die
technisch erarbeitete Lesbarkeit des Palimpsests simultaner Datenprozesse.

ren? »The granularity of information in hypertext is not determined by the hypertext metaphor but rather by the way information is organized by the designer of the system.«

Modularisieren ist das eine, Verknüpfen das andere. Hypermedien lassen sich wohl am besten durch eine Taxinomie ihrer Verknüpfungen charakterisieren. Sie haben eine starke Affinität zu den RDBMS, den *relational database management systems*, die dynamische Strukturen auf der Basis der Mengenlehre mit relationalen Operatoren abarbeiten. Sie arbeiten also — weit entfernt vom linearen Datenprocessing — mit *many-to-many*-Relationen, d.h. mit Kombinationen von vertikalen und horizontalen Untermengen. Und hier zeichnet sich nun eine für jene komplexe Theorie des Komplexen entscheidende Implementierungsmöglichkeit ab: Elaborierte Hypermedien werden mit *second-order-links* operieren, d.h. also mit Verknüpfungen von Verknüpfungen. M.a.W.: Verknüpfungen können selbst als Objekte erster Ordnung behandelt werden. Zur Kontrolle rekursiv-zyklischer Strukturen in den konzeptuellen Beziehungen und Verknüpfungen stützt sich das Software-Design auf die Matrix-Algebra und die Formalisierungsleistung von Graphen: »Graph theory enables a computer-performed pre-assessment of the patterns of connections in hypertext networks.«[47]

Damit wäre die Software-Struktur von Hypermedien aber identisch mit der Theorie-Struktur komplexer Sachverhalte: Relationierung von Relationen. Vertraute dynamische Strukturen wie das Wetter lassen sich derart simulieren. Hypermedien erlauben die Darstellung der Interaktion von Beziehungen und Werten über einen bestimmten Zeitraum hin. Die Entwicklung von Hypermedien ist also ein Prozeß des Knowledge engineering, der den Wert vorgegebener Informationen dadurch steigert, daß er sie (eben durch Dekontextualisierung, Modularisierung und eine Verknüpfungstaxinomie) »begehbar« macht. Behalten wir bei all dem aber die unauf-

---

[47] R. McAleese, »Concepts as Hypertext Nodes«, S. 97; P. Kommers, »Graph Computation«, S. 132; vgl. Woodhead, Hypertext & Hypermedia, S. 18f, 118

hebbare Paradoxie im Auge, daß die Reduktion von Datenkomplexität nur durch ein Mediensystem geleistet werden
kann, das seinerseits eine hohe »Abwehrkomplexität« entwickelt — eben durch Verknüpfungen von Verknüpfungen,
die stets in Unübersichtlichkeit (eben: unser Ausgangspro-
blem) umzuschlagen drohen. Stichwort: *overlinking*. Wichtige hypermediale Werkzeuge fürs Komplexitätsmanagement
sind die sog. typisierten Verknüpfungen. Sie reduzieren die
Datenkomplexität, ohne zu klassifizieren und eröffnen eine
Vielfalt virtueller Navigationsperspektiven. Typisierte Verknüpfungen weisen im Gegensatz zu bloß syntaktischen und
assoziativen Relationen eine semantische Spezifikation auf.
Offenbar sind die Knoten und Verknüpfungen der meisten
Hypertext-Systeme nach den semantischen Netzen der Artificial Intelligence modelliert.

  Das Software-Design von Hypermedien der Zukunft ist an
Rechnerarchitekturen jenseits des von-Neumann-Computers
orientiert. Sie integrieren heterogenstes Material, prozessieren
parallel und konnektionistisch, operieren auch *fuzzy* und
probabilistisch. Das sind Techniken, die es ermöglichen sollen, mit unvollständigem Wissen und verspäteten Informationen dennoch erfolgreich zu rechnen. Man spricht von offenen Computersystemen ohne zentrale Kontrolle, gleichsam
›ökologisch‹ angelegten Rechnerarchitekturen. »These open
systems, self-regulating entities which in their overall behavior are quite different from conventional computers, engage
in asynchronous computation of very complex tasks, while
their agents spawn processes in other machines whose total
specification is unknown to them. These agents also make lo-
cal decisions based both on imperfect knowledge about the
system and on information which at times is inconsistent and
delayed. They thus become a community of concurrent processes which, in their interactions, strategies, and competition
for resources, behave like whole ecologies.«[48]

---

[48] B. Huberman, The Ecology of Computation, S. 1. — Vgl.
Woodhead, a.a.O., S. 36, 143

Ein Schlüssel zum Verständnis von Hypertext-Systemen liegt im Begriff der Navigation. Wie schon die Kybernetik greift das neue computergestützte Wissensdesign auf das Bild des Steuermanns zurück. Zunächst bezeichnet Navigation ja die zugleich sichere und streckenoptimierende Führung eines Fahrzeugs. Im Hypermedien-Kontext ist die Bahnung von Wissenspfaden im Dschungel der Daten gemeint. Dem entspricht die Designaufgabe, das *user interface* als Navigationsfilter zu gestalten. Interface-Design heißt in diesem Zusammenhang: Hypermediensysteme sollen den Anwendern helfen, die Fragen zu formulieren, deren Antworten sie sein können. Die gesuchte Information ist also hochkomplex und vollständig bekannt. Doch ist eben, wie schon Hegel wußte, das, was bekannt ist, nicht auch schon erkannt. In herkömmlichen Information-Retrieval-Systemen muß die Zielinformation deshalb erst durch eine Reihe von logischen Operatoren definiert werden — es handelt sich im wesentlichen um das AND, OR und NOT der Booleschen Logik, die man als Funktionen von sich überlagernden Mengen darstellen kann. Mit dieser Suchtechnik werden nun aus der gesamten Datenmasse diejenigen Dokumente ausgefiltert, deren semantische Beschreibung mit der Frageformulierung übereinstimmt.

Heute stellt das Boolesche Suchverfahren einen Engpaß im Software-Design von Hypermedien dar. »The boolean keyword approach suffers from the problems that it is difficult to specify precisely the boolean query, difficult to control the size of the returned node list, and that the retrieved nodes are presented in a random un-ordered manner.«[49] Gegen das strenge Matching-Kriterium der Booleschen Informationssuche bringt Hypertext ja gerade weiche Navigationsformen wie probabilistische oder *fuzzy search* und das Browsing ins Datenspiel. Nigel Woodhead unterscheidet Navigation und Browsing sehr prägnant als Extremformen der Durchquerung des Datenraums; die beiden Techniken ent-

---

[49] Tat-Seng Chua, »Issues in Hypermedia Research«, S. 41; vgl. R. Kuhlen, Hypertext, S. 25, 219, 236 und Woodhead, a.a.O., S. 26, 31

sprechen einem strukturorientierten, strategisch-systemati-
schen bzw. einem an Microfeatures orientierten taktisch-
kasuistischen Suchmuster. »Navigation tools are the compass,
map and sextant. Browsing tools are the magnifying glass,
notebook and butterfly net.«[50]
Luhmann hat darauf hingewiesen, daß die Linearitätspflich-
tigkeit von Kommunikation ausschließt, daß sie in einen
mehrdimensionalen Raum diffundiert, um sich zu erläutern.
Daraus scheint zwingend zu folgern: nur wenige können verstehen. Doch der Informationsraum der Hypermedienkultur
hat ja n Dimensionen[51]. Darin kann sich das Problem einer
Reduktion verstehensfähiger Adressaten gar nicht stellen;
problematisch ist allein die Reduktion von Datenkomplexität. Auf dem Computerbildschirm präsentiert sich der n-di-
mensionale Datenraum als Stapel von Schreiboberflächen:
Fenster öffnen sich in Fenstern. Denkt man darüber hinaus

---

[50] Woodhead, a.a.O., S. 102. – Zu den beim Browsing entstehenden Serendipity-Effekten vgl. Kuhlen, Hypertext, S. 38, 129.
Nun setzt eigentliche Navigation eine genaue Bestimmung der
eigenen Raumposition voraus. Eben das macht aber die Übertragung der Navigationsmetapher auf Hypermedien problematisch,
denn Hypertext-Systeme werden gar nicht als Raum erfahren: »all
linked texts are experienced as lying at the same ›distance‹ from
the point of departure.« – Tat-Seng Chua, a.a.O., S. 51. Vielleicht
ist der Erfolg der Navigationsmetapher ja darin begründet, daß die
reale Navigationspraxis zunehmend auf elektronische Kartendis-
plays und Hypermedien umstellt; vgl. Nelson, Dream Machines, S.
24, und Stolze / Schlingelhof, a.a.O., S. 40f, über das Navigation
Satellite Timing And Ranging / Global Positioning System.
[51] Wir unterscheiden im folgenden nicht zwischen Trägern po-
tentieller Information, also den Dokumenten, und der Information
selbst. Strenggenommen aber kann man Information gar nicht
speichern, weil sie allein in der Beobachtung von Dokumenten, in
Interaktionen mit der Welt entsteht. »Die Welt enthält keine Information, die Welt ist, wie sie ist« – H. von Foerster, Sicht und
Einsicht, S. 47. Wir haben es also nicht mit der Welt, sondern immer nur mit den Dokumenten der Speichermedien und Archive zu
tun. Es gibt strenggenommen keinen Informationsraum, sondern
allenfalls ein *universe of documents*.

noch an die hypertextspezifische Einbeziehung unterschiedlichster Medien auf ein und derselben Darstellungsfläche, die
nach dem »*gestalt* law of closure«[52] ja alles, was in ihrem
Rahmen erscheint, als zusammenhängend präsentiert, so erweist sich der elektronische Schriftraum als fraktal dimensio-
niert. Und gerade weil Information keine natürliche Topo-
graphie hat, intervenieren auf der Benutzeroberfläche immer
wieder orientierende Medienmetaphern: Bibliothek, Kompaß, Netz, Film, Hitch Hiker's Guide. Neuerdings versucht
Luis Serra, die Leistung der computergestützten Mulitmedia-
Integration durch die Kamera-Metapher zu erhellen. Das Interface wird als ein *set* von Kameras modelliert, die auf Datenstrukturen unterschiedlichster Medien gerichtet sind;
»interfacing with the computer becomes synonymous with
viewing, or pointing a camera at an object and moving the
camera with respect to that object.«[53]

Hypermedien benutzen also die charakteristischen Leistungen älterer Medien als metaphorische Navigationshilfen im
n-dimensionalen Informationsraum. Vor allem die Filmmeta-
phern etwa auf Apples HyperCard markieren den Abschied
von den linearen Informationsstrukturen: Auflösung, Schnitt,
Montage, *flashback, zoom in / out*. Solche nichtlinearen Strukturen des Datenmanagements erzeugen natürlich eine viel
höhere Verknüpfungsdichte (busy screen), als dies Büchern je
möglich wäre. Darauf reagieren Bücher recht hilflos mit den
schon erwähnten Schleifen- und Labyrinth-Techniken, mit
Spezialzeichen, die Aufmerksamkeit steuern und Textstufen
indizieren sollen – oder eben damit, daß Disketten einge-
klebt werden. Erst Hypermedien ermöglichen aber, was bisher nicht implementierbar war: das *browsing between media*.

Ginge es allein nach der Logik der Hypersysteme, so würde
die neue Textgesellschaft – es war Ted Nelson, der sie *docuverse* genannt hat – entschlossen Abschied nehmen von privaten, diskreten Dokumenten und sich in der »freien Rede«
unendlicher (Re-)Kombinationen von Informationsfragmen-

---

[52] J. Nielsen, Hypertext & Hypermedia, S. 21
[53] L. Serra, »A Camera-Object Metaphor«, S. 272

ten entfalten. Doch auf absehbare Zeit wird es schon deshalb immer noch »Autoren« geben, weil die kapitalistische Spezifikation des Projekts Textgesellschaft auf dem Copyright bestehen muß. Piraterie wird zum Schlüsselproblem. Deshalb — und nicht etwa aus technischen Gründen — müssen etwa CD-ROMs bleiben, was sie heißen: eben *read only memories*. Die Frage nach Autorschaft, Copyright und Piraterie markiert den entscheidenden Verzweigungspunkt zwischen *closed* und *compound hypermedia*.

George Steiners im Namen realer Gegenwarten geführte Polemik gegen die Welt des Sekundären, der bis zur Unlesbarkeit glossierten Texte, des unendlichen Kommentars und der Fußnoten will EDV und elektronische Datenspeicherung als Informationsfetischismus entlarven — Hypermedia als »parodistische Erfüllung des im mittelalterlichen Geist angelegten enzyklopädischen Verlangens«[54]. Das ist — läßt man das negative Vorzeichen einmal beiseite — scharf gesehen. Schon G. Wells hat von einer *World Encyclopaedia* geträumt: »spread like a nervous network [...] knitting all the intellectual workers of the world through a common interest and a common medium«.

Vannevar Bush, der die Arbeit von 6000 führenden amerikanischen Wissenschaftlern an der militärtechnischen Applikation ihres Wissens koordiniert hat, beginnt diesen Traum schon in den 30er Jahren zu konkretisieren. Sein berühmter Aufsatz vom Juli 1945 »As we may think«, den die Freudsche Verneinung: »This has not been a scientist's war«, eröffnet, reformuliert das Zentralproblem des Zweiten Weltkriegs als das große Zivilisationsproblem des 20. Jahrhunderts: schnelle Verarbeitung einer alles Menschenmaß sprengenden Informationsmasse. Dafür ist ein Symbolismus nötig, der es erlaubt, mathematische Transformationen auf Maschinenprozesse zu reduzieren. Erst dann wäre eine Entlastung des Menschen-Denkens erreicht, von der schon Leibniz und Babbage träumten: to »click off arguments on a machine«. Dies technisch zu implementieren, scheiterte bisher stets daran, daß jeder Zu-

---

[54] G. Steiner, Von realer Gegenwart, S. 65

wachs an Komplexität ein Weniger an Verläßlichkeit bedeu-
tete. Erst das Zeitalter der Elektrizität und neuen Medien hat
die massenweise und billige Produktion hochkomplexer
Gadgets von großer Zuverlässigkeit gebracht. Seither ist es
möglich, die Darstellung und Reduktion von Komplexität zu
maschinisieren.

Bush sieht sehr klar, daß die wachsende Komplexität der
westlichen Zivilisation dazu zwingt, Erinnerung, Speicherung
und Archivierung vollständig zu mechanisieren. Nur vor
dem Hintergrund dieser technischen Implementierungen von
Gedächtnisfunktionen mag es den Menschen dann gelingen,
das »privilege of forgetting« wiederzuerringen. Menschenhirne derart von zivilisatorisch unverzichtbarer Komplexität
zu entlasten, kann dann auch ein prägnantes Berufsprofil prägen: Die neue Profession des »trail blazers«[55] bestimmt sich
aus der Aufgabe, stellvertretend für andere gangbare Wege
durch das Labyrinth des Gespeicherten zu bahnen; als Wis-
sensarbeiter wären sie menschliche Informationsprozessoren.
Um es formelhaft zu sagen: Alle notwendigen Informationen
stehen zur Verfügung, doch jeder Zugang wird zum strengen
Selektionsakt. Man kann ja unter den neuen Medienbedingungen einer Sintflut des Sinns nicht wirklich wissen, was
man alles weiß − d.h. man kann es nicht ›hermeneutisch‹
applizieren, an laufende Kommunikationen anschließen.
Insofern kann man sagen, daß der größte Teil der Wissens-
produktion ans Systemgedächtnis adressiert ist, um dort −
hochselektiv − abgerufen werden zu können. Schon um dabei von »Fluktuationen im Personalbereich« unabhängig zu
bleiben, hält man sich bei solchen Selektionen nicht mehr an
das Maß des einzelmenschlichen Gedächtnisses. So pflegt die
Industrie neuerdings ein *Corporate memory* als computergestütztes fallbasiertes Expertensystem[56].

---

[55] V. Bush, »As we may think«, S. 105, 108; vgl. hierzu Kuhlen,
a.a.O., S. 158, v. a. die Bemerkung über kommerziell verwertbare
»Dialoghistorien«. Auf das Verhältnis von Computergedächtnis
und menschlichem Vergessen kommen wir noch einmal zurück.
[56] Vgl. Th. J. Schult, »Orientierung am Konkreten«, S. 86

Bushs *trail blazers* machen eben dies deutlich: Die Haupt-
probleme des Informationszeitalters sind Selektion und Zugang zum *record*. Immer seltener läßt sich klar sagen, was
man sucht. Deshalb wird die Frage vordringlich, *wo* die
Antwort in einem Archiv zu finden ist — im Bibliothekars-
jargon spricht man von einer »Verschiebung von der Doku-
mentenanforderung zur Titelanforderung«[57]. Was Selektion
und Zugang zum gespeicherten Wissen problematisch macht,
ist die traditionelle Art seiner Organisation — nämlich durch
Indices. Dagegen setzt Bush die Assoziationsmechanik des
menschlichen Geistes, die technisch implementiert werden
soll: »Selection by association, rather than by indexing« —
das bleibt das Prinzip aller Hypermedia-Strukturen und situiert sie auf derselben Ebene wie konnektionistische Modelle,
neuronale Netze und das *parallel distributed processing*. Bei aller Langsamkeit der Rechner gilt doch für all diese Konzepte
der Selektion durch mechanisch assoziative Verknüpfung: »it
should be possible to beat the mind decisively in regard to
the permanence and clarity of the items resurrected from
storage.« Damit tritt das assoziative Denken des Alltags ins
Zeitalter seiner technischen Reproduzierbarkeit ein. Memex,
Bushs *memory extender*, war als mechanisierte, den Zugang
zum Gespeicherten extrem beschleunigende Privatbibliothek
geplant — ein Supplement des menschlichen Gedächtnisses.
Es funktioniert auf der Basis des simplen Prozesses der Verknüpfung zweier Eintragungen, die dann eine automatische
Selektion der einen durch die andere ermöglicht; das nennt
Bush »associative indexing«[58]. Nur das jeweilige Erkenntnis-
interesse des Memex-Benutzers bahnt dann erkennbare Wege
im mechanisch assoziierten Gespinst der Daten.

---

[57] H. von Foerster, Sicht und Einsicht, S. 44
[58] V. Bush, a.a.O., S. 106f. Zur hier einrastenden psychologischen
Theorie der »spreading activation« des menschlichen Gehirns vgl.
Gray / Shasha, »To link or not to link?«; die Affinität von Bushs
Memex zum Forschungsansatz des Konnektionismus betont Kuh-
len, a.a.O., S. 274. Zu einer hypertextspezifischen, »prismatischen«
Speichertechnik vgl. Nelson, Literary Machines, S. 2/19

Memex als Supplement des Gedächtnisses, assoziatives Indizieren der Daten nach dem konnektionistischen Modell der Gehirnfunktionen — Vannevar Bushs Vision einer Synergie von Mensch und Maschine geht aber noch einen Schritt weiter. Wenn alle Formen des Wissens in der Welt auf variierende Ströme in Schaltkreisen reduziert werden können und auch das Menschenhirn nach eben diesem Schema prozediert, müßte Interzeption in einem radikalen Sinne möglich sein. Interzeption meint ja den unmittelbaren Übergang von einem elektrischen Phänomen (inside) zu einem anderen elektrischen Phänomen (outside), ohne daß es erst in eine mechanische Bewegung transformiert werden müßte (wie etwa beim Enzephalographen). Hier ist der Schritt von Science fiction zu Normal science ganz klein. Längst hat sich Bushs Vision vom Forscher der Zukunft erfüllt, der die Fesseln des Experimentalen gesprengt hat, herumgeht, beobachtet, photographiert, kommentiert, alle repetitiven Gedankenprozesse maschinisiert und dann die gespeicherten Daten frei bearbeitet. Seine Graphen zeichnenden Apparate produzieren die Schrift der Natur im numerischen Schriftraum des Computers. Jay David Bolter meint gar: »The book of nature is a hypertext, whose language is the computational mathematics of directed graphs.«[59]

Ted Nelson, der sich selbst als zynischen Romantiker und »computopian« charakterisiert, hat erstmals die Grundbegriffe von Schreiben unter Computerbedingungen definiert. Demnach heißt Literatur ein System miteinander verschalteter Schriften: »Literature is an ongoing system of interconnecting documents.«[60] Nelsons Xanadu-Paradigma ist die Software einer online-Welt-Bibliothek, d.h. nicht nur einer Bibliothek für die ganze Welt, sondern auch einer Verwandlung der Welt in eine elektronische Universalbibliothek. In ihr sind alle Dokumente virtuell omnipräsent und ubiquitär — sie nehmen die Form einer ›Instant-Literatur‹ an; »the Xanadu system provides a universal data structure to which all

---

[59] Bolter, Writing Space, S. 106; vgl. S. 77ff
[60] Nelson, Literary Machines, S. 2

other data may be mapped«[61]. Das ist durchaus auch karto-
graphisch zu verstehen: die Instant-Literatur produziert eine
neue Weltkarte. Jedes Byte der Welt kann mit einer eigenen
Adresse versehen werden. Das reduziert die Redundanz der
Kopien und identischen Formulierungen; gespeichert werden
ja nur die Originaldokumente und Varianten / Lesarten. Xanadu löscht deshalb auch keine Texte.

Ted Nelson nimmt Abschied von der Gutenberg-Welt diskreter, privater Dokumente und entwirft ein Medienenviron-
ment, das es den Benutzern ermöglicht, eigene Verknüpfungen zwischen den auf ein kompatibles Format gebrachten,
gleich zugänglichen Dokumenten der Welt zu etablieren —
eben das nennt er *docuverse*. Natürlich kann man leicht zeigen, auf welche Hardware-Grenzen das Xanadu-Paradigma
eines Systems aller Welttexte *online* heute stößt. Man spricht
deshalb auch schon von *docuislands*. Doch einer prinzipiellen
Betrachtung zeigt sich, daß gerade Xanadu technisch implementierbar ist; die Hardwaregrenzen sind solche von Standards, die kommerzielle und öffentlich-rechtliche Nutzer ver-
ordnen. Was sie fürchten, ist die in Nelsons System angelegte
Möglichkeit einer radikaldemokratischen Kollaboration; eben
darauf zielt nämlich der »computopian«. »Therefore«, heißt
es folgerichtig in einem Hypermedia-Papier eines NATO Ad-
vanced Research Workshops von 1989, »therefore this scenario is not considered further here.« Rein technisch gilt aber:
»The concurrency control of a distributed HyperInformation
system fits all the technical needs of this scenario.«[62]

Die radikaldemokratische Kollaboration in der Navigation
durchs *docuverse*, d.h. durch eine online-Weltbibliothek, ist
für Nelson die einzige Möglichkeit für Menschenhirne, sich
der Masse und Komplexität von Informationen gewachsen zu
zeigen. Der Abschied von den diskreten, privaten Dokumenten der Gutenberg-Galaxis ist eben auch ein Abschied von
den Ordnungsmustern Hierarchie, Kategorie und Sequenz.

---

[61] Nelson, The Xanadu Paradigm, S. 1
[62] M. Richartz / T. D. Rüdebusch, »Collaboration in Hypermedia Environments«, S. 314

Die von Hofstadter beschriebene Struktur der endlos gefloch-
tenen seltsamen Schleife findet hier eine präzise Anwendung:
Dokumente sind nicht statisch, sondern — so Nelsons eigene
Definition — »an evolving ongoing braid«. Wo aber immer
wieder eine veränderte Perspektivierung und Reinterpreta-
tion möglich ist, gibt es keine definitiven Versionen mehr.
Elektronisches Schreiben wird unabschließbar: »There is no
Final Word.«[63] Permanente Revision wird zum Normalfall
der Textverarbeitung.

Das entscheidende Charakteristikum des Docuverse ist
»intertwingularity« — Verflechtung, Vernetzung, Rhizom.
Es gibt gar keine Einzelgegenstände des Wissens, Subjekte so
wenig wie ›subjects‹, also Objekte; es sind nur Knotenpunkte
unzähliger Querverbindungen, Gatter und Netze. Und weil
diese Datenketten keine ersten und letzten Elemente mehr
kennen, schließen sie sich zu ineinander verschränkten Rin-
gen — »hypertorus«[64]. Wissensdesign kann sich deshalb auch
nicht mehr an der Pyramide der alteuropäischen Wahrheit
orientieren — eher schon am Perspektivismus des Films *Ra-
shomon*. So lautet Ted Nelsons Leitmotiv denn auch: »Everything is deeply intertwingled«[65]. Diese Formel ist fast identisch mit Pynchons Definition der Paranoia als »realization
that everything is connected«. Und in der Tat verwischen sich
im postmodernen Universum der Dokumente die Grenzen
zwischen Weltkomplexität und Beziehungswahn, seit das
Wissensdesign radikal von Referenz auf Intertextualität umgestellt hat. Ja, das Wissensdesign von Hypermedien drängt
heute sogar noch weit über radikaldemokratische Konzepte
wie Deleuzes Wurzelgeflecht oder Nelsons universale Ver-
knüpfbarkeit hinaus — *nested boxes* entziehen sich der Vorstellung und lassen sich nur noch auf Computerbildschirmen
darstellen: »everything is inside of everything else! When you
enter a unit, it becomes outermost, and the things that are

---

[63] Nelson, Literary Machines, S. 2/14, 2/61
[64] H. Van Dyke Parunak, »Ordering the Information Graph«,
S. 308
[65] Nelson, Dream Machines, S. 31

connected to it become included in it, including the room you just left«[66].

Die Darstellungsformen des hypermedialen Wissensdesigns sind also rekursiv – mit den Grenzwerten von Paradoxie und infinitem Regress. Douglas Hofstadter hat die Denkformen der Postmoderne in diesen fraktalen Raum eingetragen: Moebius-Bänder, Seltsame Schleifen und verwickelte Hierarchien, Krebs und Rückfaltung – sämtlich überraschende Effekte der Selbstbezüglichkeit. Für alle gilt, daß die Unterscheidung von Innen und Außen nicht mehr funktioniert. Ob *nested boxes* oder *strange loops* – es bestätigt sich die numinose Formel der Beatles: Your inside is out and your outside is in. Das ist der sachliche Grund für die Forderung einer hypertext-adäquaten Neustrukturierung des Wissens. Hartnäckiger als die Hardware-Grenzen sind dabei die Rezeptionslimits des Menschen. Wenn Informationen nicht mehr diskret und linear, sondern mit hoher Dichte auf *busy screens* angeboten werden, droht kognitive Entropie. Das ist die Rückseite der unbegrenzten Manipulationsgewalt, die Hypermedien verleihen: verloren zu gehen im *hyperspace*.

Gegen dauernde Informationsüberlastung gibt es prinzipiell nur zwei Entlastungstechniken: Filterung und Kompression. Ein F 18-Kampfflugzeug hat eine Bedienungsanleitung von 300 000 Seiten. Speichert man sie, statt auf Papier, auf CD-ROMs, so reduziert sich der Speicherraum um den Faktor 1200. Das gilt im verkleinerten Maßstab auch für die diagnostischen Reparaturmanuale der großen Autofirmen; so wird der VW Rabbit nach dem Hypertext-System Thoth II repariert. Das spart nicht nur Platz, sondern beschleunigt den Zugriff und ermöglicht ein reibungsloses Updating der Informationen und eine dynamische Rekonfiguration der Daten. Es ist deshalb ganz folgerichtig, daß die US Navy das Interactive Graphical Documents System zur Reparatur von elektronischer Ausrüstung (Brown University) finanziert hat.

Das entscheidende Speicherproblem werfen natürlich nicht Texte, sondern Bilder auf. Das zunächst beeindruckende Fak-

---

[66] Travers, in: ACM Hypertext 1989, S. 149

tum, daß man auf einer CD-ROM bis zu 1000 Romane speichern kann, muß daran gemessen werden, daß ein einziges
Farbfernsehbild etwa 100 Kilobyte verbraucht. Um einer Be-
dienungs- oder Reparaturanleitung also ein einminütiges Video einzufügen, muß eine Speicherkapazität von ca. 200 Megabyte reserviert werden. CD-ROMs speichern bekanntlich um
600 Megabyte. Vor allem bei der Übertragung und Speicherung von Bewegtbildern wird die Entwicklung von Algorithmen zur Datenkompression dringlich: Man unterscheidet in
einer Bildfolge Redundantes von Nichtredundantem und
überträgt nur noch Bewegungsvektoren und Korrekturwerte;
man könnte auch sagen: man speichert und überträgt nur noch
die statistische Differenz zum je vorangegangenen Bild[67]. Doch
der Datenkompressionsfortschritt hat − zumindest heute
noch − seinen Preis. Wie der Name schon sagt, sind die Com-
pact Disks eben Read Only Memories und fallen damit unter
Ted Nelsons kritischen Begriff der »closed hypermedia«.

Datenkompression ist das eine. Um sich der »plethora of information«[68] gewachsen zu zeigen, ist es aber noch wichtiger,
intelligente Filter für jene ökologische Aufgabe der Datenverarbeitung zu entwickeln, die ein anderer romantischer Zyni-
ker, nämlich Marshall McLuhan, auf die prägnante Formel
einer media-fallout-Rationierung gebracht hat. Navigation im
Informationsraum der Hypermedien ist ja identisch mit einer
Reduktion der Komplexität möglicher »views«, d.h. mit einer
Ausfilterung irrelevanter Daten. Gerade ein Docuverse Nel-
sonscher Prägung müßte mit dem Dauerproblem von »junk
information« leben. »Filtering links is a key aspect of front-
end design.«[69] Alle Dokumente würden ja von unzähligen
Kommentaren, Verknüpfungen und Variationen wie ein
Palimpsest überschrieben. Wer entscheidet nun über wichtige
und junk-Information? Wer filtert die Daten zur Brauchbarkeit? Offenbar Vannevar Bushs *trail blazers*. Implementierbar

---

[67] Vgl. B. Hammer, »Datenreduktion«, S. 42f und M. Winkler,
»Computerkino«, S. 104, 106
[68] McKnight u.a., Hypertext in Context, S. 7
[69] Nelson, Literary Machines, S. 4/60

wäre auch eine Rückmeldung der Brauchbarkeit bestimmter
Knoten und Verknüpfungen, also ein »voting filter [...] based
on relevance feedback from other users«[70].

Die meisten Schreiber haben ihren Scheinfrieden mit dem
Computer als *word processor* gemacht, weil er den konventionellen Begriff der linearen Schrift nicht in Frage stellt; simple
Suchprogramme, Graphikfähigkeit und Textmontage führen
nicht per se zum Hypertext. Entscheidend ist vielmehr die
nicht-lineare Struktur des Gesamttexts, die explizit und leicht
modifizierbar sein muß. »The main distinctive utility of out-
liners is in being able to fold away lower levels of an outline,
allowing a high-level view of the structural backbone of a do-
cument.« Dieses Differenzkriterium erlaubt auch einen nüch-
ternen Blick auf das sog. interaktive Fernsehen, Virtual reality, elektronische Vergnügungsparks und interaktive Wissen-
schaftsmuseen. Je entwickelter nämlich die entsprechenden
Computerprogramme sind, desto mehr (Vor-)Entscheidungen
übernehmen sie, die dann in Bildform präsentiert werden; sie
machen das Symbolische vergessen. Der Leser wird zum Zuschauer; indem er, statt zu lesen, in ein Environment ein-
taucht, unterliegt er der Suggestion, Erfahrungen durch
Wahrnehmung zu machen. In der Tour-Metapher wird deutlich, daß hier Hypermedien wieder auf eine sequentiell-linea-
re Struktur reduziert werden. »Guided tours« sind das Werk
von Vannevar Bushs *trail blazers*; sie offerieren »superlinks«,
die nicht einfach zwei Knoten, sondern einen ganzen *string*
verknüpfen. Besser als die Guide- und Tour-Metaphern machen, wie schon erwähnt, Film-Metaphern die nicht-linearen
Strukturen der Navigation im n-dimensionalen Informationsraum deutlich; sie signalisieren Verknüpfungen innerhalb und
zwischen Dokumenten, aber sie können keine Referenzen
zwischen verschiedenen Medien darstellen. Auch Filmmeta-
phern versagen vor der eigentlichen Leistung von Hypertext:
»to browse between media using a single delivery device.«[71]

---

[70] Nielsen, a.a.O., S. 141; vgl. S. 188f
[71] Woodhead, a.a.O., S. 30, 58

Eine der einfachsten Formen, innerhalb linearer Schriftbe-
wegungen Mehrstufigkeit und Komplexität darzustellen, ist
die Fußnote. Deshalb charakterisiert die simpelste Definition
einen Hypertext als generalisierte Fußnote. Er bildet ja ein
Netzwerk aus Fußnoten zu Fußnoten. Eben das aber läßt
sich in Print-Medien nicht mehr sinnvoll darstellen. An die
Stelle des linear-sequentiellen tritt das peripatetische Lesen.
Hypertext macht explizit, was lineare Schriften noch der
hermeneutischen Arbeit auflasten: das Netzwerk seiner Referenzen. Während lineare Schrift suggeriert, ihre Ideen seien
homogen organisiert, ermöglicht der elektronische Text eine
Koexistenz verschiedenster Strukturen. Der gesamte hermeneutische Gehalt eines Texts ist in der Verzweigungsstruktur
seiner elektronischen Darstellung manifest. »A hypertext system spells out the process of interpretation in an algorithm
and embodies that process in a programming language«[72].
Die Bedeutung eines elektronischen Texts ist sein Gebrauch
in der jeweiligen Lektüre. Das *scripta manet* gilt nicht mehr;
die Textstrukturen sind kinetisch. Und das heißt eben: Elektronische Literatur existiert nur in Echtzeit. Das differentielle
Netzwerk des Hypertexts erzeugt also gerade nicht das Ge-
fühl von Aufschub und Nachträglichkeit, sondern suggeriert
die Immersion in eine dauernde Gegenwart der Textbewe-
gung. »Bringing a desired bit of text or data into view always
happens next«[73]. Die Kinetik elektronischer Literatur begründet einen neuen Textbegriff, der weit genug ist, um alle
digitalisierbaren Daten − und d.h. eben: alle Daten − zu
umfassen. Insofern ist die terminologische Unentschiedenheit
zwischen Hypermedia und Hypertext wohlbegründet. Die
Manipulierbarkeit jedes Pixels ermöglicht ein *bit-mapping*, in
dem ein Bild als (Teil des) Text(s) behandelt wird. Bolter
meint gar: »hypermedia is the revenge of text upon television«[74]. Computerprogramme sind ja Texte, die Texte lesen

---

[72] J. D. Bolter, Writing Space, S. 200; vgl. S. 15, 19, 95
[73] G. P. Landow, »Popular Fallacies About Hypertext«, S. 51;
vgl. Bolter, a.a.O., S. 130, 198
[74] Bolter, a.a.O., S. 26; vgl. Landow, a.a.O., S. 55

und schreiben, ohne daß ihnen noch ein Autor-Subjekt zuge-
ordnet werden könnte. Das begründet ein zentrales Charakteristikum hypermedialer Darstellungen — sie sind »self-
authoring texts«[75].

So löst sich die Frage ›Was ist ein Autor?‹ im Docuverse
auf. Wo alles Geschriebene in Datenbanken aufgeht und dort
von anderen Schreibern wiedergebraucht werden kann, entstehen unautorisierte, nämlich autorenlose Texte, die sich
gleichsam im Lesen schreiben. Systemanalytiker sprechen in
ähnlichem Zusammenhang von »egoless programming«. Es
gibt keine ursprüngliche Einheit eines elektronischen Doku-
ments. Deshalb haben Hypertexte eine natürliche Affinität
zur Textstrategie der Dekonstruktion. Wenn eine weitere
Komplizierung dieses ohnehin schon undurchsichtigen Begriffs erlaubt wäre, könnte man sagen: Hypertexte sind prädé-
konstruktiv. Hier wird literarische Arbeit als kollektiver Prozeß erkennbar. Erstmals sind die technischen Behelfe bereitgestellt, um die alte Utopie zu implementieren: die Differenz
zwischen Autor und Leser einzuziehen. Literatur mag entstehen, indem Anwender durch einen fiktionalen Datenraum
navigieren, der von Hypertexten erstellt wird — interaktive
Fiktion. Die vielbelächelten Computerspiele erschweren ja
absichtlich die Navigation zu einem gewünschten Ziel — das
macht sie zum Exerzitium einer neuen Literarität. Denn wie
Abenteuerspiele bauen auch Hypertexte Simulationswelten
auf, die man lesend erforschen kann. Die Geschichte existiert
je in der Echtzeit der Navigation. Dabei funktioniert der
storyspace als fiktionales Docuverse — m.a.W.: Schriftsteller
sind nur noch *trail blazers* im elektronischen Erzählraum.
Auch sie tun nichts anderes als das, was die Benutzer ihrer
Programme tun: sehen, lesen, navigieren, spielen.

Es ist spezifisch modern, Entscheidungen in Situationen treffen zu müssen, über die man nicht hinreichend informiert ist.
Man könnte sagen: Die Moderne hat keine Zeit für Rationalität. Unter Bedingungen knapper Zeit muß der Mangel an In-

---

[75] E. Barrett, »Introduction«, S. XIX

formation durch die Schnelligkeit der Argumentation kompensiert werden. Dieses Risiko ist nur erträglich, weil man in Kommunikationszusammenhänge einrasten kann. Darin kann man Zeit sparen, indem man an informationsbildende Selektionen anschließt, statt sie zu wiederholen. In dieser kommunikationstheoretischen Perspektive erscheint der Computer als exakt zeitprozessierende Maschine. Doch die Zeit, die der Computer verarbeitet, ist nicht die des Menschen.

Es ist eine unverächtliche Trivialität, daß Computer ein Gedächtnis haben, aber weder erinnern noch vergessen können. Die spezifische Leistung des Vergessens ist es ja, Zeitspielräume offenzuhalten, von *information overload* zu entlasten und dadurch die menschliche Datenverarbeitung flexibel zu halten. Es gibt eben eine Menge von Dingen, die man besser vergißt oder gar nicht erst ignoriert. Computer dagegen lasten uns gerade durch die technische Perfektion des zeitsparenden *information retrieval* immer wieder und immer mehr fixierte Vergangenheit auf. Peter Fuchs hat das sehr schön als »das computerinduzierte Paradox des Zeitverlustes durch Zeitgewinn« bezeichnet.

Bewußtsein hat sich daran gewöhnt, daß es viel schneller ist als die Kommunikationen, an die es gekoppelt ist. Nun muß es sich mit der Tatsache anfreunden, daß Computer bei den meisten Operationen schneller sind als Bewußtsein. »Die Eigenzeit von Kommunikation bekommt es mit der Differenz der Eigenzeiten von Computern und psychischen Systemen zu tun«[76] — das ist ein Schlüsselproblem des Interface-Designs, kein bloß philosophisches. In kollaborativen Prozessen wie dem sog. *concurrent engineering* arbeitet eine unüberschaubare Vielzahl von Firmen an ein und demselben Projekt — man denke an die Luft- oder Raumfahrt. Dabei muß »interoperability« computer-technisch implementiert

---

[76] P. Fuchs, »Kommunikation mit Computern?«, S. 22, 25. Eine Technik der Entparadoxierung jenes Zeit-Paradoxons ist das hypertext-basierte »just-in-time-learning«, das Wissen erst in dem Augenblick vermittelt, in dem es wirklich gebraucht wird.

werden: Kommunikationsprozesse an unterschiedlichen Orten zu unterschiedlichen Zeiten[77].

Die Eigenzeit des Computers und der Neuen Medien prägt sich der Kommunikation und dem Bewußtsein als kaleidoskopische Statik eines instantanen Interface auf. Paul Virilio hat in diesem Zusammenhang von einer medientechnischen »Kontraktion der Zeit« gesprochen. Lebenszeit entfaltet sich nicht mehr; sie zerfällt in diskontinuierliche Augenblicke. Und Geschichte gibt es nur noch als Halluzination[78]. Das ist der gute technische Sinn des Begriffs *Posthistoire*, der die Zeit nach dem Ende der Geschichte beschreibt.

Derartige Urteile über den Computer sind natürlich immer auch Ergebnisse von sich selbst unkenntlichen Rohrschach-Tests; seine technischen Potentiale bilden eine Matrix gegenwärtiger Hoffnungen und Ängste. Eher uninteressant sind dabei die Stimmen apokalyptischer Ablehnung. Positive Urteile dagegen oszillieren zwischen zwei Extremen. Den einen Extremwert bildet eine Art elektronischer Animismus, der die Welt als Öko-Computer (Geoff Simons) begreift — d.h. als endlich technisch implementierten Schriftraum einer globalen Intelligenz. Am anderen Extrem stehen Menschen, die von EDV keine Ahnung haben und gerade deshalb deren Gadgets mit heiligem Ernst verehren — in einer Art Computer Cargo Cult.

Interessanter als solche auf Hardware fixierten Projektionen sind aber die Software-Utopien eines neuen Wissensdesigns im Stile von Ted Nelsons Xanadu. Auch dieses weltweite Hypertext-System wäre ein Kult — »but a secular cult of fascination with ideas and their uses«[79]. Nelson denkt dabei an eine neue Subkultur des Geistes, betreut von Elitegruppen,

---

[77] Vgl. D. C. Engelbart, »Knowledge-Domain Interoperability«, S. 403

[78] Vgl. P. Virilio, Rasender Stillstand, S. 49

[79] Nelson, Literary Machines, S. 3/17; vgl. auch a.a.O., S. 0/5 und 1/4 über das neue Goldene Zeitalter eines einheitlichen elektronischen Textsystems, das eine Wiedergeburt der Schrift und ein Erwachen aus der Video-Narkose bringen wird.

die wie Stewards im Flugzeug als Reisebegleiter durch den Datenraum führen. Hypertext in diesem Sinne wäre das Design von »magic paper«, das die Darstellung von Wissen selbst zur Wissenschaft erhebt und damit — Erfüllung des Traums der Maschine — den Renaissance-Humanismus in einer »multidimensional responsive console« wiedererweckt[80]. Dieser Kult des Wissens und der Ideenverknüpfung unterläuft die Differenz zwischen *episteme* und *doxa*.

Die Etappen der Medienevolution sind deutlich: Abschied vom Buch als Archiv — Abschied vom Papier als Schauplatz der Schrift — Abschied vom Alphabetisch-Literarischen als Medium des Wissens. Hypermedien erreichen heute durch die digitale Datenverarbeitung von multimedialem Material eine völlig neue Darstellungsebene. Es zeichnet sich eine vollständige Medienintegration auf Rechner-Basis ab. Computer und Video, Textverarbeitung und *picture processing* werden kommensurabel. Das Reale (z.B. Ton), das Symbolische (z.B. Schrift) und das Imaginäre (Bilder) werden auf einer Darstellungsoberfläche integriert. Diese Überformung der massenmedialen Datenflüsse durch EDV wird unter dem Stichwort »Intelligentes Dokumentenmanagement« diskutiert. Alle gegenwärtig modischen Komposita mit »hyper-« indizieren in Anlehnung an den mathematischen Sprachgebrauch die Multidimensionalität derartiger Datenarrangements. Nam June Paiks alter Traum vom Broadband Communication Network scheint sich also zu erfüllen: Die Nuklearenergie der papierlosen Informationsformen sprengt das Gutenberg-Gehäuse. Daß sich Paik — Stichwort Television Power — diese Medienrevolution als Zweiwegkabelfernsehen, bzw. als Expanded Media-Telefonsystem konkretisierte, gewinnt heute unter

---

[80] Nelson, Dream Machines, S. 152. Für Hypertext spezifisch ist die Verschiebung des Akzents von physikalischer Speicherung zu logischer Verknüpfung der Daten und damit vom Designmodell des Clipboards zum »linkboard«. Ein Beispiel: Intermedia vereinfacht die Neubildung von Verknüpfungen, indem sie das Interface-Design an die vertraute »cut-and-paste«-Operation anlehnt; vgl. R. Kuhlen, a.a.O., S. 69ff

Computerbedingungen einen guten Sinn. Der *umbrella term* Hypermedia deckt das genau so ab wie Gene Youngbloods *environmental metadesign*[81]. Gemeint ist eine nahtlose Multimedia-Umwelt, die sich durch interaktiven Informationsgebrauch reproduziert.

Treten wir ein paar Schritte zurück, um zu bedenken, was Interaktivität im Kontext der Mensch-Medien-Synergetik überhaupt bedeuten kann. Um sinnvoll von Kommunikation mit Computern sprechen zu können, muß man — wie etwa Watzlawick — so stark formalisieren, daß Inhalts- und Beziehungsaspekt der menschlichen Kommunikation mit Daten und Instruktionen des Rechners verglichen werden können. Damit ist natürlich noch nichts über Zugangs- und Selektionschancen gesagt. Man denke nur an Ernst Jüngers hypermediennahe Theoriefiktion des Phonophor. Der Phonophor ist ja ein Allsprecher, der jeden mit jedem verbindet und damit das alte Ideal des pausenlosen Forums, der permanenten Tagung technisch implementiert; er ermöglicht die planetarische Volksversammlung genauso wie die instantane Volksbefragung. Der Phonophor ersetzt Identitätskarte, Uhr und Kompaß; er vermittelt die Programme aller Sender und Nachrichtenagenturen und gibt über ein Zentralarchiv Einblick in alle elektromagnetisch gespeicherten Texte; so dient er als Zeitung, Bibliothek und Lexikon. Allerdings ist das Recht zur Ansprache und Befragung monopolisiert.

Solange die neuen Medien, wie Ernst Jünger dies schon 1949 in ›Heliopolis‹ erkannte, dem Schema der Kontrollkommunikation unterworfen bleiben, funktionieren sie nach dem Modus eines permanenten Tests. Jede Botschaft präsentiert sich in einem binären Frage/Antwort-Schema. »Nous vivons sur le mode du référendum, précisément parce qu'il n'y a plus de référentiel.«[82] Jean Baudrillard hat McLuhans These von der intensiven Partizipation des Zuschauers cooler Medien so zugespitzt, daß die Rezeption der Botschaft als Examen durch

---

[81] Vgl. Nam June Paik, Werke 1946–1976, S. 159; Gene Youngblood, »Metadesign«, S. 78

[82] J. Baudrillard, L'échange symbolique, S. 96

den Code, ja als Befehlsempfang erscheint. Kühlt man diese These zur Beschreibung des medientechnischen Umweltdesigns ab, so läßt sich sagen: Interaktive Medien sind nicht dialogisch, sondern fordern die Exploration eines Datenraums — gerade das läßt sich von den *adventure games* lernen.

Das Hauptproblem in der Datenflut ist ja, zu wissen, was man weiß. Informationsüberlastung erscheint heute als Normalfall der Weltwahrnehmung. Deshalb stellt die Informationsgesellschaft immer entschiedener von verbaler auf visuelle Kommunikation um, denn man kann Information in numerischen Bildern viel stärker verdichten als in Sprache. Scientific Visualisation und Fraktale Geometrie sind prominente Beispiele dafür, wie man — computergestützt — komplexe Strukturen sichtbar machen kann. Damit endet die Epoche eines unanschaulichen Denkens und einer bilderlosen Textualität. Komplexe Sachverhalte werden auch einfacheren Gemütern nachvollziehbar, wenn es dem Wissensdesign gelingt, ihre Struktur zu visualisieren. *Understanding complexity* ist denn auch die zentrale Herausforderung, auf die schon Ted Nelsons Hypermedia-Systeme antworten[83]. Doch unter Multimedia-Bedingungen beginnt sich die Visualisierung komplexer Datenmengen von den älteren Formen graphischer Textwissensgraphen bzw. Text-Graphik-Interaktionen zu emanzipieren: »orientation in complex information spaces depends as much on rendering them as 3D spaces as it does on rendering them in real-time.«[84] Und in diesem Zusammenhang könnte das Projekt Cyberspace — bisher nur eine PR-Parole der Unterhaltungselektronik — einen prägnanten Sinn gewinnen: nämlich als mehrdimensionale Visualisierung eines Hypertext-Information-Retrieval-Systems.

Auch das hat Ted Nelson vorausgeträumt. Für ihn muß Software-Design mit der Gestaltung einer konzeptuellen und psychologischen Umwelt beginnen, die dann Virtualität heißt

---

[83] Vgl. Nelson, Literary Machines, S. 3/8f und Dream Machines, S. 50

[84] L. Serra, »Interactive 3D Graphics«, S. 109; zur Vorgeschichte vgl. Kuhlen, a.a.O., S. 230f

und allem Programmieren vorausgeht. Da Hypermedien uns
in die Lage versetzen, heterogene Daten in virtuellen Perspektiven anzuordnen, und Multimedia-Techniken die Simulation
menschlicher Kommunikation ermöglichen, kann die notori-
sche Virtual Reality als Design eines Hypermedien-Systems
begriffen werden, das dem mit Sensoren ausgestatteten Anwender die stabile, operative Illusion vermittelt, integraler
Bestandteil einer simulierten dreidimensionalen Welt zu sein
— statt nur Beobachter eines Bildes. Von Bedeutung ist dabei
nicht das von der Unterhaltungselektronik geförderte, eskapi-
stische Spiel in anderen denkbaren Welten, sondern die Möglichkeit einer instruktiven, gestaltprägenden Überblendung
von empirischer durch virtuelle Realität: »An architect can
visualize on-site the building he is designing by means of a
semi-transparent head-mounted display. A surgeon can re-
ceive instructions while operating by superimposing and
highlighting parts of the anatomy in sequence.«[85]
    In ihrem Entwurf einer Psychophysik der Hypermedien
deuten Peter Michael Fischer und Heinz Mandl das Präfix
»hyper-« als Marke der Differenz zu passiven Multimedia-Applikationen. Es indiziert eben die Virtualität des Mediums,
d.h. die Tiefe der Information und die Wahlfreiheit des An-
wenders. M.a.W.: Die Information von Hypermedien ist immer Produkt einer Interpretation — sie ist (inter)aktiv. Das
läßt sich zur Zeit aber nur in statischen zweidimensionalen
Medien wie Text, Bild und Graphik implementieren. Gerade
der Stolz der Multimedia-Toolkits: Sound, Video und 3D-
Graphik, können in Hyper-Systemen nur als passive Supple-
mente dienen. Interaktives Video kann es erst geben, wenn sich
Computer darauf verstehen, Bilder in Echtzeit zu verstehen[86].

---

[85] L. Serra, a.a.O., S. 108
[86] Vgl. P. M. Fischer / H. Mandl, »Towards a Psychophysics of
Hypermedia«, S. XIX; Tat-Seng Chua, a.a.O., S. 37; L. Serra, »Interactive Video«, S. 62, 86 und besonders Rosanne J. Price, »Multimedia Information Systems«, S. 119 über die Probleme einer »visual semantics«.

Elektronische Bildverarbeitung korrigiert und verknüpft digital gewandelte Bilder von jedem einzelnen Pixel aus. Techniken wie die Fourier-Analyse ermöglichen ein *image enhancement*, das etwa Satellitenbilder überhaupt erst interpretierbar macht: Die Photographien werden gleichsam gesäubert, ihre Datenstruktur optimiert − Oberflächen erscheinen dann geglättet, Kanten scharf konturiert. Bei dieser elektronischen Nachbearbeitung von Bildrohdaten verliert der Begriff Manipulation seinen kritischen Sinn. »Eine Bildmanipulation verfälscht keineswegs den Informationsgehalt, vielmehr lassen sich Informationen herausarbeiten, die an der Nachweisgrenze der Meßanordnung liegen.«[87] Elektronische Bilder sind weniger diskrete Gegenstände als vielmehr Zeitsegmente eines kontinuierlichen Signals. Ihr bestimmendes Verhältnis zueinander ist deshalb nicht mehr das des Schnitts und der Montage, sondern der Metamorphose und digitalen Transformation. Weil elektronische Bildverarbeitung aber per se Manipulation ist, wird es unter Computerbedingungen kaum mehr technische Möglichkeiten der Authentifikation von Photographien geben − bleibt nur, wie Ted Nelson mutmaßt, das Vertrauen in den, der das Photo geschossen hat. Es gibt prinzipiell in der Welt elektronischer Dokumente eben kein Äquivalent zum Wasserzeichen, keine Marke der Echtheit. Elektronisch synthesierte Bilder bestehen den Turing-Test.

Es ist sinnvoll, statt von Hypertext von Hypermedia zu sprechen, wenn Video oder Audio die Primärmedien sind und Text nur noch supplementär ist; *hot spots* auf Graphiken und Videos können angeklickt werden, um Verknüpfungen zu anderen Informationen zu aktivieren. Solche *magic buttons*, in denen sich maschinell prozessierbare Verknüpfungen verbergen, sind die Vehikel des Hypermedien-Reisenden. Entsprechend wird sich das Design der Hypermedia-Benutzeroberflächen immer weiter weg von algorithmischen Programmier-Anforderungen hin zu »straightforward point-and-

---

[87] K. Sarnow, »Es leuchten die Sterne«, S. 150; vgl. H. van den Boom, Digitale Ästhetik, S. 149f

shoot operations«[88] entwickeln. Man muß nicht mehr Befehle
auf dem Keyboard tippen (— und vermeidet damit natürlich
die dabei auftretenden Tipp-Fehler —), sondern seligiert Objekte durch bloßes Zeigen — sei es mit der Maus, sei es auf
dem Touch-Screen. Das ist eine Form direkter Daten-Mani-
pulation. Der Schritt vom Expertensystem zu Hypermedia
ist folglich ein Schritt vom Schreiber / Editor zum Designer
und ein Schritt vom Leser / Zuschauer zum *trail blazer*. Die
Entlastung vom algorithmischen Programmieren erfolgt
meist in objekt-orientierten Programm-Umgebungen, die Befehle durch Botschaften zwischen Objekten ersetzen. Zunehmend werden Programmbefehle in Icons versteckt — so erzeugt ein *visual programming interface* die stabile Illusion,
komplexe Informationsstrukturen könnten ohne Program-
mierkenntnisse komponiert werden. Sinnvoller wäre es, von
einem Programmieren zweiter Ordnung zu sprechen. Möglich
ist das, weil objekt-orientierte Programm-Umgebungen Pro-
gramm-Code in wiedergebrauchbaren Software-Moduln speichern können, die dann nach dem »cut-and-paste«-Modell in
Anwendung gebracht werden. Jedes dieser Objekte ist durch
ein Interface-Protokoll definiert, das seine möglichen Operationen spezifiziert. »This is known as data encapsulation.«[89]
   Es gibt bei der Verwirklichung des Multimedia-Traums
einer Screen-Machine — ein deutsches Produkt gleichen Na-
mens gibt es schon —, in der Computer, Audio und Video in
Echtzeit kooperieren, noch einige technische Obstakel. Das
entscheidende Rechenproblem von Hypermedia ist der Ein-

[88] H. Van Dyke Parunak, »Toward Industrial Strength Hypermedia«, S. 393
[89] N. Woodhead, a.a.O., S. 27. — Der für das Software-Design
entscheidende Effekt von Modularisierung und »encapsulation« ist
die Trennbarkeit von Interface und Implementierung. Hierzu im
einzelnen K. Zerbe, »Plaudertasche«, S. 110f. Vgl. auch A. Mrázik
u.a., »Welten à la OOP«, S. 202f, über objektorientiertes Programmieren. Hier nähern wir uns der Erfüllung des Software-
Traums von Ted Nelson, Computer Lib, S. 40, Programmieren
müsse sich in eine Choreographie von Ereignissen verwandeln.

griff in den Bildablauf in Echtzeit. Video (wie Audio) hat ja
einen Zeitindex. Deshalb fordern Multimedia-Interfaces Pro-
grammiersprachen, die es möglich machen, Zeit als ein Objekt erster Ordnung zu behandeln. Bisher gilt: »interfaces that
use highly dynamic media are difficult to control as most exi-
sting programming languages do not provide sufficient control over time. As a result real-time requirements of interfaces
are hard to meet.«[90] Hinzu kommt das Problem des *random
access* bei Analogmedien.

So stellen Multimedia-Informationen vor völlig neue Probleme des Informationsmanagements. Das sind zunächst einmal Probleme des Bildschirm-Designs, der Gestaltung des
Computermonitors als neuer Grenze postmoderner Existenz.
Die Angst des Users vor der Vielfalt der Optionen muß gebannt werden. Shneiderman hat diesen frommen Wunsch einfach als Definition reformuliert: »Hypertext is [...] freedom
from fear of failure.«[91] Sodann wird man sich bei der Gestaltung hypermedialer Sequenzen wie ein Filmregisseur auf
Storyboards stützen müssen — hier geht die Gestaltung der
Benutzeroberfläche in Software-Design über. »Interactive system designers are the new movie-makers — designing the interactive movies of the mind for our computer screens: everything from office systems to video games.«[92] Das Schlüsselproblem von Hypermedia liegt demnach weder auf der Ebene der Hardware, noch auf der der Programmierung. Es geht
vielmehr um die Kunst des Konzeptuellen — um das, was
Worringer einmal als Denksinnlichkeit bezeichnet hat.
M.a.W.: Hypermedien werden weniger programmiert als
vielmehr designt. Entscheidend ist allein die Entwicklung
eines »generalized, clean software design«[93] — die Gestaltung

---

[90] G. Singh, »UIMS Support for Multimedia User Interfaces«,
S. 192
[91] B. Shneiderman, Hypertext Hands-on, S. 2
[92] Nelson, Computer Lib, S. 108
[93] Nelson, Literary Machines, S. 0/5. — Fortschritte im Software-Design resultieren im wesentlichen aus Prozessen des *debugging* schon existierender Programme; der Designprozeß vollzieht

interaktiver Einfachheit. Das Design interaktiver Simplizität soll — so Nelsons Traum — schon Zweijährigen einen zwanglosen Gebrauch des Computers ermöglichen; deshalb bleibt dessen technisches Funktionieren für den Anwender eine Black box. Gerade diese Schließung der technischen Black box soll dann eine Öffnung der Materialkontexte ermöglichen.

Ted Nelson will also die Hypertext-Anwender gegen die technische Komplexität der Hardware abschirmen, um sie ins helle Licht eines transparenten Software-Designs zu stellen. Doch die neuen Multimedia-Applikationen, die unter der Flagge der Interaktivität segeln, bieten dies nur scheinbar; meist wird die Rezeption durch rechnergestützte Instruktionen gegängelt, die individuelle Bahnungen durch die Daten ebenso ausschließen wie Annotationen und Kommentare. Interaktivität müßte dagegen heißen: Öffnung geschlossener Kontexte, *responsive environments of text*. Dann erst hätte Myron Kruegers Zauberformel der rechnergestützten artifiziellen Wirklichkeiten Geltung: »Response is the medium.«[94] Schon heute gilt aber: Grenzformen, die bei der Hybridisierung von Medien entstehen, sind erkenntnisträchtig. Auch wenn man noch lange auf überzeugende technische Implementierungen von Hypermedien warten muß, kann doch die Theorie bereits ihren Instrumentenflug beginnen: Der Computer als Medium der Medienintegration.

---

sich als »Interpretation von Zusammenbrüchen« — so die an Heideggers Zuhandenheitsbegriff abgelesene Formel von Winograd und Flores, Erkenntnis Maschinen Verstehen, S. 135
[94] M. Krueger, Artificial Reality, S. 43

Literaturverzeichnis

ACM Hypertext, NY 1989
Adorno, Theodor W., Gesammelte Schriften, Ffm 1970ff
— , Ästhetische Theorie, Ffm 1970
— , Drei Studien zu Hegel, 4. Aufl. Ffm 1970
— , Eingriffe, 6. Aufl. Ffm 1970
— , Jargon der Eigentlichkeit, 5. Aufl. Ffm 1970
— , Minima Moralia, (BS) Ffm 1970
— , Negative Dialektik, Ffm 1966
— , Stichworte, 3. Aufl. Ffm 1970
Ammann, Hermann, Die menschliche Rede, Darmstadt 1974
Anfam, David, Abstract Expressionism, London 1990
Apel, Karl-Otto, Der Denkweg Charles Sanders Pierce, Ffm 1975
Arnheim, Rudolf, Kritiken und Aufsätze zum Film, Ffm 1979
Arrow, Kenneth J., The Limits of Organization, NY 1974

Barrett, E., »Introduction«, in: Text, ConText and Hypertext, hg.
      v. E. Barrett, Cambridge, Ma. 1988
Bateson, Gregory, Steps to an Ecology of Mind, San F 1972
Baudrillard, Jean, L'échange symbolique et la mort, Paris 1976
Beniger, James R., The Control Revolution, Cambridge, Ma. 1986
Benjamin, Walter, Gesammelte Schriften, Ffm 1972 ff
Bense, Max, Aesthetica, 2. Aufl. Baden-Baden 1982
— , Das Auge Epikurs, Stuttgart 1979
— , Die Unwahrscheinlichkeit des Ästhetischen, Baden-Baden
      1979
Blass-Simmen,B., Sankt Georg. Drachenkampf in der Renaissance,
      Berlin 1991
Blumenberg, Hans, Die Genesis der kopernikanischen Welt, Ffm
      1981
— , Die Lesbarkeit der Welt, 2. Aufl. Ffm 1983
Bolter, Jay David, Der digitale Faust, Stuttgart 1990
— , Writing Space, Hillsdale 1991
Bolz, Norbert, Chaos und Simulation, München 1992
— , Philosophie nach ihrem Ende, München 1992
— , Stop Making Sense, Würzburg 1989
— , Theorie der neuen Medien, München 1990

van den Boom, Holger, Digitale Ästhetik, Stuttgart 1987
— , »Digitaler Schein«, in: Digitaler Schein, a.a.O.
Brecht, Berthold, Stücke Bd. 4, Ffm 1964
Brickmann, Jürgen, »Simulationen in virtuellen Szenarien von
    Molekülen«, in: Strategien des Scheins, hg. v. F. Rötzer und
    P. Weibel, München 1991
Brown, G. S., Laws of Form, 2. Aufl., London 1971
vom Bruch, Klaus, in: Videokunst in Deutschland 1963 — 1982,
    Stuttgart 1982
Bühler, Karl, »Die Axiomatik der Sprachwissenschaften«, in: Kant-
    Studien, Bd. 38, 1933
Burke, Kenneth, A Grammar of Motives, Berkeley 1969
Bush, Vannevar, »As We May Think«, In: Atlantic Monthly, July
    1945

Cage, John, Silence, Ffm 1990
Cicero, De finibus
Claus, Jürgen, Elektronisches Gestalten in Kunst und Design,
    Reinbek 1991
Cooley, Charles Horton, Social Organization, NY 1962
Crary, Jonathan, »Techniques of the Observer«, in: October #45,
    1988

Deleuze, Gilles / Guattari, Félix, Tausend Plateaus, Berlin 1992
Derrida, Jacques, La Carte Postale, Paris 1980
— , L'écriture et la différence, Paris 1967
— , De la grammatologie, Paris 1966
— , Marges de la philosophie, Paris 1972
— , Positions, Paris 1972
— , La voix et le phénomène, Paris 1967
Designing Hypermedia for Learning, hg. v. D. H. Jonassen und H.
    Mandl, Berlin / NY 1990
Digitaler Schein, hg. v. F. Rötzer, Frankfurt 1991
Der Diskurs des Radikalen Konstruktivismus, hg. v. S. J. Schmidt,
    Ffm 1987

The Ecology of Computation, hg. v. B. A. Huberman, 1988
Engelbart, Douglas C., »Knowledge-Domain Interoperability and
    an Open Hyperdocument System«, in: Hypertext / Hyper-
    media Handbook, a.a.O.

Enzensberger, Hans Magnus, Mittelmaß und Wahn, Frankfurt 1988
Fischer, Peter M. / H. Mandl, »Towards a Psychophysics of Hypermedia«, in: Designing Hypermedia for Learning, a.a.O.
Fisher, Scott S., »Wenn das Interface im Virtuellen verschwindet«, in: Cyberspace, hg. v. M. Waffender, Reinbek 1991
Flusser, Vilém, Gesten, Düsseldorf 1991
— , »Die neue Einbildungskraft«, in: Bildlichkeit, hg. v. V. Bohn, Ffm 1990
— , Die Schrift, Ffm 1991
von Foerster, Heinz, Sicht und Einsicht, Braunschweig 1985
Freud, Sigmund, Gesammelte Werke Bd. XIV, London 1940
Fuchs, Peter, »Kommunikation mit Computern?«, in: Sociologica Internationalis, 29. Bd, 1991, Heft 1

Gehlen, Arnold, Einblicke, Ffm 1978
— , Der Mensch, 13. Aufl. Wiesbaden 1986
Gibson, James, Ecological Approach to Visual Perception, Hillsdale 1986
Gibson, William, Neuromancer, Glasgow 1986
Glaser, Peter, »Das Innere der Wir-Maschine«, in: Cyberspace, hg. v. M. Waffender, Reinbek 1991
Goethe, J. W. von, Werke, Hamburger Ausgabe
Goody, Jack / Ian Watt, »Konsequenzen der Literalität«, in: Literalität in traditionalen Gesellschaften, hg. v. J. Goody, Ffm 1981
Grassmuck, Volker, »Otaku«, in: Mediamatic, Vol. 5 #4
Gray, S. H. / D. Shasha, »To link or not to link?«, in: Behavior Research Methods, Instruments & Computers 21 (1989)

Habermas, Jürgen, Faktizität und Geltung, Ffm 1992
— , Die nachholende Revolution,(es), Ffm 1990
— , Nachmetaphysisches Denken, Ffm, 2. Aufl. 1988
— , Der philosophische Diskurs der Moderne,(stw), Ffm 2. Aufl. 1989
— , Strukturwandel der Öffentlichkeit, (stw), Neuauflage Ffm 1992
— , Theorie des kommunikativen Handelns, Ffm 1981
Hamann, J. G., Schriften zur Sprache, Ffm 1967
Hammer, Bernard, »Datenreduktion«, in: Video Professional Nr. 1, 1991

Hegel, G. W. F, Werke, Suhrkamp-Theorie
Heidegger, Martin, Holzwege, Frankfurt, 5. Aufl. 1972
— , Parmenides, Gesamtausgabe Bd. 54, Ffm
— , Sein und Zeit, 16. Aufl. Tübingen 1986
— , Was ist Metaphysik?, 13. Aufl., Frankfurt 1986
Heims, Steve J., John von Neumann and Norbert Wiener, Cam-
    bridge Ma.
Heinrich, Klaus, Versuch über die Schwierigkeit nein zu sagen,
    Ffm 1964
Helms, Hans G., »Gesellschaftliche Veränderungen durch elektroni-
    sche Medien«, in: Verzeichnungen, hg. v. H. Sturm, Essen 1989
Hess, G., »Panorama und Denkmal«, in: A. Martino (Hg.), Litera-
    tur in der sozialen Bewegung, Tübingen 1977
Hoffmann, E. T. A., Werke, Ffm 1967
Hofstadter, Douglas, Gödel Escher Bach, London 1980
Huberman, Bernado, »The Ecology of Computation«, in: The Eco-
    logy of Computation, a.a.O.
Humboldt, Alexander von, Kosmos, Stuttgart 1978
Humboldt, Wilhelm von, Gesammelte Schriften, Akademie-Aus-
    gabe, Berlin 1903ff
Hypertext / Hypermedia Handbook, hg. v. E. Berk und J. Devlin,
    NY 1991

Idensen, Heiko / M. Krohn, »Kunst-Netzwerke«, in: Digitaler
    Schein, a.a.O.
Jantsch, Erich, »Erkenntnistheoretische Aspekte der Selbstorgani-
    sation natürlicher Systeme«, in: Der Diskurs des radikalen
    Konstruktivismus, a.a.O.
— , Die Selbstorganisation des Universums, München 1992
Jaspers, Karl, Der philosophische Glaube, 6. Aufl., München 1974
— , Vernunft und Existenz, München 1973
Joyce, Michael, »Selfish Interaction or Subversive Texts and the
    Multiple Novel«, in: Hypertext / Hypermedia Handbook,
    a.a.O.
Jünger, Ernst, Maxima — Minima, Stuttgart 1983
— , Der Waldgang, 5. Aufl., Ffm 1962

Kant, Immanuel, Kritik der Urteilskraft
— , Kritik der reinen Vernunft

— , Über den Gemeinspruch ...

Karmann, K.-P. / U. Hilgefort, »Schriften-Krämer«, in: c't Oktober 1992

de Kerckhove, Derrick, »Von der Bürokratie zur Telekratie«, in: Von der Bürokratie zur Telekratie, hg. v. P. Weibel, Berlin 1990

Kierkegaard, Sören, Einübung ins Christentum, 2. Aufl. Köln 1986

— , Literarische Anzeige, Köln 1962

— , Unwissenschaftliche Nachschrift, 2. Aufl. Köln 1988

Kittler, Friedrich A., Aufschreibesysteme 1800*1900, München 1985

— , Grammophon Film Typewriter, Berlin 1986

Kommers, Piet, »Graph Computation as an Orientation Device«, in: Designing Hypermedia for Learning, a.a.O.

Koschorke, A., Die Geschichte des Horizonts, Ffm 1991

Krueger, Myron, Artificial Reality, Menlo Park 1982

Kuhlen, Rainer, Hypertext, Berlin / NY 1991

Landow, George P., »Popular Fallacies About Hypertext«, in: Designing Hypermedia for Learning, a.a.O.

Leary, Timothy, »Das interpersonale, interaktive, interdimensionale Interface«, in: Cyberspace, hg. v. M. Waffender, Reinbek 1991

Leibniz, Monadologie

— , Discours de Métaphysique

Lem, Stanislaw, Summa Technologiae, Ffm 1981

— , Waffensysteme des 21. Jahrhunderts, Ffm 1983

Leonardo da Vinci, Sämtliche Gemälde und Schriften zur Malerei, hg. v. A. Chastel

Luhmann, Niklas, Ausdifferenzierung des Rechts, Ffm 1981

— , Liebe als Passion, Ffm 1982

— , Macht, Stuttgart 1975

— , »Operationale Geschlossenheit psychischer und sozialer Systeme«, in: Das Ende der großen Entwürfe, hg. v. H. R. Fischer u.a., Ffm 1992

— , Soziale Systeme, Ffm 1984

— , Soziologie des Risikos, Berlin NY 1991

— , Soziologische Aufklärung Bde. II, III, IV, V, Opladen 1975 ff.

— , Universität als Milieu, Bielefeld 1992
— , »Wie ist Bewußtsein an Kommunikation beteiligt?«, in: Materialität der Kommunikation, hg. v. H. U. Gumbrecht und K. L. Pfeiffer, Ffm 1988
— , Die Wirtschaft der Gesellschaft, Ffm 1988
— , Die Wissenschaft der Gesellschaft, Ffm 1990
— / Peter Fuchs, Reden und Schweigen, Ffm 1989
— / Peter Fuchs, Zwischen Intransparenz und Verstehen, Ffm 1986
Lukrez, De rerum natura
Lyotard, Jean-François, Le Postmoderne expliqué aux enfants, Paris 1988
Malewitsch, Kasimir, Suprematismus. Die gegenstandslose Welt, Köln 1989
Marquard, Odo, Aesthetica und Anaesthetica, Paderborn 1989
Maturana, Humberto R., Der Baum der Erkenntnis, München 1987
McAleese, Ray, »Concepts as Hypertext Nodes«, in: Designing Hypermedia for Learning, a.a.O.
McKnight, Cliff, Andrew Dillon, John Richardson, Hypertext in Context, Cambridge Ma. 1991
McLuhan, Marshall, From Cliché to Archetype, NY 1970
— , The Gutenberg Galaxy, London 1962
— , Understanding Media (McGraw-Hill Paperback) 1965
Mead, George H., Mind, Self, Society, Chicago 1934
— , Selected Writings, Indianapolis 1964
Miller, M. S. / K. E. Drexler, »Comparative Ecology«, in: The Ecology of Computation, a.a.O.
Moholy-Nagy, Laszlo, Malerei, Fotographie, Film, Mainz 1967
— , »Von material zu architektur«, in: Tendenzen der Zwanziger Jahre, Berlin 1977
Laszlo Moholy-Nagy, Stuttgart 1974
Moholy-Nagy, Sybil, Laszlo Moholy-Nagy, ein Totalexperiment, Mainz / Berlin
Morin, Edgar, »Das Problem des Erkennens des Erkennens«, in: Das Ende der großen Entwürfe, hg. v. H. R. Fischer, Ffm 1992
Mrázik, Augustin u.a., »Welten à la OOP«, in: c't März 1992
Müller, Heiner, Kommentar zu Traktor, Berlin 1990
Multimedia technology and applications, hg. v. J. Waterworth, Chichester 1991

Musil, Robert, Der Mann ohne Eigenschaften , Reinbek 1970

Nake, Frieder, »Die Nullösung des Bildes« in: Kunst im Schaltkreis, hg. v. A. Engelbrecht, Berlin 1990

Nelson, Benjamin, The Idea of Usury, 2. Aufl. Chicago 1969

Nelson, Ted, Computer Lib, Redmond 1987

— , Dream Machines, Redmond 1987

— , Literary Machines, Swathmore 1981

— , The Xanadu Paradigm, Swathmore o. J.

Nielsen, Jakob, Hypertext & Hypermedia, Boston 1990

Nietzsche, Friedrich, Die Geburt der Tragödie

— , Götzen-Dämmerung

— , Sämtliche Werke, de Gruyter-dtv, München 1980

— , Der Wille zur Macht (Kröner-Tb)

Novalis, Schriften, hg. v. R. Samuel, Stuttgart 1977 ff

Oettermann, Stefan, Das Panorama, Ffm

Ong, Walter, Orality and Literacy, London / NY 1982

— , The Presence of the Word, New Haven 1967

Orazem, Vito, »Holographie und Gesellschaft«, in: Digitaler Schein, a.a.O.

Paik, Nam June, Werke 1946 — 1976, 2. Aufl., Köln 1980

Passuth, Krisztina, Moholy-Nagy, Weingarten o. J.

Piene, Otto, »Das Schöne und das Tüchtige«, in: Digitaler Schein, a.a.O.

Postman, Neil, Das Verschwinden der Kindheit, Ffm 1987

— , Wir amüsieren uns zu Tode, Ffm 1988

Price, Rosanne J., »Multimedia Information Systems«, in: Multimedia technology and applications, a.a.O.

Purposive Systems, hg. v. H. v. Foerster u.a., NY / Washington

Richards, John / Ernst von Glasersfeld, »Die Kontrolle von Wahrnehmung und die Konstruktion von Realität«, in: Der Diskurs des Radikalen Konstruktivismus, a.a.O.

Richartz, Martin / T. D. Rüdebusch, »Collaboration in Hypermedia Environments«, in: Designing Hypermedia for Learning, a.a.O.

Riesman, David, The Lonely Crowd, New Haven 1975

Ritter, J. W., Fragmente eines jungen Physikers, Heidelberg 1810

Roth, Gerhard, »Autopoiesis und Kognition« und

— , »Erkenntnis und Realität«, in: Der Diskurs des radikalen Konstruktivismus, a.a.O.

Sarnow, Karl, »Es leuchten die Sterne«, in: c't März 1992

Schizo-Schleichwege, hg. v. R. Heinz und G. C. Tholen, Bremen

Schlegel, Friedrich, Kritische Ausgabe, Paderborn 1963 ff

Schlemmer, Oskar, »Das Staatliche Bauhaus in Weimar«, in: Tendenzen der Zwanziger Jahre, Berlin 1977

Schmidt, Siegfried J., »Der Radikale Konstruktivismus«, in: Der Diskurs des Radikalen Konstruktivismus, a.a.O.

Schmitt, Carl, Die geistesgeschichtliche Lage des heutigen Parlamentarismus, 5. Aufl., Berlin 1979

— , Politische Theologie, 3. Aufl., Berlin 1979

Schneider, Manfred, »Luther mit McLuhan« in: Diskursanalysen I, hg. v. F. A. Kittler u.a., Opladen 1987

Schult, Thomas J., »Orientierung am Konkreten«, in: c't April 1992

Schwilk, H., Was man uns verschwieg, Ffm / Berlin 1991

Sedlmayr, Hans, Die Revolution der modernen Kunst, Köln 1985

Serra, Luis, »A Camera-Object Metaphor for Multimedia Interaction«, in: Multimedia technology and application, a.a.O.

— , »Interactive 3D Graphics in Multimedia«, in: Multimedia, a.a.O.

— , »Interactive Video«, in: Multimedia, a.a.O.

Serres, Michel, Hermès I: La communication, Paris 1969

— , Der Parasit, Frankfurt 1987

Shneiderman, Ben / Greg Kearsley, Hypertext Hands-on, Addison-Wesley 1991

Simmel, Georg, Philosophie des Geldes, 6. Aufl. Berlin 1958

Singh, Gurminder, »UIMS Support for Multimedia User Interfaces«, in: Multimedia technology and applications, a.a.O.

Solger, K. W. F., Nachgelassene Schriften und Briefwechsel, Heidelberg 1973

Spitz, R., Nein und Ja, 2. Aufl., Stuttgart 1970

Steinbrink, Bernd, »Multimedia-Baukästen«, in: c't Mai 1992

Steiner, George, Von realer Gegenwart, München 1990

Sternberger, Dolf, Panorama des 19. Jahrhunderts, Ffm

Stolze, Detlef / M. Schlingelhof, »Elektronische Pfadfinder«, in: c't Juni 1992

Tat-Seng Chua, »Issues in Hypermedia Research«, in: Multimedia technology and applications, a.a.O.

Teilhard de Chardin, in: Revue des Questions Scientifiques, Jan 1947

Thom, René, Mathematical Models of Morphogenesis, Chichester

Thomasius, Christian, Von der Kunst vernünftig ..., Halle 1692

Tschichold, Jan, Die Neue Typographie, 2. Aufl. Berlin 1987

Tugendhat, Ernst, Probleme der Ethik, Stuttgart 1984

Turing, Allan, Intelligence Service, Berlin 1987

Ungerer, Bert, in: c't April 1992

Valéry, Paul, Werke Bd. 2, Frankfurt 1990

Van Dyke Parunak, H., »Ordering the Information Graph«, in: Hypertext / Hypermedia Handbook, a.a.O.

— , »Toward Industrial Strength Hypermedia«, in: Hypertext / Hypermedia Handbook, a.a.O.

Virilio, Paul, Bunker-Archäologie, München 1992

— , Krieg und Kino, Ffm 1989

— , Rasender Stillstand, München 1992

Watzlawick, Paul / Janet Beavin / Dan Jackson, Menschliche Kommunikation, 4. Aufl., Bern 1974

Weber, Jack, »Der Natur auf der Spur«, in: c't Oktober 1992

White, Harrison C., »Where Do Markets Come From?«, in: American Journal of Sociology 87 (1981)

Wiener, Norbert, Cybernetics, 2. Aufl., NY / London 1961

Winkler, Maximilian, »Computerkino«, in: c't Oktober 1992

Winograd, Terry / Flores, Fernando, Erkenntnis Maschinen Verstehen, Berlin 1989

Woodhead, Nigel, Hypertext & Hypermedia, Addison-Wesley 1991

Youngblood, Gene, »Metadesign«, in: Kunstforum #98

Zauner, Klaus-Peter, »Vorbild Natur«, in: c't November 1992

Zerbe, Klaus, »Plaudertasche«, in: c't Juli 1992

Zielinski, Siegfried, Audiovisionen, Reinbek 1989

Personenregister

p. 117 —